海外中国研究丛书 —— 到中国之外发现中国

洪亮吉

清朝士大夫的生存之道

洪亮吉

清朝知識人の生き方

[日] 片冈一忠 著

张 珺 译

江苏人民出版社

图书在版编目(CIP)数据

洪亮吉：清朝士大夫的生存之道 / (日)片冈一忠
著；张珺译. -- 南京：江苏人民出版社，2025.7
（海外中国研究丛书 / 刘东主编）
ISBN 978-7-214-29021-2

Ⅰ.①洪… Ⅱ.①片… ②张… Ⅲ.①洪亮吉(
1746－1809)－人物研究 Ⅳ.①K825.6

中国国家版本馆 CIP 数据核字(2024)第 031089 号

片冈一忠
洪亮吉－清朝知識人の生き方
Copyright © 2013 by KATAOKA Kazutada
Originally published in Japan by Kenbunshuppan, Tokyo.
Chinese (in simplified character only) translation rights arranged with
Kenbunshuppan, Tokyo, Japan through HIROGAWA CO., LTD.
Simplified Chinese translation copyright © 2024 by Jiangsu People's Publishing House
江苏省版权局著作权合同登记号：图字 10-2019-466 号

书　　　名　洪亮吉:清朝士大夫的生存之道
著　　　者　[日]片冈一忠
译　　　者　张　珺
责 任 编 辑　张　欣
特 约 编 辑　杨　健
装 帧 设 计　陈　婕
责 任 监 制　王　娟
出 版 发 行　江苏人民出版社
地　　　址　南京市湖南路 1 号 A 楼，邮编:210009
照　　　排　江苏凤凰制版有限公司
印　　　刷　江苏凤凰通达印刷有限公司
开　　　本　652 毫米×960 毫米　1/16
印　　　张　17.75　插页 4
字　　　数　201 千字
版　　　次　2025 年 7 月第 1 版
印　　　次　2025 年 7 月第 1 次印刷
标 准 书 号　ISBN 978-7-214-29021-2
定　　　价　68.00 元

（江苏人民出版社图书凡印装错误可向承印厂调换）

序 "海外中国研究丛书"

　　中国曾经遗忘过世界，但世界却并未因此而遗忘中国。令人嗟讶的是，20 世纪 60 年代以后，就在中国越来越闭锁的同时，世界各国的中国研究却得到了越来越富于成果的发展。而到了中国门户重开的今天，这种发展就把国内学界逼到了如此的窘境：我们不仅必须放眼海外去认识世界，还必须放眼海外来重新认识中国；不仅必须向国内读者迻译海外的西学，还必须向他们系统地介绍海外的中学。

　　这个系列不可避免地会加深我们 150 年以来一直怀有的危机感和失落感，因为单是它的学术水准也足以提醒我们，中国文明在现时代所面对的绝不再是某个粗蛮不文的、很快就将被自己同化的、马背上的战胜者，而是一个高度发展了的、必将对自己的根本价值取向大大触动的文明。可正因为这样，借别人的眼光去获得自知之明，又正是摆在我们面前的紧迫历史使命，因为只要不跳出自家的文化圈子去透过强烈的反差反观自身,中华文明就找不到进入其现代形态的入口。

当然,既是本着这样的目的,我们就不能只从各家学说中筛选那些我们可以或者乐于接受的东西,否则我们的"筛子"本身就可能使读者失去选择、挑剔和批判的广阔天地。我们的译介毕竟还只是初步的尝试,而我们所努力去做的,毕竟也只是和读者一起去反复思索这些奉献给大家的东西。

刘　东

目 录

前　言

　　洪亮吉（1746—1809）成长于18世纪下半叶的清代中国，是一名乾嘉时期的士大夫。他六岁丧父，经历一番苦学，终于在四十五岁时以一甲第二名（榜眼）的优异成绩考中进士，成为翰林院编修，后担任贵州学政。洪亮吉在辞章、经学、历史地理学、小学（文字学、训诂学、音韵学）等领域见长，且著述颇丰，是乾嘉考据学的代表人物之一。同时，在思想行动方面，他因为对政治直言不讳的猛烈批判，断送了自己的政治生命。晚年，洪亮吉回归故里，在经历了十年娴然自适的生活后，其波澜壮阔的一生落下了帷幕。

　　洪亮吉不是醉心写作的学者，为官也没有值得大书特书的业绩。虽有一篇极言直谏的上书，但并不能涵盖他思想的全部。

　　清代以来，对于洪亮吉的评价集中在三个方面。一是关于他的诗文才能。洪亮吉一生作为诗人、散文家而赫赫有名。如今品评清代诗人时，洪亮吉也有一席之地。二是关于他对政治的批判，即作为直言敢谏之士的洪亮吉。尤其是在嘉庆四年（1799）的名篇《乞假将归留别成亲王极言时政启》（全书简称《极言时政启》）中，他点名批评当朝文武官员，陈言政治革新毫无进展。结果触怒了嘉庆帝，被发配到伊犁。不过，他在伊犁仅仅停留百日，就得到了赦免。相关的记述散见于他那时的笔记中。此事亦可参见 20 世纪 20 年代成书的《清史稿·洪亮吉传》，全文约有八成是对《极言时政启》的引用。由此，这一事件开始广为人知。三是20 世纪 20 年代以后，因写作讨论人口、土地与粮食问题的《意言》，他被奉为"中国的马尔萨斯"。在探讨现代中国的人口政策时，洪亮吉的观点再度被提起。

从以上三点来看，洪亮吉展现了多方面的才能，活跃于众多领域。不过，作为诗人，人们对他的评价要稍逊于袁枚、蒋士铨、赵翼等人。就人气来说，也不如黄景仁和张问陶。第二点、第三点涉及时政，在清史上也未曾受到过正当且正式的评价。所以，或许可以说对洪亮吉的人物评价不无偏颇。

本书以描述洪亮吉的一生为目的。他一生中著书三十种，创作了将近五千首诗歌，并留下了大量文章。本书主要从洪亮吉自评为"仆诗如激湍峻岭，殊少回旋"（《北江诗话》卷一）的诗文中，选介关乎他成长过程重要节点的作品，以追溯其情感与意识的变化。同时，洪亮吉曾言及"诗虽小道，然实足以觇国家气运之衰旺"（《北江诗话》卷六），所以通过他的诗作，以及与上述第二点、第三点相关的文章，或许能够了解他所生活的乾隆中期到嘉庆初期（18 世纪中叶到 19 世纪初）的历史特点。

在进入正文之前，有几条凡例需要说明。

关于名字。洪亮吉初名为"莲"，字为"华峰"，乾隆三十五年（1770）改名为"礼吉"，乾隆四十五年（1780）又改名为"亮吉"，字改为"君直"，又字"稚存"，后者用得更多。他号"北江"，晚年自称

"更生居士"。本书中统一称为"洪亮吉"。

关于年月日的表述。洪亮吉生活的18世纪的中国社会通用阴历,且用虚岁计算年龄。原则上使用常用汉字进行表述。

关于洪亮吉的著作。洪亮吉的大部分著作收录在光绪年间刊行的《洪北江全集》中(参照卷末的参考文献)。本书的引用主要基于该全集。另外,全集中未收录的著作则引用各个刊本。全集中收录的诗作约有四千九百一十首,按时间顺序辑录于四部诗集中:十三岁至三十四岁(乾隆二十三年至四十四年),《附鲒轩诗》八卷,五百六十九首;三十四岁至五十四岁(乾隆四十四年至嘉庆四年),《卷施阁诗》二十卷,一千八百七十六首;五十四岁至五十八岁(嘉庆四年至八年),《更生斋诗》八卷,八百八十七首;五十九岁至六十四岁(嘉庆九年至十四年),《更生斋诗续集》十卷,一千五百七十八首。从幼年时期到流放伊犁之前(嘉庆四年)共有两千四百四十五首,流放伊犁之后至临终时共有两千四百六十五首。

此外,关于书中相关人物的生平,考虑到其繁杂性,本书仅作最基本的记述。虽未将出处一一标明,但主要参考《国朝耆献类征初编》《清史列传》和《清史稿》。

序章　时代、制度、地域

清朝的统治①

　　洪亮吉生活的清朝是由东北兴起的满族政治军事集团统治中国的时代。满族是 12 世纪建立了金国的女真人的子孙,16 世纪末年以来逐渐强盛。1616 年,努尔哈赤(太祖:在位 1616—1626)一统女真,登上汗位,建立后金国。随后的皇太极(太宗:在位 1626—1643),在对内图谋强化女真集团中汗权的同时,对外积极展开军事扩张,向东令朝鲜臣服,向西收归元朝皇室的后裔察哈尔部,最终,额哲的降服令内蒙古诸部收归到清朝的统治之下。当时,额哲还献上了象征元朝皇权的"大元传国玉玺"。然后,皇太极将族名改为"满洲",并于 1636 年,在满族和部分蒙古族、汉族的拥戴之下,在沈阳(之后的盛京)即大清皇帝位。

　　1643 年,皇太极逝世,六岁的顺治帝(福临:在位 1643—1661)继位,由皇太极之弟、顺治帝的叔父多尔衮摄政,多尔衮掌握政治实权。翌年,明朝亡于农民起义,多尔衮借明朝将领吴三

---

① 本节参见神田信夫等:《中国史 4:明～清》,山川出版社,1999 年。

桂开路,指挥清军击退农民军,进入北京城。随即,顺治帝进入北京并宣布迁都,重新举行即位仪式,登上紫禁城的王座,改年号为顺治,宣告着满族对中国统治的开始。清军继续挥兵南下,镇压各地抵抗势力,压制盘踞在长江以南的南明政权。顺治二年(1645),清军在江南制造了几桩流血惨案,被记录在王秀楚的《扬州十日记》与朱子素的《嘉定屠城纪略》中,流传至今。清朝还颁布剃发令,强制要求汉族男子采用满族男子的发型,即辫发。汉族男子虽然试图抵抗,但最终还是屈服,从此辫发就成了对清朝效忠的证明。

其后,康熙帝(玄烨:在位 1661—1722)通过平定驻守华南的吴三桂等旧明武将的叛乱(三藩之乱),及镇压郑氏一族的复明运动,完成了清朝对中国全域的统治。此外,为了对抗来自北方的威胁,康熙帝通过缔结《尼布楚条约》,与俄国划定了边界,并在昭莫多之战中大胜准噶尔部的噶尔丹。康熙帝出生在紫禁城,不仅自己用了汉名"玄烨",在给儿子们取名时也采用了"胤"字辈这种汉族传统的命名方式。

康熙帝治下政治安定,产业复兴,王朝交替时期因战乱而减少的人口也恢复到了高增长的水平。由于人口流动变多,如何把握作为纳税对象的人口成了政府的一大难题。是掌握人口数量(人丁),还是增加税收?两难抉择中康熙帝选择了前者,即将作为课税对象的人丁数固定下来,此后增加的人口都是"盛世滋生人丁",不成为课税的对象。实质上就是将之前的丁银(人头税)、地银(土地税)的两税制度,改为将丁银编入地银统一征收的制度(摊丁入亩)。在确保税收的同时,通过与保甲制的联动,编制户籍簿,彻底掌握人民的情况。对人口的掌握可以说是保证政权稳定的绝对条件。

在位六十一年后,康熙帝驾崩,继位者雍正帝(胤禛:在位 15 1722—1735)将摊丁入亩制度推行到全国,并进行各种行政及财政改革,如增加文武官员俸禄等。还新设了处理重大政务的军机处,构筑起将命令系统集中于皇帝一人的体制。由此,皇帝的权力得到了强化,清朝的统治亦越发稳固起来。

乾隆帝的治世

雍正帝之后继任的乾隆帝(弘历:在位 1735—1796)继承了其祖父与父亲确立的皇帝集权体制,他积极展开军事作战,扩大统治疆域。

在乾隆帝的治下,不仅清朝疆域面积达到了有史以来的最大,而且从顺治帝开始屡次尝试却因汉族对"夷狄"政权的过激反应而未有进展的明朝史书《明史》的修纂也终于告成,此举宣告着清朝是明朝的继承者,进一步巩固了统治根基。康熙朝以来政治的稳定,带来了社会的安定,实现了人口的增加。顺治时期约一亿的人口发展到乾隆后期已超过三亿。此外,随着康熙时期国内产业的复兴与发展,催生出欧洲各国商人对中国绢、瓷器与茶叶的需求,作为支付手段的白银大量地涌入中国。白银的流入让银货流通遍及城市和乡村,促进了商业都市、产业都市的出现,让商品的流通更为活泛,也让用银纳税成为可能。经济活动的活跃给 16 商人带来了巨大的收益,他们的活动据点增多,还让这些地方作为人、物与信息的聚点发展起来。自明代以来,盐的集散地扬州和织造产业发达的苏州成为中心所在。在富商巨贾的支持之下,文化之花自然而然地绽放在以苏州、扬州为首的江南都市。江南的繁荣孕育了一批清朝的代表文人与作品。而自明万历年间以来,江南持续繁荣与发展,在逐步走向成熟的过程中,也渐渐显露出矛盾。人们的价值观变了,风俗也乱了。

乾隆五十七年(1792),乾隆帝发表了《御制十全记》来夸耀其治下展开的十次军事作战成果。但军事作战本身消耗了大量的兵力,反而导致了国库存银的锐减。

综上所述,在乾隆治下经济发展与文化隆盛的繁华表面之下,暗藏着难以把握的人口激增与流动,其中孕育的危机,要靠下一任的嘉庆帝来修正、补强。

清朝的军事力量

【八旗】 清朝凭借军事实力成为中国的统治者。清朝的正规军即八旗,最初是只由满族人构成的八个军团(即满语中称为"固山"的军事社会组织)。如字面上的意思,八旗以旗帜为标识,分为正黄旗、镶黄旗、正白旗、镶白旗、正红旗、镶红旗、正蓝旗、镶蓝旗(正是指旗帜没有镶边,镶则是有镶边的)。蒙古族与汉族在归附后也被编入八旗。于是,一旗之下还有满洲、蒙古、汉军与包衣(满语"家的"的意思,指家里的奴仆)等不同编制。比如,正黄旗就有正黄旗满洲、正黄旗蒙古、正黄旗汉军和正黄旗包衣的区别。

17　　清朝入主中原以后,八旗分为驻守在紫禁城的京师八旗和驻留各地的驻防八旗。在京师八旗中,各旗的满洲、蒙古、汉军都置有武官都统(固山昂邦)来管辖(都统共有四十二名)。其中镶黄旗、正黄旗及正白旗由皇帝直接统领,故称"上三旗"。其余的五旗称为"下五旗",分别由重要的宗室(太祖努尔哈赤之父塔克世的直系子孙)所统帅,连皇帝也没有直接指挥的权力。不过,在康熙帝与雍正帝治下,皇帝权力逐步强化并渗透。乾隆帝即位时,便将八旗全部纳入皇帝的直接统领下。各旗的满洲、汉军分属五个参领(甲喇,长官称为参领"甲喇章京"),各旗蒙古分为左右参领,各参领下设五到十八个佐领(牛录,长官称为佐领"牛录章京"),每个旗人都归属于一个特定的佐领。① 此外,各旗的包衣也被编入各个佐领,上三旗的包衣隶属内务府,服务以皇帝为首的皇族。下五旗的包衣则被分配到各个王公(宗室)府上,处理诸王的生活与事务。

驻防八旗配置在蒙古、新疆等非汉民族的聚居地(即后述的外藩统治地区),以及中国内地各个重要的政治军事据点。其中有十三个地区由从一品武官将军驻守,两个地区由一品武官都统驻守,另外还有四个地区由正三品武官城守尉驻守。因为京师八旗与驻防八旗本为一体,所以最初驻防八旗的士兵和京师八旗的旗人每隔数年便会进行交替派遣,但随着驻防的推进,轮替的原则渐渐弱化。因而,京师八旗和驻防八旗的区别也就确立了下来。

驻防八旗驻留在都市(城)内,以城内部的围墙为界,与平民区隔开来。八旗驻留的区域被称为满城,以与一般民众居住的地

---

① 固山的长官最初被称为 gūsa I ejen(汉字表述为固山额真)。固山即旗,额真是主君之意,即旗主。顺治时期推行满洲官职的汉名化,于是固山额真就成了都统,被授予官印。另外,甲喇章京(jalan I janggin)、牛录章京(niru I janggin)中的章京("职责的官员"之意,汉字表述为章京)最初也被叫作额真,在顺治时期改为章京。雍正帝即位后,马上回收都统的官印,进行重铸并再次发放,将满文 gūsa I ejen 改成了 gūsa I amban,即固山谙班。gūsa I amban 中的 amban(谙班)是大臣的意思,固山谙班即管理旗务的大臣。其官印正是八旗完全归属于汗(皇帝)的佐证。随后,乾隆帝在乾隆十三年(1748)的官印制度改革中,还向参领、佐领授予官印,将八旗内的组织完全归于皇帝统治之下。以上参见《清史满语辞典》,片冈一忠:《中国官印制度研究》第Ⅱ部,东方书店,2008 年。

方相区别。与之相对，一般民众居住的地方则被称为汉城，在新疆南部则被称作回城。

18 八旗兵及其家人、下属不入民籍，而是另外加入旗籍。旗人的总人口数在顺治初年约有三十万，到了乾隆年间已超过百万。

【绿营】 绿营由汉族构成，是继承了明朝卫所兵的产物，因使用绿色旗帜而得名，是对八旗力量的补充。北京的绿营由步军统领（正式称谓是正二品武官"提督九门步军巡捕五营统领"）统率，在北京城内发挥警察的作用。地方的绿营部署在各个省，省城由文官总督下设的督标、巡抚下设的抚标，以及武官提督指挥的提标驻守，在省内各地还分别驻扎总兵指挥的镇标、副将指挥的协标、参将指挥的营标等部队。绿营总人数超过六十万，但是装备差，战斗力低下。所以，与其说绿营是战斗部队，倒不如说它行使了地方治安部队的职能。

清朝的统治机构

单凭军事力量无法统治人民，因此政治治理是靠文官来完成的。清初以来，统治机构几经变迁，下文将主要围绕乾隆时期的机构进行简要介绍。其中除部分内阁大学士外，所有的官僚都是文官。

【中央机构】 内阁沿袭明朝制度。大学士（正一品）一职，满员、汉员的数量相同。起初，内阁是能对皇帝施加影响的机构，但在军机处发挥作用后，它渐渐失去了存在的价值，不过依旧存续到清末。

从太祖努尔哈赤的时代开始，便设有由有权有势的宗室和旗人组成的议政王大臣会议，作为国家大事的重要决策机构。然而，随着皇帝权力的增长，这一机构的职能逐渐退化，到乾隆帝即位时已经彻底有名无实、形同虚设。最终在乾隆五十六年（1791）被废止。

军机处由少数几名大员构成，是雍正帝开展军事作战时，为保护机密而创设的作战总部般的存在。鉴于其随机应变的特性，乾隆帝将其常设化，由此军机处获得了重要政务机关的地位。数名军机大臣（拥有正职的高官兼任）和数名军机章京（书记官）轮流当值，平常留守在设置于皇帝居所附近的乾清门一侧的军机处值班房内，辅佐皇帝。 20

六部等是行政执行机关，有礼部、吏部、户部、兵部、刑部、工部，以及都察院、通政使司、大理寺等机构。

在上述中央机构中，高级职位基本上是满、汉员同数。比如，礼部的长官尚书（从一品），满人、汉人各一名。次官侍郎（从二品）有左右二职，亦是满汉各一员。其他官职也以此类推。但是同属中央机构、管理清朝皇室事务的内务府（宫廷事务）、宗人府（皇族事务），以及清朝特有的管理外藩事务的理藩院中的上层职位仅由满族人或者蒙古旗人充任，汉人被排除在外。

翰林院相当于皇帝秘书处，从科举会试中选拔成绩优异的合格者（进士）编入，成员据说有数百名。翰林院虽说是政府机构，但并不直接与行政相关，所以不需要严格执行满汉员同数的原则。

在北京的中央机构任职的官僚统称为京官，在地方任职的官僚则称为外官或地方官，他们的俸禄也有区别。

【地方——十八省】　为了统治广大的疆域，清朝先是将全国汉族的主要居住地划分为十八个省（一级行政区划），由中央派遣行政大员总督（正二品）、巡抚（从二品），以及主管财政的布政使

（从二品）、负责司法的按察使（正三品）等文官进行统治。省之下又设有道（长官为道员，通称道台）——府（知府）——州（知州）、县（知县）等数级行政区划，同样是由中央派遣文官进行管理。

与中央机构的职位多采用复职制度不同，地方的行政职位和明朝一样，一个职位仅任命一人，主要由科举考试的合格者充任。像由派遣官僚直接管理人民的县，在乾隆时期约有一千三百个（洪亮吉撰《乾隆府厅州县图志》）。

如上所述，设置省及下属的府、州、县，并由皇帝直接从中央选派官僚治理的体制叫作省制，也叫州县制。此外，在中国西南部的贵州、云南、四川各省的一些少数民族聚居地区，还会采用土司土官制度，即授予部落首长文武官职，令其负责治理，其管辖的区域称为土州或土县。

【外藩统治地区】 如前所述，清朝在发展过程中吸纳了许多周边地区的民族集团，扩大了疆域。包括内、外蒙古地区的蒙古族，青海、西藏地区的藏族，新疆草原地区的游牧蒙古族和生活在塔里木盆地绿洲中的维吾尔族等。在统治这些民族集团时，清朝采取了与管理汉民族不同的制度，即承认各民族集团首领过去的治理权和治理形态，将他们作为"外藩"，以此推行清朝的间接统治。具体而言，对蒙古族是实行札萨克，对藏族是容许达赖喇嘛、班禅喇嘛的管理，对新疆的维吾尔族则是实行任用当地人的伯克制度，并不实施由清朝派遣官员直接统治的体制。这些外藩及其统治的民族集团统称为藩部。

【城】 从中央派遣的行政官员和军队驻留在各地的城中。中国的城是由城墙所包围的空间，这里不仅有行政官员的官署（衙门）和军队的驻地，还是一般民众生活居住的地方。在英文里"城"表述为 walled city（城郭城市），现代汉语中"城市"便用于指代都市。最大的城是皇帝居住的都城，即北京城。北京城是元明清三代的王都，象征着皇帝的力量与权威，是一座庄严、宏大的都市。

全国各地的省、府、州、县的长官官署所在的都市同样被 22 城墙所包围，从而被称作省城、府城或县城。道员的官署大多设在府城。此外，还有的地方兼具府城和县城。本书的主人公洪亮吉出生的常州府城，里面不仅有常州府衙门，东半边还有阳湖县衙门，西半边还有武进县衙门。把县衙门设置在府城的县被称为附郭，或叫倚郭。也就是说，阳湖县和武进县是常州府的附郭。由此可见，府衙门所在的城通常采用府城的名字，而不用附郭的县名。值得一提的是，清朝时，北京城在行政上也是直隶省顺天府的府城，但用了"京城"这一名称（吴长元撰《宸垣识略》卷一）。京城内除了顺天府衙门，还有宛平县衙门和大兴县衙门。

城的形状多为方形，但是在中国的南部，因其所处的地形，出现了各种形状的城。位于大运河沿岸的常州府城，随着交通的发展而渐渐扩张，最后形成了椭圆形的城墙。

一般来说，城会设置在人口密集的地区。但更为准确的说法或是中央政府（皇帝）出于政治军事上的考虑，将军政要地的中心（都市）设置为城（用城墙围起来），并向该地（行政区划）派遣被授予了象征地方行政长官标志的官印的官僚（正印官）。① 所以说，

---

① 皇帝授予地方官的官印中，有刻着官署（衙门）或行政区划名称的正方形的印，还有刻着职称的长方形的印。被授予前者的官僚称作正印官，即布政使、按察使以下直至知县级别的官僚，他们拥有独自管辖的行政区域。持后者之印的则有总督、巡抚等。在明代官印制度逐步完善的过程中，奉皇帝的特命或因行政军事上的需要而新设的官位上的官僚会被授予刻有职称的长方形的印，以示与以往的行政职位的区别。此外，武官的官印自古以来都是刻着职称的。参见片冈一忠：《中国官印制度研究》第Ⅱ部。

即便人口增加，也不会马上设置新城。例如，以生产瓷器闻名的江西省景德镇，在发展过程中人口大增，可仍然是没有城墙的集落（镇）。因而，有清一代，城的数量一直保持在一千三百个左右。如上文所述，县的数量也约有一千三百个，加上与县同级别的直接对人民进行统治的州、厅等，对人民进行直接管辖的行政区划共有约一千五百个，所以一座城里有两三个县衙门也不算鲜见。可以说，自汉代以来的两千年里，城的数量一直保持在一千三百个上下，没有发生太大的变化。

文官的登用考试——科举①

皇帝体制的支柱是官和兵。如果说兵是军事力量的基干，那官就是统治机构的要员。其中，官有文官和武官之别，其录用方式与俸禄也各有不同。文官作为行政官员直接参与对人民的统治，即所谓的官僚。

文官是如何甄选出来的呢？自古以来，中国就有从人民中选贤任能、委以行政职务的传统。结束了南北朝分裂时代的隋朝，创设了通过考试来选拔担任地方行政工作的文官制度，即科举。但在隋唐两代，地方权贵依旧强势，所以即便通过科举考试将文官选派到地方，也难以令其发挥重大作用。经过了唐末五代的分裂与混乱，作为贵族根基的庄园逐渐崩坏，其势力也走向衰退。宋朝成立后，由皇帝任命并选派文官进行统治的体制才算确立下

---

① 本节主要参见《清国行政法》第三卷，1915 年初版，1972 年汲古书院复刊；狩野直喜：《清朝的制度与文学》，美铃书房，1984 年；宫崎市定：《科举——中国的考试地狱》，中公新书，1963 年；宫崎市定：《科举史》，平凡社，1987 年（东洋文库）；井上裕正：《林则徐》，白帝社，1994 年。此外，数字的记载是基本的数目，实际上或有增减。

来。此后,科举也被确立为中国文官的登用制度。在科举制度之外,宋朝还设有学校制度,从全国召集优秀的学生到中央的太学接受教育,他们毕业后即可踏上仕途。

元朝,科举仅在小范围内进行。后来明朝试图将科举制度与学校制度结合起来,于是,学校被定位为参加科举之前阶段的组织机构。

清朝的科举考试比明朝的考试制度更为彻底,形成了完全通过考试进行选拔的多重考试制度。清朝实施文官登用考试大致可分为学校试与科举试两个阶段,下文将分别进行介绍。

【学校试】 首先,只有国立学校的学生才有参加科举考试的资格。所以,目标是成为官僚的人就必须先成为国立学校的学生,需要参加获得生员资格的入学考试,即学校试。学校试,又称为童试,可划分为三个阶段,先是在县内由知县负责主持的县试, 再是在府里由知府负责主持的府试,最后是真正的院试。院试由皇帝派遣的学政(地方教育行政长官)主持,以府为单位举行,院试的合格者成为生员。生员虽然还不是正式的官员,但是有专门的制服,以此与平民区别开来。而且,根据待遇的不同,生员还能细分为廪生、增生和附生。

生员将成为设置在地方的府学、州学或县学的学生。其中成绩优异者会被推选为中央太学国子监的学生(国子监生),但往后就官的途径会变窄。几乎所有的生员都在为科举考试而发奋学习。另外,根据选拔方式的不同,选送到国子监的生员被分为拔贡生、岁贡生、恩贡生、优贡生及优监生等数种。他们除了可以参加原籍所在地的乡试(后述),还拥有参加在国子监所在地京城举行的顺天乡试的资格。

24

【科举试——乡试】 科举试的第一阶段是在各省省城的常设考试场地（贡院）举行的乡试。乡试每三年一次,规定在子、卯、午、酉年举行。每逢新帝即位及皇帝、皇太后的颂寿典礼等宫中大喜之事时,在三年一度之外,还会加设一次考试,代表皇帝特别的恩典,称恩科。乡试的负责人是一省的总督或者巡抚。

打算参加乡试的生员,在乡试之前还需要接受由学政主持的科试(和院试一样以府为单位进行)。科试的目的是测试想要参加乡试的生员的学力,同时也起到限制参加乡试的人数的作用。

在那之后,生员要面对的就是乡试了。乡试的考官由皇帝任命,从中央选派正考官、副考官各一名。乡试通常是在八月份,全国一同举行,所以,考官名单公布的日期要根据其从京城到乡试考场的路上所花的时间来决定。从这个角度来考虑,学政的任命也是一样的,在公布日期上存在着时间差。

25　　　正考官和学政是负责出题的人。所以,如果能提早知道考官是谁,就可以根据他在学术上的倾向,来谋划考试的对策。为了尽可能避免这种情况发生,才有了上述的公布方式。正副考官均由京官充任,在正考官两千两、副考官一千两的正俸、恩俸之外,还有职务津贴,并提供四百两到八百两不等的赴任津贴。

乡试中,当地知府、知县还会选拔十名左右的辅助者（同考官）来协助正副考官的工作,举行总共三场考试。在顺天府（北京）乡试中,同考官不是由地方官而是由翰林院编修等京官担任。第一场试考四书题和诗题两题,第二场试考五经题,第三场试则是考策题。合格者的名单将在榜（公告牌）上公布。合格者的数量由各省按定额决定。此外,还会公布被称为副榜的候补合格者,这也是由各省按定额决定的。① 登上副榜者被称为副贡生,也视同国子监生。榜单公布之后,各位合格者将汇集于省城,向考官致谢,此时开设的庆祝宴会叫鹿鸣宴。若是当地六十年前的乡试合格者出席的话,就是"重赴鹿鸣宴"。比如说,著名的考据学家赵翼(1727—1814)和姚鼐(1732—1815),他们同为乾隆十五年(1750)的乡试合格者,又被请到了嘉庆十五年(1810)的江南乡试鹿鸣宴上。当时,赵翼已然八十四岁,姚鼐也有七十九岁了。

乡试合格者称为举人,彼此之间的称呼是同年。正考官和副考官称为座师,同考官称为房师,对自己的称呼则是门生。

【科举试——会试、殿试】 乡试的翌年三月,全国的举人汇集于北京贡院,参加会试。因为考场容纳人数有限,在会试之前要举行举人的复试,筛选出符合考场容量的考生数量。这场考试中的合格者接下来要参加的就是会试了。会试的负责人是礼部尚书。会试和乡试一样,一共进行三轮考试,出题范围是四书、

---

① 有清一代,各省乡试合格者的人数(定额)时常有变动,因此各种著作中(狩野直喜:《清朝的制度与文学》,第 405 页;《清国行政法》第三卷,第 462—462 页)记载的数目并不一致。不过,根据《(光绪)大清会典事例》卷三四八的记录,乾隆二十年(1755)时各省合格者的定额如下:直隶,定额二百三十九名;山东,定额六十九名;山西,定额六十名;河南,定额七十一名;江苏,定额六十九名;安徽,定额四十五名;江西,定额一百零四名;浙江,定额九十四名;福建,定额八十五名;湖北,定额四十八名;湖南,定额四十五名;陕西,定额六十一名;甘肃,空缺;四川,定额六十名;广东,定额七十二名;广西,定额四十五名;云南,定额五十四名;贵州,定额三十六名;共计一千二百五十七名。甘肃省的定额包括在陕西省中,之后才明示其单独的数量。其中,直隶省的定额还有如下划分,即满洲、蒙古旗籍者三十一名,汉军旗籍者十三名,直隶省者一百零九名,监生、贡生等国子监的学生按出身省份再细分为北皿(奉天、直隶、山东、山西、河南、陕西、甘肃)四十三名,南皿(江苏、安徽、浙江、江西、福建、湖南、湖北)四十三名。在二百三十九名的定额之外,还有中皿(四川、广东、广西、云南、贵州出身的监生、贡生),规定这些考生中每二十人取一名为合格。乡试基本上在各省的省府举行,并依据各省来命名。不过直隶的乡试并不在省都保定府,而是在国都北京的顺天府举行,故称为顺天乡试。另外,安徽省和甘肃省不单独举行乡试,分别与江苏省府江宁(江南乡试)和陕西省府西安(陕西乡试)合并举行。

诗、五经和策题。考官由皇帝任命,正考官一名,副考官三名,同
考官十八名。会试的合格者名单在四月中旬发表。和乡试会出
副榜一样,会试的候补合格者的榜单将与合格者榜单分开公布,
即所谓的明通榜。前文提到的赵翼便在乾隆十九年(1754)的会
试中名列明通榜,随后充任内阁中书。和乡试一样,在会试中,考
官与合格者,以及合格者之间也有座师、房师和同年的关系。

会试的合格者名单发榜后,便会进行会试的复试,因为最终
的考试是由皇帝亲自主持的殿试。所以,此次复试是以测试学力
为目的的预备考试,并不会出现落第者。与之前在贡院开考不
同,此次考场移到了宫中,在保和殿内举行。皇帝亲自出题,四书
一题,诗一题,答案的审查则由阅卷大臣负责。之后才是殿试。考
题是对皇帝的提问给出相应的对策,且必须用上奏文书的形式作
答。这场的答案审查员叫读卷大臣,共有八名,由尚书及内阁大学
士充任。成绩按一甲(赐进士及第)、二甲(赐进士出身)、三甲(赐
同进士出身)三个等级划分。成绩最优的一甲共有三人,其中第一
名称状元,第二名称榜眼,第三名称探花。在此之下,二甲的人数
在乾隆时期一般是五十到九十人,三甲在乾隆前期是二百五十人,
到乾隆后期缩减到了百人以下。所以,一次科举考试会产生两百
名左右的进士。

殿试之后,还有名为朝考的考试,根据考试的结果,一甲的三
人和二甲、三甲中的成绩优秀者会被选为庶吉士,作为将来干部
的候选人,留在翰林院的庶常馆学习。其他的进士则会被任命为
中央机构的下级官员,或是地方的知县等。对庶吉士来说,三年
后还要面临类似于毕业考试的散馆考试,以决定最终的职位分
配。此外,一甲的三人在成为庶吉士的同时,状元会马上被任命
为翰林院修撰,榜眼和探花则是翰林院编修。

14

科举考试在应考资格上虽然有几项限制,但不问身份、民族,面向全体男性展开。不过,因为科举从四书五经中出题,且必须用汉字作答,所以,大部分的参考者和合格者都是汉族出身。当然也有一部分八旗满洲、蒙古出身的举人、进士。他们本来就是武官出身,又作为旗人官僚充任地方官,或是填补实行复职制度的中央机构要职中专门留给满族人的职位(满缺)。

在上述的文官录用考试(科举即文科举)之外,还有武官的录用考试(武举)。武举和文举的过程几乎一致,其合格者被称为武生员、武举人和武进士。武举出身者将被分配到全国的绿营部队。不过,对他们的评判,无论是就部队内部而言,抑或是从社会舆论来看,都比不上从士兵中直接选拔出来的将领。

官、兵的俸禄①

清朝会给官兵发放俸禄(清朝文献中常见的"俸饷"一词,是因官员的称为"俸",兵士的称为"饷",而并称为俸饷)。官员根据文武之别,发放的内容也有所不同。文官中又有京官和外官之分,武官的支给也有八旗与绿营的差异。八旗中又细分出京师八旗和驻防八旗。

文官的俸禄由正俸(本俸)和别俸两部分组成。发放额度基本上是依据品级来确定的。在文官中,京官的正俸有俸银和禄米,并发放与正俸相同数额的恩俸作为别俸。而外官的正俸就只有俸银,没有禄米,别俸则是所谓的养廉银(用于培养官员廉洁的

---

① 以下关于俸禄的部分参见《(光绪)大清会典事例》卷二四九至二六三;黄惠贤、陈锋主编《中国俸禄制度史(修订版)》,武汉大学出版社,2005年,第559页之后;松井义夫《清朝经费的研究》,"满铁"经济调查会,1935年。

习性）。雍正帝认为俸禄太低导致外官贪污行为不断，为了改善这一状况，他将一直不受官方认可的，相当于税银附加税的"耗羡"纳入了正式的征收项目，作为官方收入用于发放外官的职务津贴。养廉银的发放并不依据品级，所以同一职务发放的数额会出现差异。这是因为各地征收的税银数目本来就不同，与之相应的，作为养廉银发放基础的耗羡的数量自然也不一样。乾隆时期，养廉银的发放不仅以任职地区的税收多少为根据，还将该地区的重要程度和治理的难易程度纳入考量，对发放额度进行斟酌调整。结果就是，直隶总督的养廉银有一万五千两，陕甘总督有两万两。知县中养廉银最高者达到了二千二百五十九两，而最少者只有四百两。知县作为正七品官，正俸只有四十五两，而发放的养廉银已然是相当于其正俸九倍乃至五十倍的巨额。另外，翰林院编修（正七品文官）若作为学政（地方教育行政长官）被派遣到地方，就能有三千二百两到四千两的养廉银收入（乾隆十三年）。另外，京官中的户部、吏部、礼部及理藩院也有养廉银。

京师八旗武官和文官中的京官一样，正俸有俸银和禄米，还有和正俸等额的恩俸作为别俸。另外，虽然数目上不比外官，但多少也会发放一些养廉银。驻防八旗的武官的正俸有俸银和薪银（职务津贴），别俸则是养廉银。地方的绿营武官和驻防八旗武官一样，在正俸的俸银和薪银之外，还会发放养廉银作别俸。

上述的俸禄发放规则和顺治时期的规定早已大不相同。当初，除地方驻防的武官有相当于俸银二到六倍的薪银作为职务津贴外，其他人几乎只有正俸。到了雍正朝，先是开始以恩俸的名义向京官和京师八旗发放与正俸等额的别俸，又将养廉银设置为在地方任职的外官的别俸。所以，外官的俸禄一下水涨船高。但是这个时候，驻防八旗和绿营还没有发放别俸。直到乾隆四十六年(1781)，才开始给地方驻防的武官发放养廉银。

身为士兵的八旗兵和绿营兵与武官不同，其俸禄仅有作为兵饷的银和米。

29

胥吏、幕友

只靠官僚是无法治理人民的，官署中还有胥吏和衙役等人员，他们是支撑地方行政的关键人物。另外，还有一批被称为幕友的士大夫辅佐地方官。

【胥吏】　末端的行政单位县，在全国共有一千三百多个。各县除了行政长官知县及少数几个官僚是由中央直接派遣，其行政主要由在当地招募的胥吏(或书吏)来支撑，并负责日常事务的运转。不只是在县里，不论是地方还是中央，有官署的地方就会有胥吏，小型的县胥吏有两三百人，大型的县甚至能有两三千人之多。但这些人并没有俸禄，为了获得收入，在地方要靠从百姓那收取好处费，在中央则是靠着向地方收取饭食银或者文书处理的费用。在地方衙门里，胥吏之下还有衙役等杂役的存在，一个小的县约有两千人，大的县甚至有七千人。他们虽然是有俸禄(工食银)的，但主要收入还是来自向人们收取好处费。① 把地方行政交托给胥吏这样没有俸禄、靠赚取人们好处费来生活的人，也不难想象他们会做出什么。

【幕友】　负责一县全部行政的知县会招募一些熟悉行政事

---

① 参见宫崎市定：《清代的胥吏与幕友——以雍正朝为中心》，《宫崎市定全集》第十四卷，岩波书店，1991 年(1958 年初版)；朱金甫：《清代胥吏制度略论》，《清史论丛(1994)》，辽宁古籍出版社，1994 年；古鸿廷：《清代官制研究》，五南图书出版公司，1999 年。

务的士大夫来做自己的个人顾问、秘书,同时起到监督、指挥胥吏工作的作用。这样的顾问、秘书一般被叫作幕友(或者幕客)。幕友不仅负责制作刑名(裁判)、钱谷(征税)等报告文书,还需要全方位地辅佐知县。知县会雇佣数人到十数人的幕友。乾隆初年,一名幕友可以从知县那获取大约二百两银的报酬。[①] 而知县的年俸只有四十五两,再算上养廉银的几百两,要招聘数名幕友,只靠正规的收入,是入不敷出的。为了填补这个空缺,不得不去弄一些规定外的收入,即贿赂。这就滋生了榨取人民之弊害的土壤。

30　　将地方行政委任给地方人士的习惯,节省了经费,却导致了压榨人民的弊端。如前文所述,养廉银的创设一定程度上缓和了上述的弊害,但并不能从根本上解决问题。

士大夫

　　在中国,知识分子被称作"士大夫",他们因身上体现着以儒学为代表的中国文化,而被视为文化人;他们在以儒家经典为主要科目的科举考试中过五关斩六将,成为皇帝的臣下,是支撑皇帝政治的官僚;他们还是地方社会中指导者一般的存在,会对舆论的形成产生重大的影响。所以,对一个王朝来说,如何掌握士大夫是一项重大的任务。

　　对身为满族政权的清朝而言,为了维持政权,抑制汉民族的

---

① 参见宫崎市定:《清代的胥吏与幕友——以雍正朝为中心》;瞿同祖著,范忠信、晏锋译,何鹏校《清代地方政府》,法律出版社,2003 年,第 186 页等。幕友是类似于地方官私人秘书般的存在,并非正式的官员。古时候将军远征时在帐幕中设置的军事指挥处(本营)被称作幕府,在幕府中辅佐将军的人则称为幕僚,这就是幕友最初的由来。受地方官个人的聘来进行行政辅佐工作的人叫作幕僚、幕友、幕宾、幕客。

民族意识与反清言论是至关重要的。对士大夫的政策虽然是有针对性的，但在制定战略时，也不能不考虑对整体的影响。

人们常说康熙帝的政治十分宽容，社会的安定带给民间开放之感。然而，在其治下，反清言论却悄悄蔓延开来。其中，康熙五十年（1711）发生的南山案，给士大夫的心头浇了一盆冷水。翰林院编修戴名世因在中举之前的著作《南山集》中使用南明政权的年号"永历"等行为，被都察院左都御史赵申乔弹劾，导致被判死罪，并株连甚广。后来，在雍正帝的治下，又发生了吕留良案。受吕留良反清复明思想影响的生员曾静，试图煽动时任川陕总督的岳飞后人岳钟琪发起叛乱，结果是吕留良一族被处以酷刑，曾静却保留了性命。对曾静的审问由雍正帝亲自主持，并将审问的内容以问答形式整理成《大义觉迷录》，颁行全国，来宣传清朝及雍正帝统治的正当性。康熙帝和雍正帝对这些反清思想有意识地展现了强硬的压制姿态，在控制士大夫言行的同时，实现强化体制的目的。

然而，到了乾隆帝的时代，他的行动并非经过计算的战略性举措。在那些甚至连议论都算不上的文章里，哪怕仅有只言片语，都会招致严惩，如此笔祸频出，完全是"文字狱"的情状了。这样一来，士大夫不得不对日常的文章、发言多加小心，自由的思考行动中阴影暗藏。那么，士大夫可以倾注自己对知识的探求心的，就只能是康熙时期兴起的"考据学"了。所以，也只有考据学才能成为乾隆时期的代表学术。

【考据学】明末因东林党和反东林党而兴起的空谈风气成为明朝灭亡的重要诱因。在对此进行反省时，士大夫们认识到重要的是"实"而不是"理"，即意识到能对现实社会起实际作用的"经世致用之学"的重要性。其中，顾炎武（1613—1682）创作了政论

《日知录》和地理经世论《天下郡国利病书》。此外,为了阐明古典研究中小学(文字学、音韵学、训诂学)的重要性,他还写作了《音学五书》。① 此书可被视为考据学领域的开山之作。阎若璩(1636—1704)在《尚书古文疏证》中论证了被奉为神圣的《古文尚书》实为伪作,此举宣告被绝对化了的儒家经典可以被当作相对化的研究对象。由此,许多士大夫也开始以与古典研究相关的经学为中心,在史学、地理学、小学等领域展开实证性研究,于是在这些领域中考据学也得到了发展。然而,作为经世致用之学中心的政论,很容易和没有确凿证据就进行阐发的政治批判联系到一起。或许就是因为这样,公开发表的议论变得越来越少,而且多是针对单个政策展开探讨,这使得政论从作为学问思想的考据学的核心中脱离出来。所以说,乾隆、嘉庆时期引以为傲的考据学,实际上呈现出来的是对古典研究的特殊化。因而,我们需要做的是去解读潜藏在这些实证研究与诗文之下的,士大夫们真正想吐露的政见。②

占据江苏省南半边的江南,是考据学盛行的地区之一。在清朝统治中国的过程中,此地抵抗运动频出。清军的铁蹄踏过了扬州,还有作为东林党及复社据点的各个江南城市,惨祸连连。所以,江南士大夫的行动中有许多令人深感复杂之处。

【四库全书】将乾隆帝、士大夫、考据学三者联系在一起的是

---

① 参见神田信夫等:《中国史 4:明〜清》,第 481 页之后;井上进:《顾炎武》,白帝社,1994 年;森正夫、加藤祐三:《中国》下,朝日新闻社,1992 年,第 66 页。
② 奥野信太郎:《随笔北京》,平凡社,1990 年。东洋文库中收录的《中国的知识人》中有言:"古来立于庙堂之上的知识人,可以说没有不留下诗文集的政治家……/试想入了手了某个文人题为某某的文集,看一眼那题目……以某某论、某某表,或是送某人赴某地序为题的文章想必不下数十篇,可以留意到其内容必定会涉及时政,谈论为政的理想,还要条分缕析经世济民之要谛。"(第 82—83 页)

《四库全书》的编纂事业。《四库全书》是奉乾隆帝之命,从当时能够确认的书籍中挑取有价值者,按经、史、子、集四部进行划分后编纂而成的巨型丛书。此前的丛书或是仅收录概要,或是只有拔萃本,而《四库全书》最大的特征则是将所收的书籍进行全文誊录。

为了编纂《四库全书》,北京开设了四库全书馆,由各地官员收集书籍,并输送至此。然后,对书籍一一进行精查、校阅、甄选,再加以誊抄,这样的作业需要大量士大夫的参与。所以,编纂事业更加刺激了士大夫在考据中培养学识以及他们对知识的探求心。但是,换个角度来看,这同时也是在审查批判清朝的书籍与记述,可以想见数不胜数的书籍在此过程中惨遭"焚书"之厄运。

动员学者三百余人,耗时约十三年的《四库全书》于乾隆五十七年十二月全部完成。这是一部收录书籍约三千五百种,洋洋八万卷,共三万六千余册的巨型丛书。先是在紫禁城内的文渊阁中收藏了一套。此后,为皇帝御览之便,又在盛京(沈阳)的文溯阁、北京郊外圆明园的文源阁、承德避暑山庄的文津阁各藏有一套。后来,乾隆帝考虑到江南是文化的中心,遂在扬州、镇江、杭州分别修建文汇阁、文宗阁与文澜阁来收藏《四库全书》,以供士人阅览。

《四库全书》的编纂虽说是乾隆帝的任性之举,但其成为可能还是因为乾隆时期强大的经济实力与丰厚的人才储备。

江苏、常州、阳湖

江苏省常州府的阳湖县位于富庶的江南一隅。洪亮吉出生于此。下文将按照江苏省、常州府再到阳湖县的顺序,介绍洪亮吉出生成长的地方。

【江苏省】 江苏省位于中国东部沿海,东临黄海(连接至太平洋),南靠浙江省,西接安徽省,北连山东省。江苏省南有长江(扬子江),北有黄河,由西向东缓缓注入黄海[不过,黄河在咸丰五年(1855)改道,北流至开封东部入渤海],又有大运河贯通南北。省内大大小小的湖沼星罗棋布,竟有二百之多,汇通水渠无数,密如织网。全省的大部分是海拔五十米以下的平地,在全国来说也是少有的平坦之地。在约有十二万平方公里的总面积中,平原占七成以上,低缓的丘陵地有一成多,剩余部分是水域。省内几乎所有的河流、湖泊都被用于生产。此地属于季风性气候,温暖宜人,但夏季的降水量很大,因而排水、灌溉成了农业生产的头等要务。在这片肥沃的土地上,农业生产力非常发达,清朝时,这里大量种植水稻。长江流域还是天下闻名的棉花产地,太湖沿岸则是屈指可数的养蚕地带,大运河沿岸的苏州、无锡、常州等各个城市都因绢纺织业而繁荣。

康熙六年(1667),江南省被一分为二,其东半部成了江苏省(西半部成了安徽省)。从西边的政治、经济、文化中心江宁府(南京)和东边的苏州府中各取一字,就有了江苏这个名字。乾隆末年,江苏省治下有八府、三直隶州和一直隶厅,统领六十一县。江苏省在地理上被长江划分为南北两半,北半部称江北,南半部叫江南,江北有徐州府、海州、淮安府、扬州府、通州、海门厅等三府、二直隶州、一直隶厅,而江南由西向东依次是江宁府、镇江府、常州府、苏州府、松江府及太仓州等五府和一直隶州。中央政府派遣到此地的行政大员有统辖江苏、安徽、江西三省的两江总督,管理江北及江宁府的江宁布政使,管辖江苏一省的江苏巡抚,以及管理除江宁府外的江南地区的苏州布政使。可以说,这是一个颇为复杂的统治体制。

表 1　各省一甲及第人数表（顺治至乾隆时期）　　35

出身省份	顺治时期 8次24名	康熙时期 21次63名	雍正时期 5次15名	乾隆时期 27次81名	合计 61次183名
直隶	4	2	2	3	11
山西	0	0	0	0	0
山东	1	2	0	2	5
河南	0	3	0	0	3
陕西	0	0	0	1	1
甘肃	0	0	0	0	0
四川	1	0	0	0	1
湖北	2	0	1	0	3
湖南	0	0	0	0	0
安徽	2	4	0	7	13
江苏	11	34	7	32	84
浙江	3	16	4	28	51
江西	0	0	0	6	6
福建	0	2	1	1	4
广东	0	0	0	1	1
广西	0	0	0	0	0
云南	0	0	0	0	0
贵州	0	0	0	0	0

注：参见《清朝进士题名碑录附引》，台湾再版，1966 年。

在唐代韩愈的描述中，江苏"今赋出于天下，江南居十九"。虽然是种夸张的说法，但活跃的生产活动令江苏在天下财富中的　36
占比居高不下，也是毋庸置疑的。可是，有这样的生产活动，并不意味着当地的农民就很富足。清初,顾炎武曾说过"吴中之民,有田者什一,为人佃作者什九"(《日知录》卷十)。也就是说,多数的土地集中到少数的地主手中,大部分佃农只能租种。土地的所有权和耕作的形态在有清一代几乎没有发生变化。所以,农民除了种植水稻,还需要通过种植棉花、桑树(养蚕)赚取副业收入,并以此为原材料生产棉布和绢织物(手工业)。如此一来,农业与手工业的发展必然会推动商业的进步。所以,财富汇集于此,该地区的学术、文化也极为兴盛。

江苏是清朝诞生了最多官僚、孕育了最多士大夫的地方。从科举的进士及第人数来看是最为一目了然的。表1统计了从顺治年间到洪亮吉生活的乾隆末年举行过的六十一次殿试(科举的最终考试)的合格者(进士)中前三名(一甲:状元、榜眼、探花)的出身地及人数。其中,江苏省出身者占了46%之多。那么,往下的二甲、三甲中江苏籍人士的数量也就可以想见了。

乾隆元年(1736)重修的《江南通志》对江苏的经济、社会、文化的繁荣这样赞美道(当时的江苏巡抚顾琮作序):

> 江南重地,不独山川瑰丽,城郭崇闳,衣冠俊伟,田赋物产为天下最,而礼教风俗、节义文章之盛,亦实足当各省之弁冕(桂冠)也。

清末民国时期的士大夫代表梁启超(1873—1929)也曾说过:"大江(长江)下游南北岸(江苏省)及夹浙水之东西(浙江省),实近代人文渊薮,无论何派之学术艺术,殆皆以兹域为光焰发射之中枢焉。"①

38

---

① 梁启超:《近代学风之地理的分布》,《清华学报》1924年第1卷第1期。

表2　第一甲及第者江苏省各州县人数表（顺治至乾隆时期）

府	州县名	顺治时期	康熙时期	雍正时期	乾隆时期	合计
江宁府	○江宁				1	1 ⎫4
	上元		1	1	1	3 ⎭
淮安府	○山阳				1	1 ⎫2
	盐城	1				1 ⎭
扬州府	○江都		1			1 ⎫
	仪征			1	1	2
	高邮州			1		2 ⎬8
	宝应		2			2
	泰州		1			1 ⎭
徐州府			1			1
通州				1	1	2
镇江府	○丹徒		1		1	2 ⎫
	金坛	1		1	1	3 ⎬9
	溧阳	1	2		1	4 ⎭
常州府	○武进	1	2		3	6 ⎫12
	阳湖	—	—		6	6 ⎭ ⎫19
	无锡	2	2			4 ⎫7 ⎭
	金匮	—	—		3	3 ⎭
苏州府	○吴		2		4	6 ⎫16
	长洲	2	6	1	1	10 ⎭ ⎫26
	元和				1	1
	吴江		1			1
	昆山	1	2			3
	常熟	1	4			5 ⎭
太仓州	○镇洋				3	3 ⎫
	嘉定		1		3	4 ⎬8
	崇明			1		1 ⎭
松江府	○华亭		1			1 ⎫2
	娄		1			1 ⎭ ⎫5
	金山		1			1 ⎭
	青浦	1	1			2
合计		11	34	7	32	84

注：○表示府台、州治所在地（附郭县），{表示县治置于同一城内的县。

【常州府】 常州位于江南,地处大运河沿岸,旧时秦代在此
设会稽郡,汉代在此置毗陵县。自隋开皇九年(589),废晋陵郡
置常州,始有常州之名。不过,之后仍是晋陵、常州两种名称
交互使用。直到元代设置常州路后,才固定为常州。明初还
有一段时间叫作长春府,但很快又改回常州之名。经历明末
清初,乾隆时期的常州下设八个县,位于北面的镇江府和南面
的苏州府之间。嘉庆《大清一统志》卷六十中,对常州的地势
这样描述道:

> 三江之雄阔,五湖之腴表,岗阜相属,林麓郁然,川泽沃
> 衍,有海陆之饶,物产丰阜,足衣食之供。大江横其北,太湖
> 处其东,北抵江淮,东连海道。三吴襟带之邦,百越舟车之
> 会。山长水远,气秀地灵,土厚水深,山泽清旷。

常州府统领八县,即武进、阳湖、无锡、金匮、宜兴、荆溪、
江阴和靖江。其中,武进和阳湖、无锡和金匮、宜兴和荆溪的
县衙门设置在同一城内。这都是雍正二年(1724)析置(分割
设置)的结果。同样是雍正二年,在邻近的苏州府,和吴县同
为附郭的长洲县的东南部被分离出来,另设为元和县。另外,
吴江县的西半部也被划分出来,设为震泽县;昆山县的北半部
被分离出来,设新阳县;常熟县的东半部则被设为昭文县。此
外,太仓州也从苏州府分离出来,升格为直隶州。由此可知,
经济发展和人口增加并不是常州府独一份的变化,而是经过
了清朝八十年发展以后,江南大运河沿岸地区共同的景象。

随着经济的发展,风俗也在发生着变化,上述嘉庆《大清一统
志》中还有这样的记载:

秀而多文，愿而循理。君子尚义，庸庶厚庞……人性佶 39
直，黎庶淳让，敏于习文。事简易治，民醇相安。食服之度渐
靡，礼仪之风浸盛。

常州府文化的繁荣也反映在科举进士及第的人数上。表 2
展示了江苏省内各州县的一甲及第情况，最多是苏州府的二十六
人，其次就是常州府的十九人，学问水平之高可以想见。①

乾隆中期到嘉庆时期，以公羊学、经世致用之学与历史地理
研究为特征的常州学派开始勃兴，因高度的文化水准与开放性，
常州逸才辈出，与此同时，还吸纳了许多外乡出身的学者。② 常
州的士大夫并非只埋头于考据学的古典研究，也时常着眼于现实
社会，留下了许多作品（诗文集）。这些作品虽然未能如古典研究
的业绩那般受人瞩目，但其中体现了士大夫眼中的时代。

【阳湖县】 常州府城有两个附郭，西边是武进县，东边是阳
湖县。清初仅有武进一县，但随着人口的增多，治理颇有难度。
于是在雍正二年析置出阳湖县。武进县和阳湖县地处常州的中
心地带，在乾隆、嘉庆两朝，即洪亮吉生活的时代，这里俊杰辈出。
武进县有庄存与、庄述祖、刘逢禄等经学家，还有张惠言、黄景仁、
赵怀玉等诗人，而阳湖县出了孙星衍、赵翼、李兆洛和洪亮吉等兼
通经学、史学（地理学）和诗文的人物。他们都留下了不少传世的

---

① 关于常州的历史发展参见薛迪成：《常州历史地理》，收录于南京师范学院地理系江
苏地理研究室编：《江苏城市历史地理》，江苏科学技术出版社，1982 年。
② 参见大谷敏夫：《扬州、常州学术考——其社会关联》，收录于小野和子编：《明清时
期的政治与社会》，京都大学人文科学研究所，1983 年；大谷敏夫：《清代政治思想
史研究》，汲古书院，1991 年。参见 Benjamin A. Elman, *Classicism, politics, and
kinship: The Ch'ang—chou School of New text Confucianism in Late Imperial
China*, University of California Press，1990，中译本为艾尔曼著，赵刚译：《经学、政
治和宗族——中华帝国晚期常州今文学派研究》，江苏人民出版社，1998 年。

著作。①

　　综上所述,常州在经济、文化、学术上都走在了时代前列,并且因各地学者的往来而充满活力。洪亮吉就生于斯,长于斯。

① 参见大谷敏夫:《扬州、常州学术考——其社会关联》,收录于小野和子编:《明清时期的政治与社会》;大谷敏夫:《清代政治思想史研究》。参见 Benjamin A. Elman, *Classicism, politics, and kinship*:*The Ch'ang—chou School of New text Confucianism in Late Imperial China*,中译本为艾尔曼著,赵刚译:《经学、政治和宗族——中华帝国晚期常州今文学派研究》。

第一章 在外家的生活
——乾隆十一年至三十四年

祖　先①

  洪亮吉的祖先来自安徽省徽州府歙县，"洪"最初写作"弘"，因唐朝第三位皇帝高宗的太子弘薨逝后被追谥为孝敬皇帝，而避讳改写作"洪"。传说唐建中年间（780—783）的黜陟使洪经纶或是洪亮吉的先祖之一，但未有定论。洪经纶后的第三十六世，就到了洪亮吉的高祖父洪德健（字千运）。洪德健是国子监生，娶了程氏后生了两个儿子，长子就是洪亮吉的曾祖父洪璟。

  洪璟（字昆霞），康熙三十七年（1698）考取贡生，后在康熙四十五年（1706）出任山西省交城知县②，康熙五十年又任大同知府，虽然施行善政，但因卷入政治事件，为谗言诋毁而被罢职。下文将详细说明此事。

  洪璟在北京时结交了许多名士。其中有一位是常州出身的

---

① 本节主要参考吕培《洪北江先生年谱》（以下简称为"年谱"）。另外，张惟骧《清代毘陵名人小传稿》可作为常州人物志来参考。
② 关于县志的编纂及各种复旧工作的努力，可见于光绪《交城县志》卷四，同卷九、卷十等。

赵熊诏。两人交往甚密,洪璟的儿了洪公寀(字封旅)还做了赵熊诏的女婿。赵熊诏以康熙四十八年(1709)殿试第一(状元)的成绩考中进士,后来以翰林院侍读的身份担任康熙帝的南书房行走和起居注官。当时,地方官洪璟与京官赵熊诏之间,书信往来频繁,以互通消息。洪璟从金钱方面尽力帮助收入不多却开销不少的赵熊诏。作为回报,赵熊诏也会在中央支持洪璟,以助其仕途的晋升。再加上一层姻亲的关系,二人在官场上相互扶持。

这也意味着,两人的前途会因一方的马失前蹄而崩塌。赵熊诏的父亲赵申乔,是康熙九年(1670)的进士,历任浙江布政使、偏沅巡抚(雍正时改称湖南巡抚),于康熙四十九年(1710)晋升为负责监察的都察院长官左都御史。康熙五十年,赵申乔弹劾戴名世,指出其在《南山集》中引用了降清的吴三桂下属方孝标的《滇黔纪闻》,使用了明朝灭亡后的南明政权的年号"永历"。结果,戴名世及其一族被处以死刑,已经过世的方孝标也被开棺暴尸。戴名世是赵申乔之子赵熊诏状元及第的同年榜眼(一甲第二名)。此次事件中赵申乔的行为招来了不少非议,对他和亲属的指责十分激烈。赵申乔的次子(赵熊诏的弟弟)赵凤诏(太原知府)因贪污下狱,赵熊诏自己也因擅自抄写上谕被问罪,遭到解职并处以流刑。尽管赵申乔努力上下活动,请求皇帝的恩赦,但是皇帝肃清贪污行为的方针无法改变,赵凤诏最终还是被斩首了。感到已无容身之地的赵申乔称病辞官。政府对贪官污吏的追责十分严苛,赵凤诏的财产自不必说,连赵申乔和赵熊诏的家财都因追征而没收充公。不仅如此,和赵家有姻亲关系的洪璟也被卷入其中,成了攻击的对象。洪璟在任大同知府期间主持了城墙的修理工作,但在离任之后,城墙的一部分出现了破损。于是,洪璟被要求承担修理费用,以至于田产、房屋都没入官府,后来又为追征累及。①

对赵家、洪家的追征在康熙五十九年(1720)赵申乔死后还在继续。后来,康熙帝念及赵申乔对清朝的一片忠心,免除了追征,并授予故去的赵申乔谥号"恭毅",雍正帝时期又追封其为"太子太保",恢复了他的名誉。两家也免于破产,总算是缓了一口气。

洪亮吉的祖父洪公寀,因受父亲债务所累,所以入赘赵家,从安徽省歙县搬到了江苏省常州府城内。他和赵氏育有五子,第二子是洪亮吉的父亲洪翘。洪翘字午峰,与父亲洪公寀一样是国子监生。

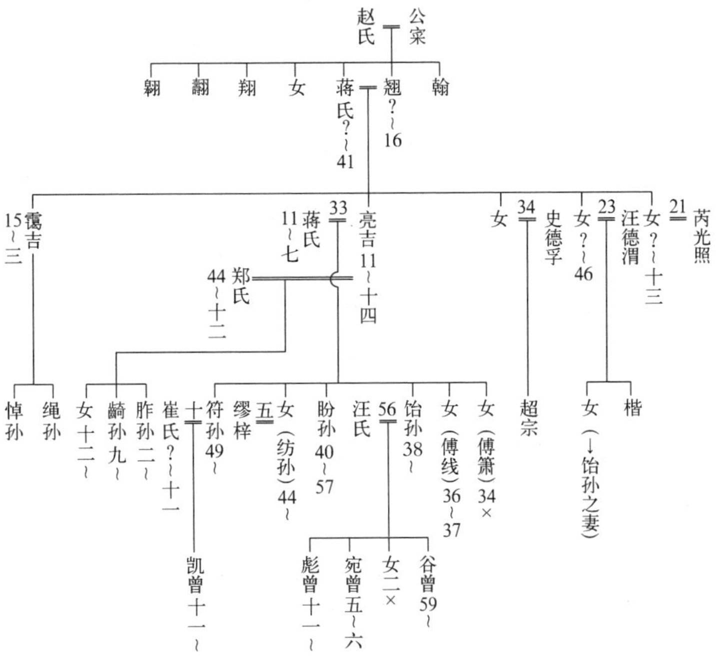

图 1　洪氏谱系图
注:阿拉伯数字表示乾隆年份,汉字数字表示嘉庆年份。

---

① 洪亮吉在乾隆五十六年的作品《南楼忆旧诗四十首》第二首的自注中说"余家自追赔先曾祖大同城工核减帑项,田产悉入官"(《卷施阁诗》卷十)。

洪翘娶了蒋家之女。蒋家出了明朝的礼部左侍郎蒋宗武,是武进县的名门望族。蒋氏是担任过云南省嵋峨县知县等职的蒋学淳的女儿,与洪翘一样年纪。洪家虽然没落,但是有历任知府的士大夫家系,又与被追封为太子太保的赵家有姻亲关系,才促成了与蒋家的这桩婚事。

洪亮吉的诞生

乾隆十一年(1746)洪亮吉出生在常州府城中心的中河桥东南边兴隆里(巷)的一处租屋中。他的父母(洪翘和蒋氏)已经连续生了三个女儿,所以十分期盼一个男孩的降生。洪翘已经参加了数次乡试,但都未能考中,只能通过幕友这种不稳定的工作来换取一些微薄的收入,以维持一家的生计。

在四岁那年(乾隆十四年,1749),父亲洪翘让洪亮吉的长姐教他读书识字。早上,洪亮吉从姐姐那学习文字的含义,晚上在母亲面前复述一遍,以此加深理解。翌年的乾隆十五年(1750),弟弟霭吉出生。同年,洪亮吉入读洪家的家塾,跟着父亲的幺弟洪翱(字君佐)学习四书中的《大学》和《中庸》。父亲的祖父历任知府,母亲的娘家蒋家也是进士、举人辈出,在这样有士大夫传统的家族中出生的洪亮吉,自然是要着手准备科举考试的。乾隆十六年(1751),洪亮吉开始学习《论语》。这一年七月,在太仓直隶州镇洋县衙门担任幕友的洪翘突然患病,于是打算回常州。同月二十四日,洪翘刚到常州府城东边五十里的洛社时,便骤然离世。在母亲的带领下,洪亮吉和三个姐姐与弟弟奔赴安置遗体的常州府城外东边的天宁寺。在按规矩服丧五十日后归宅。

在外家的生活

父亲去世后,洪亮吉母子的生活迅速陷入困境。虽然祖父母(洪公宷和赵氏)还健在,却无力照料洪亮吉母子的生活。于是,洪母就带着五个子女回到了离兴隆里不远的,运河边上一个叫云溪的地方,寄身于娘家。据说是外祖母龚氏看不过洪亮吉母子生活困难,才收留了他们。于是,洪亮吉开始了近二十年在外家(母亲的娘家)的生活。

明清时期,随着科举的发展,教育更加普及。且明代以后,以江南为中心的出版业相当发达,读书的氛围十分浓厚,因此女性的教养水平也比较高。所以,孩子幼年时期的教育往往由母亲和姐姐来负责,且在其成长过程中母亲一方的亲族,尤其是母亲的兄弟,也会帮助他们接受科举相关的教育和学问的养成。① 对父亲早逝、生活在母亲娘家的洪亮吉来说更是如此。

《南楼忆旧诗四十首》②是洪亮吉创作的一系列七言绝句诗,还附有自序和自注(《卷施阁诗》卷十)。它们创作于乾隆五十六年,是洪亮吉四十六岁时的作品。另外,嘉庆五年(1800)自伊犁获赦归来后,洪亮吉又作有散文一百零三篇,

① 宫崎市定在《科举——中国的考试地狱》中指出"负责家庭教育主要是母亲的工作"。另参见曹虹:《阳湖文派研究》,中华书局,1996年,第64页及以后;仓桥圭子:《明清时期"世家"的形成与女性的作用——以毗陵恽氏为例》,《茶水史学》2006年第50号。
② 奥野信太郎:《北平时期的洪北江》,《桃源》1947年第2号,其中可见抄译的部分。另外,《附鲑轩诗》卷一中收录有题为《云溪春词》的四十首七言系列诗。据说是洪亮吉十九岁时所作(依据《年谱》)。

组成了《外家纪闻》一卷。通过以上两部作品,我们可以一览洪亮吉在外家的幼年时光,以及当时洪亮吉家与蒋家的生活,还有常州的风光。所谓南楼就是洪亮吉外祖母寝居的地方,在其西侧的一间房是分配给洪亮吉母子六人的住处。

洪亮吉母子回到外家时,外祖父蒋学淳已经过世,家务由外祖母龚氏主持,厨房里的事情尤其辛苦。外祖母仅靠百亩薄田的收入(田租)和儿子蒋琦(字素园,洪亮吉之母的哥哥)寄来的补贴度日。所以,回到外家后,洪亮吉的母亲要帮着外祖母料理家务,从早忙到晚。姐姐们也是一天到晚忙于各种活计,没有外出玩耍的闲暇。蒋家祖父辈的五兄弟里出了两个进士、一个举人、一个国子监生,可谓人才辈出的士大夫家庭,所以形成了对学术极为尊崇的家风。因此,洪亮吉才能进入家塾,继续读书。洪亮吉白天在蒋家的家塾里学习,晚上当母亲和姐姐纺丝时,他就养成在织机边复习当日所学的内容或读书的习惯。《南楼忆旧诗四十首》的第八首写道:

45　　　　夜寒窗隙雨凄凄,长短灯檠焰欲迷。分半纺丝分半读,与娘同听五更鸡。

寒夜里,窗外的雨丝从窗缝里伴着冷风飘入,长短两只灯檠(烛台)里的灯火摇曳,几近熄灭。一台灯下,母亲在纺织,另一台灯下,洪亮吉在念书。如此和母亲一同,听见了拂晓的鸡鸣。所谓"五更",即拂晓前的时间(凌晨三点至五点)。这一句洪亮吉自注道:"余八九岁时自塾中遣归,每夜执经从太安人纺侧读,恒至漏尽。"关于此事,友人黄景仁在《题洪稚存机声灯影图》(《两当轩集》卷十五)中写道:

……君言弱岁遭孤露,却伴孀亲外家住。尘封蛛网三间楼,阿母凄凉课儿处。读勤母颜喜,读倦母心悲。不惜寒机抒千匹,易得夜灯膏一瓶。灯灭尚可挑,机断不可续。楼风刮灯灯一粟,书声机声互相逐。屋角时闻邻妪愁,烟中每撼林乌宿。老渔隔溪住十年,君家旧事渠能言。打鱼夜夜五更起,蒋家楼上灯犹然〔燃〕……

"孤露"是指洪父早亡之事,"孀亲"指成了未亡人的母亲。洪亮吉母子住的房子里布满了蛛网。母亲在织机上劳作,洪亮吉在一旁念书。织布的声音和读书声重合在一起。有位渔夫在蒋家附近住了十年,对他们一家十分熟悉,他黎明起来准备打鱼的时候,还能听到蒋氏母子的声音。其中"楼风刮灯灯一粟"形容风吹过,刮得灯火明明灭灭,渺小如一粒米。

蒋家的私塾是一个叫团瓢书屋的小房间,塾生只有堂兄弟四五人,塾师除了蒋家的男性,还有不少从外面招募。七岁到十岁,洪亮吉跟从塾师学习经书①:七岁时,跟随庄勤五(城西坂上乡人)学习《论语》;八岁时,跟随恽铭(武进县学附生)学习《孟子》;九岁、十岁时,跟随黄朝俊(武进县学增生)学习《孟子》《诗经·国风》。

塾师都是老人家,他们把教授的重点放在科举备考上,而且十分地严苛。每天的上午、下午各有安排,冬天、夏天也没有休息的日子。夏天的时候会准备五六个大水瓮,塾生把脚泡在水瓮里降温,同时还能防蚊虻的叮咬。

正如"母勤三岁绩,儿受一年经"(《附塾篇》,《附鲒轩诗》卷一)描述的那样,洪母活着的意义和指望就是儿子洪亮吉的成长(学习的进

---

① 经书的讲读先是四书,再到五经,然后转向作文和制举。

展）。母亲日夜在生计上殚精竭虑，可只要能听到儿子在身旁复诵每日学到的新知识，心中就无比欢喜。

有一天，洪亮吉和往常一样，在母亲身边诵读在家塾中学到的内容，读到《仪礼》"夫者，妻之天"时，母亲不禁感叹"吾何戴矣"（《机声灯影图》，《郎潜纪闻初笔》卷八）。洪亮吉还回想"灯下国风还课读，始知阿母胜严师"（《南楼忆旧诗四十首》第四首，《卷施阁诗》卷十）。上述都是在描写母亲的样子。下文将介绍几篇悲喜交织的诗文。《附鲒轩诗》卷一《元夕侍母坐命作》写道：

> 阿姊邀题句，慈亲偶破颜。十年风雪里，始觉有春还。

"阿姊"是对姐姐亲切的称呼，"慈亲"指十分慈爱的母亲。"偶"意味着意想不到。另外，《南楼忆旧诗四十首》第十五首写道：

> 清明过了又端阳，母不梳头针线忙。几日断餐缘底事，
> 叠钱来买束修羊。

自注中，洪亮吉解释道："吾乡从师者馈束修，常以清明、端午、九日及岁除为四节。"过了"清明"就是"端阳"，母亲忙于"针线"，连梳头的时间都没有，甚至有时候吃饭也顾不上。"束修羊"指用绳索捆扎的肉干，作为赠礼，这里指的是给塾师的薪资。第三句中有"几日断餐"之语，后来洪亮吉友人汪中所作的《大清故国子监生洪君妻蒋氏墓志铭》（《新编汪中集》文集第八辑）中记有"恒遇年饥，[蒋氏]或自屑糠核食之，而以食（食物）食其子，子泣不食，则母亦泣"，虽说这样一贫如洗的描写或许有些夸张，但是不难想象他们当时穷困的生活。即便在这样的境况下，洪母依然供洪亮吉读了私塾。

在外家的时候，外祖母十分宠爱洪亮吉。洪亮吉八岁时，嫁到杨家的姨母归省，外家变得十分拥挤，住处不够，只好暂借舅父

颖若(字启辰)的宅子居住。在姨母搬家的那一天,从私塾里学了《孟子》回来的洪亮吉去给外祖母请安,外祖母便用《孟子·告子章句上》中的"饱乎仁义"来让他对答,洪亮吉马上就用《诗经·小雅·常棣》中的"宜尔室家"来回答,得到了外祖母的赞赏。同一时期,有一次洪亮吉和外祖母一同从鲜花满开的庭院眺望秋月。外祖母让洪亮吉就此光景吟诗一首。洪亮吉当下作了两个妙句:"明月照千里,秋花香一庭。"①外祖母赞许道"他日必有诗名"。

当时,常常用做对子的方式来考察孩子的能力,这也是科举 ⁴⁹
备考的训练。那时,外祖母还对洪亮吉母亲说"此儿必成大名,惜我不及见也",对他的未来充满了期待。

虽说如此,在外家生活的洪亮吉母子终究还是感到寄人篱下的时候多些。

> 东家驱儿,不使读书。儿跽告母,母惊儿呼。西家驱儿,不使入塾。儿跽告师,儿已受扑。入告母,出告师,孤儿不食泪若丝。牧群羊,牧群豕,孤儿宁愿读书死。君不见,三尺孤儿亦人子。

洪亮吉八岁时,有一次从私塾归家,母亲抱着他痛哭。后来,知道个中缘由的洪亮吉,在十五岁的时候作了上述诗(《驱儿篇》,《附鲒轩诗》卷一)。可见他们无缘无故地挨了欺负。"牧群羊,牧群豕"喻指浅薄的人,面对是否要成为牧童这般浅薄之人的问题, ⁵⁰
洪亮吉的回答是要贯彻勤勉读书之道。

乾隆二十一年(1756),洪亮吉十一岁,叔父洪翮过世,他与妻子余氏没有孩子,为了继承香火,所以收洪亮吉的弟弟霭吉为养子。同年十二月,长姐嫁给了城北前桥村(后来祖父母与父亲的

---

① 洪亮吉在成书于乾隆三十五年的《玉尘集》开头记事中写道:七岁时,在塾里念书,难耐酷热,脱了上衣乘凉,当下吟了一句"明月照千里,清风来桂香",深受塾师好评。

墓地位于此)的芮光照。也是在这一年,洪母带着孩子们离开了外家,搬到祖父母居住的兴隆里,回到了他们过去的家。住在外家的时候,洪亮吉也会隔三岔五地去给祖父母请安。

虽然生活依旧艰苦,但母亲仍然供洪亮吉去私塾念书。那间私塾里的教师同时教授十数名学生,所以教育得不够全面。洪亮吉在塾里学了《尚书》,可每天晚上回家复诵的时候还是会犯不少错误,母亲只得一边流泪,一边纠正他。比如,他曾把禹贡篇"济河惟兖州"里的"兖"(yan)读错成了"衮"(gun)。所以,翌年的乾隆二十二年(1757),洪母从周线里请了家庭教师丘介麟先生来教他《礼记》。

洪母之所以能马上指出洪亮吉把兖误读成了衮,是因为她谙熟禹贡篇。如前所述,受过教育的女性(祖母、母亲、姐姐)在洪亮吉幼年时期的教育中确实扮演着重要角色。

一个女子(蒋氏)如此支持男子(洪亮吉)的教育,是因为她有出身进士、举人辈出的士大夫家庭的自豪,深感到支撑和守护这个家庭的责任。同时,这些女子身负重担。汪中在《大清故国子监生洪君妻蒋氏墓志铭》中记述道:"监生(洪翘)卒,家益窘。母(蒋氏)忍死抚其子女。"

在乾隆二十二年的冬天,母亲的哥哥蒋琦到与浙江省毗邻的江西省东北部的德兴县做知县。外祖母龚氏和舅父蒋树诚(母亲的长兄,字实君)也一同前去。洪氏母子愈发地无依无靠,可以想见他们的贫困程度又加重不少。或许是因为雇不起家庭教师,乾隆二十三年(1758),洪亮吉又回到了外家的家塾里,听表兄蒋肇新(树诚之子)讲授《礼记》《易经》。然而,十月份突然接到了蒋树诚在德兴县猝死的消息,蒋肇新只得急忙赶往德兴县,讲课随即中断。于是,换洪亮吉的表哥(父亲姐妹的儿子,比洪亮吉年长)陈宝来教育洪亮吉。此前,陈宝在前往江宁府(南京)参加乡试的途中,所乘的小舟翻了,行李也全部丢失。在他走投无路的时候,在江宁府衙门工作的洪亮吉父亲洪翘雇船去接他,还资助了他赴考盘缠。陈宝在乾隆二十四年(1759)的乡试中顺利通过,成为举人。

乾隆二十三年,十三岁的洪亮吉开始作诗。

> 月出百尺楼,花香三重门。

这是当时的习作之一,一首咏中秋的诗(《年谱》)。在谙熟了汉魏六朝与唐的诗歌,又抄写了一番唐宋的词(诗余)之后,洪亮吉才开始作诗。同年十二月,二姐嫁给了同里的汪德渭。

下面是一首名为《岁歉篇》(《附鲒轩诗》卷一)的诗。

> 十三知岁歉,十四忍朝饥。母病逋师俸,儿长着父衣。
> 瘦怜亲串识,贫觉馆僮讥。冷巷归来晚,书声出破扉。

这首诗说的是,洪亮吉十三岁那年遭到了"岁歉"(饥馑),十四岁时就不得不忍受"朝饥"(早上的空腹感)。而且,由于母亲生病,连"师俸"(老师的薪水)也逋欠(交不上)了。家里实在太穷了,他个子长高了也只能穿父亲的旧衣裳。那时甚至到了吃不上饭的程度,既感受到了"亲串"(亲戚)的慈爱,也因贫穷遭到"馆僮"(私塾的小仆人)的恶言相向。即便在这样的境况之中,夜归的晚上路过那寒冷的巷子,依然能听见他朗朗的书声破门而出。自然灾害①以及母亲生病致使生活困顿,他既得到了亲戚的援

---

① 在传说中"苏湖熟,天下足"的江南地区,自然灾害频频发生。洪亮吉在常州的时候,就有下列几次(光绪《武进阳湖县志》):乾隆十四年,大疫。十五年,大水。十六年,旱。十七年,大旱。二十年,大旱。因阴霜杀穀(霜雪造成谷物的损害),米价上涨至一石四千文,麦价至三千文。发生大饥荒,以至于"民食黑土"。二十一年,春夏大疫。二十四年,干旱与虫害引发饥荒。二十六年,四月孟湖冻结。二十八年,春三月霜,十月大雨。二十九年,五月地震。三十三年,旱。火灾频发。三十四年,大水。三十九年,十月大雷雨。四十年夏,大旱。四十三年夏,旱。

助，也遭遇了馆僮的欺凌，种种经历，让十来岁的洪亮吉尝尽冷暖。而且，他们还不得不打发走从父亲生前就一直侍奉他们的仆人。洪亮吉以"先君（父）遗一仆，以岁歉遣去，作此送之"为前言，作了一首《遣仆篇》（《附鲒轩诗》卷一）。

> 影小如余瘦，形疲觉汝饥。青蒿怜故食，黄叶补秋衣。炊冷泉通霤，眠迟露入扉。旧巢犹苦恋，清泪滴依依。

"青蒿"是一种菊科植物，口感软嫩，可以食用，"黄叶"是枯萎的叶子，都是贫穷生活的写照。你的身影弱小，就同我一般瘦。那疲惫的神情里看出了食不饱腹。家中无米，只能吃"青蒿"，没有被子，只得盖着"黄叶"入睡。虽说有吃的，但都是冰凉的，就像把冰冷的泉水盛在灶里一样。说是要睡了，可躺上床的时候已然是朝露能从开着的窗户里飘进来的辰光了。对那熟悉的房子只有"苦恋"（只有痛苦的回忆）吧，泪水不断涌出，别情"依依"（思念的样子）。

53　　洪亮吉还写下《精卫》（《附鲒轩诗》卷一）一诗。

> 精卫精卫，生于海东。朝衔西山石，暮投东海中。力不自度，凡禽笑之。精卫精卫，劳无已时。心虽劳，志不改。尘飞扬，在东海。

很久以前，炎帝（传说中的帝王，神农氏）的女儿在东海溺死后化身成名为精卫的鸟，每天衔着西山的树枝、石子投向东海，想将海填平。它被嘲讽怀抱不切实际的理想。这与洪亮吉的境况是一样的，被嘲笑也不改其志，表明了他坚持勤勉向学的决心。

在十四到十八岁时，洪亮吉一直在家附近的私塾或别人家的家塾里坚持学习。其中，塾名、塾师、讲义内容和同学的人数如下所示（《年谱》）：

十四岁　鹿苑寺（寺院）　董舒传（常州府学附生）《春秋左传》、制举文　十数人

十五岁　西庙沟谢氏家塾　康为垣（武进县学附生）《春秋左传》《史记》《汉书》等　四人

十六岁　菱蒲里私塾　缪谦（江阴县学廪生）　唐宋杂文、制举文　二人

十七岁　百花楼巷庄氏家塾　荆汝翼（金匮县学廪生）《春秋公羊传》《春秋谷梁传》、制举文　三人

十八岁　邮村邹氏家塾　康为垣（武进县学附生）　制举文　十数人

在此期间，洪亮吉在乾隆二十五年（1760）十五岁的时候，参加了科举前阶段的考试童试，但是以失败告终。

乾隆二十八年（1763）五月，十八岁的洪亮吉得了传染病，又 54 传染给母亲（蒋氏）和祖父母（洪公寀、赵氏）。洪亮吉和母亲保住了性命，可祖父母却相继亡故。于是，只剩洪亮吉和母亲、三姐三个人继续生活在兴隆里的租屋里（不确定弟弟霭吉是否在一起生活）。这个贫寒的家庭生活在寂寥之中。

但是，没过多久舅舅（蒋琦）结束了江西省德兴知县的任期，和外祖母一同回到了外家。于是，洪亮吉母子再度搬回外家。对洪亮吉来说，比起过去在外家的日子，或是在兴隆里租屋的生活，这次在外家生活的每一天都充满了活力。在结束了一般的经书讲读后，洪亮吉的注意力转移到作诗上。在外家和年轻表兄弟们的彻夜畅谈，成了他磨炼作诗技艺的好机会。

与背诵经书不同，作诗的创作空间要大了许多，还能从科举备考的重压下获得一丝喘息，所以年轻人常常以欢谈作诗为乐。

可是，过于沉迷作诗也成了一个问题。

蒋树诚去世后，外家的当家重担就落到了蒋琦头上。他为人十分严苛，禁止家中子弟与外人交往。当时，洪亮吉和表亲蒋馨（字鸿三，树诚的第三子）一块背着舅父，悄悄外出，去参加城里名士的诗会。夜色稍晚的时候他们才归家，却发现家门已然紧闭。不敢敲门把家人叫醒（有可能会告诉舅父），只得到外家东侧的阳湖县学打发时间，等到第二天开门时才回家。

当时，洪亮吉对吟诗作赋很感兴趣，但是手边没有能读的书，所以他偷偷去当了自己的棉夹衣，换得了清人的诗集四种，如饥似渴地读着。看到没了衣服冻得发抖的洪亮吉，母亲只好把自己正在织的布给卖了，才将洪亮吉当掉的衣服赎回来。这些故事都被记录在《外家纪闻》中，由此可知洪亮吉当时有多么痴迷于作诗。

随后，乾隆三十年（1765），二十岁的洪亮吉和城里的友人一同成立了诗社，在磨炼诗艺的同时，也拓宽了交友的范围。

从二十岁这年起，洪亮吉在外家的家塾（团瓢书屋）中担任表弟蒋兆岣、蒋荣、蒋衡章等人的家庭教师，开始获得一些收入（脩脯钱，当年为二千八百文，次年为七千文）。

乾隆三十一年（1766），洪亮吉再度挑战童试，又以失败告终。在热衷诗作、诗名渐渐远扬的同时，却疏忽了科举的备考。得知此事的二姐（嫁给了汪氏）与母亲蒋氏商量，让洪亮吉在翌年进入张王庙西边的潘氏家塾，去学制举文。每月束脩两万文由二姐提供。塾师时元福（字月圃）是乾隆十七年（1752）的举人，擅长写作帖括（科举时所用的文体，即八股文）。然而，这一年洪亮吉参加童试，还是失败了。七月，塾里的友人都去参加江宁府（南京）的乡试（江南乡试）了，洪亮吉却在附近的寺院鹿苑庵的云依阁中租了间房子,日夜苦读,还遭到僧侣们的厌恶。十月,外祖母龚氏卧病在床,洪亮吉放弃了读书,侍奉在她左右,十日后外祖母停止了呼吸。洪亮吉失去了最疼爱他的人,恸哭至呕血。四十九日忌过后,洪亮吉母子又搬出了外家,第三次回到兴隆里的租屋。

黄景仁

通过诗作,洪亮吉与许多青年人结下了友谊。其中有一人名叫黄景仁。黄景仁(1749—1783),字仲则,号悔存,比洪亮吉小三岁。虽然是武进县出身,但他的家就与洪亮吉隔河相望(北岸),而且黄景仁也是四岁时丧父,二人的境况可谓十分相似。两人的交往开始于乾隆三十一年,当时洪亮吉二十一岁,黄景仁十八岁。 56 为参加在江阴举行的院试,两人住到了同一间客栈,便由此相识。那时,洪亮吉拿着母亲给他的《汉魏乐府》,正试着作一首乐府体裁的诗,黄景仁兴味津津过来,同他一起作诗,过了一个月反倒作得比洪亮吉还好。于是,二人关系更加亲密。① 乾隆三十五年,二十五岁的洪亮吉编成了《玉尘集》,其中收录了关于家人、友人及常州风光的散文九十五篇,黄景仁在此数度登场。对黄景仁的秉性,洪亮吉这样描述道:

> 黄仲则,长身伉爽(有男子气概),读书击剑,有古侠士风。出游不一年,而吴越名山历其半。自黄海归,技日益进,同辈皆敛手下之。常与余(洪亮吉)游市中,一富人从肩舆出牵衣道,故黄努目曰,汝辈亦知人间有黄景仁乎。即拂衣去,

① 洪亮吉《候选县丞附监生黄君行状》(《卷施阁文甲集》卷十)。另,郁达夫的短篇小说《采石矶》(1923年)以黄景仁为主人公,描写了他与洪亮吉以诗会友的交情。

其标致（美好）如此。

如此评价友人的洪亮吉在《玉尘集》中记载了一件他自己的事："余年时怀刺（把名片放入怀中）①谒一贵人，入门值阍者漫坐不为礼，愤极举手洛其一齿，[取回名片]怀刺而返，作须奴行引尊山先生（不知何人）。后其主见之，不怿累日。"对此，赵怀玉注曰"颇强人意"，可见洪亮吉的个性也十分刚烈。

此外，在乾隆三十一年、乾隆三十二年（1767）的两年间，洪亮吉和黄景仁一同在常州府城龙城书院的邵齐焘门下受讲。邵是常熟县人，乾隆七年（1742）进士，擅长骈体文。当时，邵齐焘对洪亮吉的史论赞赏有加，将他与黄景仁并称为"二俊"，对两人的未来满怀期待。②

结 婚

乾隆三十三年（1768），洪亮吉成了外甥汪楷（二姐的儿子）的家庭教师，搬到天井里的汪家居住。九月，与表妹，即母亲的长兄蒋树诚（已故）的女儿（蒋氏）结婚。这桩婚事是她还在襁褓里的时候，就由双方父母定下的。母亲嫁到洪家的时候，带了十亩的"赠嫁田"。乾隆二十年闹饥荒时，洪母因断粮而苦恼，有人建议她把田地给卖了。但是，洪母表示这些田是给孩子长大娶亲用的，再怎么忍饥挨饿，也不能卖。自然是到洪亮吉结婚的时候，这

---

① 关于名刺的问题参见岸本美绪：《名刺的作用——明清时期士大夫的交际》，收录于木村靖二、上田信编：《人与人的地域史（地域的世界史）》，山川出版社，1997 年。
② 《卷施阁文乙集》卷二《伤知己赋》。邵齐焘（1718—1769），其生平可见于《清史列传》卷七二。洪亮吉在乾隆三十三年结婚后刚过五天，立马前往常熟县，悼念当年去世的邵齐焘。（《年谱》）

十亩"赠嫁田"才被卖了,用来充当结婚的花费。① 外祖母过世还不到一年,二人便举行了婚礼。或许是因为洪亮吉太过沉迷作诗而耽误了科举备考,看不下去的母亲和姐姐才急着要他完婚。

结婚后的洪亮吉发奋努力,在翌年的乾隆三十四年(1769),终于以优异成绩通过童试(县试第一,府试第三,院试第八),被补为阳湖县学附生(生员)。当时的学政是景福(副都御史,满洲镶白旗人,乾隆十七年进士)。

在洪亮吉前二十四年的人生里,只出过一两回江阴县,他的世界是以在小小的常州府城兴隆里的租屋和云溪的外家那绝对算不上宽裕的生活为中心的。在这个世界里,洪亮吉先是因诗作出了名,并广交了朋友。而结婚成家后的洪亮吉,就不能再过着从前那样被外祖母、母亲、姐姐宠爱的生活了。那时,外祖母已然故去,母亲年事已高,曾经生活在一起的姐姐们也一个接一个地出嫁,三姐嫁给了同一个里弄的史德孚,离开了洪家。而洪亮吉娶回了成为他唯一能够依靠的妻子。 58

---

① 《外家纪闻》。《更生斋诗续集》卷十《过徐湖桥感旧》的自注中记有"太宜人有赠嫁田十亩,在桥侧。亮吉少孤,借以自给。及乾隆丙子(二十一年)岁大荒,始鬻田以资饘粥",与正文有出入。另,根据前文光绪《武进阳湖县志》的记载来看,可以推测乾隆二十年的情况要比二十一年时更为严重。

第二章　作为生员
——乾隆三十五年至四十四年

在朱筠幕下

　　乾隆三十五年七月,前一年成为附生(生员)的洪亮吉与友人黄景仁一同前往江宁府(南京),参加江南乡试,但是失败了。在此期间,洪亮吉结识了当时江宁著名的诗人袁枚(1716—1798)。袁枚是洪亮吉舅父蒋和宁(1709—1786)的亲友①,或许是经舅父的介绍,二人才得以结识。袁枚大赞洪亮吉的诗"有奇气",逢人便夸。于是,洪亮吉的诗名不仅在常州,还远扬至江南一带(《年谱》)。那时,洪亮吉把名字从"莲"改成"礼吉",还把字"华峰"改为"稚存"(日期标注为乾隆三十五年长至后二日的《拟两晋南北史乐府》序中记有"稚存洪礼吉")。

　　乾隆三十六年(1771)五月,洪亮吉参加由学政主持的岁试,成绩列一等第四名,补为增广生(增生)。获得了自信的洪亮吉,鼓起勇气再度挑战乡试,可又一次失败了。那时,洪亮吉作为家庭教师在汪家生活,可他那点"馆谷"(家庭教师的收入)并不够养

---

① 参见亚瑟·威利著,加岛洋造、古田岛洋介译:《袁枚——十八世纪的中国诗人》,平凡社,1999年(东洋文库),第33—34、134页。另外,可参见洪亮吉为蒋和宁作的传《湖广道监察御史蒋先生别传》(《卷施阁文乙集》卷五)。

活母亲和妻女（乾隆三十四年长女傅箫出生，不久后夭折。乾隆三十六年七月十日次女傅线出生）。那时，洪亮吉得知朱筼（翰林院侍读学士，从四品）要去太平府赴任安徽学政①，便主动请缨，要求加入他的幕下。乾隆二十七年（1762）的冬天，十七岁的洪亮 60 吉曾和友人一起读过几首朱筼写的古赋，在了解到朱筼喜欢广交天下有识之士后，作了下面这首《寄大兴朱编修筼》（《附鲒轩诗》卷一）。

　　　昭阳岁涂月，公文传手钞。闻公学昌黎，兴极乃欲号。昌黎善为文，乃不识李翱。昌黎善为诗，乃不值孟郊。我生十年学刺嘈，慈母训我穷风谣。哦诗切雅赋切骚，世哂才士如秋毫。君不见，公文足戴北斗枓，我笔亦倾东海涛。

"昭阳"是"癸"的别称。乾隆二十七年是壬午年，翌年是癸未年，所以可能是洪亮吉的记忆出现了偏差。洪亮吉在癸年的涂月（十二月）读了朱筼的几首古赋，深感佩服。于是，开始抄写朱筼 61 的文章，还模仿朱筼的号"竹君"，给自己起了个号叫"君直"。听说朱筼在学习韩愈（"昌黎"是唐代主张古文运动的韩愈的号）。韩愈善写文章，有了他的文章，就不必再看李翱。韩愈也长于写诗，读了他的诗后，孟郊的诗也不值得一读了。这十年来，洪亮吉

---

① 学政的全称是提督某省学政，和总督、巡抚一样是由皇帝派遣的文官，以三年为期执掌一省内的教育行政事务。在省内驻在省城，是级别位于巡抚之下、布政使之上的官员。在三年的任期里，至少要两次巡回治下的府及直隶州，在视察教育情况的同时，组织府学、县学等学生（生员）的考试。一是岁试，用于考察生员的勤奋与否，所有生员都必须参加。二是科试，用于测试打算应考乡试的生员是否具有相应学力，是一种预备考试，并不是所有生员的义务。在岁试、科试之外，学政还会举行院试。院试是获取生员资格的考试，是童试（学校试）中继县试、府试之后的第三阶段的考试，这场考试强烈地反映了学政在学问文章上的倾向。虽说评卷是学政的责任，但实际上是依靠幕友的力量来完成的。以上参见宫崎市定：《科举史》，第93—94页。

专注科举备考,在母亲的要求下探索"风谣"(指《诗经·国风》),掌握了诗赋的"切"(要领),但是并没有让才能展现在世间的意图。"朱筠的文章像北斗七星闪耀天空一般优秀,而我的笔力亦足以掀翻东海的波涛。"——这首诗体现了洪亮吉对朱筠的仰慕。

听说朱筠要去太平府赴任,洪亮吉就径直雇船前往太平府(当涂县)。他想加入连一面之缘都还没有的朱筠幕下,不仅是出于生计的考虑,还有上述对朱筠的向往在驱动。但是,朱筠那时尚未到达太平府。颇感失望的洪亮吉被太平府知府沈业富(1732—1807)好心地暂时收留在当涂县衙门。当时,安徽道台俞成正好要招一名书记,知道此事的沈业富便顺势推荐了洪亮吉,要他前往当涂南面三十多公里的芜湖县赴任。可是,洪亮吉并未断绝追随朱筠之心,于是给朱筠写了封信,托沈业富代交。沈业富是乾隆十九年的进士,和朱筠是同年①。

乾隆三十六年十一月二十八日,朱筠一行抵达太平府。从沈业富处得到洪亮吉书信的朱筠,十分欣赏其文章中的汉魏风流,立刻遣人去芜湖,欲将洪亮吉招为幕友。于是,十二月八日洪亮吉又回到太平府,如愿成为朱筠的入幕之宾。他的友人黄景仁,也已经在太平府加入沈业富幕友之列。

朱筠(1729—1781),字竹君,顺天府大兴县(北京)人,乾隆十九年进士,乐于帮助士人尤其是后学们。乾隆三十七年(1772),

---

① 如序章中的说明,科举考试中同一年乡试、会试的合格者之间互相称为"同年"。同年之间横向的信息交换与提携十分紧密,可以说形成了互惠互助的关系。另外,这样的同年关系还会被下一代所继承,参考亚瑟·威利著,加岛洋造、古田岛洋介译:《袁枚——十八世纪的中国诗人》,第33页。另外,林则徐妻子的父亲郑大模和林则徐曾一同作为幕友侍奉张师诚。如下文所述,郑大模、张师诚和洪亮吉是乾隆五十五年(1750)的进士同年。而林则徐能成为张师诚幕友的背景或是与郑张二人是同年,参见《清史稿》卷三六五;《国朝耆献类征初编》卷一○七;井上裕正:《林则徐》,第22、26页。

朱筠作为安徽学政驻留太平府,上奏请求修复《永乐大典》中收录 62
的古书,此事成为《四库全书》修纂事业的开端。最初这或许只是
出于学术上的考量,而结果上却引发了对书籍的审查。朱筠和在
北京的钱大昕(同年)、程晋芳往来的书信中有这样一段记载(《朱
筠年谱》):

> 甫到江南,即得洪、黄二生,其才如龙泉、太阿,皆万
> 人敌。

朱筠担任安徽学政期间,即乾隆三十六年十二月到乾隆
三十八年(1773)十月的两年间,洪亮吉同其他幕友一起,参
与了朱筠主持的岁试、科试、院试等诸多事务,还游览了各地
的名胜。当时朱筠幕下集结了张凤翔、王念孙、邵晋涵、章学
诚、吴兰庭、高文照、庄炘(洪亮吉表亲的丈夫)、瞿舍华、徐瀚
等一流学者和博雅之士,戴震、汪中、汪端光(汪中的族弟)随
后也加入其中。

此前一直自学辞章的洪亮吉,在此不仅受到朱筠的熏陶,
与同为幕友的邵晋涵等人的交往更是激励他勤勉向学,以至于
"识解益进,始从事诸经正义,及《说文》《玉篇》,每夕至三鼓(夜
里十二点)方就寝",还专门修习经学、史学、地理学及小学(文
字学、音韵学)等新学问。

《附鲒轩诗》八卷中收录了洪亮吉从少年到青年时期的诗作。
其中,在朱筠幕下时(乾隆三十六年十二月至乾隆三十七年六月、
同年七月至十二月、乾隆三十八年七月至九月三段,共计一年有
余)的诗作有卷二《采石敬亭集》、卷三《黄山白岳集》和卷四《长淮
清颍集》等,这是依据洪亮吉及其他幕友跟随朱筠游玩过的安徽
各地的风景名胜命名的。从诗集中收录的作品可以看出洪亮吉

对朱筠和幕友同僚浓浓的念想。① 这份情感绵延不绝,在其晚年

63 所作的《书朱学士事》(《更生斋文甲集》卷四)中仍可窥见。

汪　中

　　汪中(1744—1794)是洪亮吉的幕友同僚之一,字容甫,江苏
省江都县人。七岁丧父,历经苦学,其境遇与洪亮吉极为相似。
他和洪亮吉一样,因成为朱筠的幕友而广交士大夫友人,加深了
自己的学问。不过,汪中性格直率,绝不妥协,因此招致许多友人
的反感,被称作"狂人"。洪亮吉与汪中的交往始于乾隆三十六年
八月,即前往江宁参加江南乡试的时候(《年谱》)。当时黄景仁也
前去应考,所以有可能是黄景仁将自己的旧识汪中介绍给了洪亮
吉。后来,洪亮吉委托汪中撰写母亲的墓志铭,还请他给描绘了
母亲织布情景的《机声灯影图》题字,汪中都一一应承下来。前者
就是《大清故国子监生洪君妻蒋氏墓志铭》,后者即《题机声灯影
图》(《新编汪中集》诗集第五卷,《容甫先生年谱》乾隆五十三年
条)。对汪中的诗,洪亮吉的评价是"如病马振鬣,时鸣不平"(《北
江诗话》卷一)。还在《又书三友人遗事》(《更生斋文甲集》卷四)
中写道,汪中"不没人之实,有一文一诗之善者,亦赞不容口"。汪
中行文的风格十分克制,洪亮吉对此颇感诧异不解,故询问汪中,
汪中告诉他"一世皆欲杀中,倘笔墨更不谨,则堕诸人术内矣",洪

---

① 关于洪亮吉的字,在他名为莲的时候,字是华峰,或是依照了父亲洪翘的字午峰。
在他改名礼吉后,字也改为稚存,在此前还曾以君直为字。君直或是在模仿朱筠的
字竹君。关于朱筠幕下文人、学者之间的交往,可参见河田悌一:《清代学术的一个
侧面——朱筠、邵晋涵、洪亮吉及章学诚》,《东方学》1989 年第 57 辑。另外,还可
参见河田悌一:《乾嘉时期的士大夫与考证学——袁枚、孙星衍、戴震以及章学诚》,
《东洋史研究》1984 年第 42 卷第 4 号。

亮吉总结"其谲又如此"。汪中向来心直口快,用俗话说就是个口无遮拦的人。可他的文章却异常动人。其中有一篇名为《哀盐船文》的文章,描述了一桩乾隆三十五年末发生的事件。

> 乾隆三十五年十二月乙卯,仪征盐船火,坏船百有三十,焚及溺死者千有四百。是时盐纲皆直达,东自泰州,西极于汉阳,转运半天下焉,惟仪征缩其口。列樯蔽空,束江而立,望之隐若城郭。一夕并命,郁为枯腊,烈烈厄运,可不悲邪。

洋洋七百七十余字的骈文以此开篇,既是详尽的叙事诗,又是饱含深情、如泪如诉的文章,深深扣动着读者的心弦。当时,扬州定安书院的山长杭世骏(1695—1773)为其作序道:"可谓惊心动魄,一字千金者矣。"(《新编汪中集》文集第七辑)同一年,洪亮吉编著了他最初的作品《玉尘集》,但内容仅是记述自身周遭的事物,关注社会的意识尚且薄弱。

支持者

在朱筠幕下时,洪亮吉的交友范围逐渐拓宽,学问水平也大有长进。可是,他的现实生活绝对算不上轻松。在《附鲒轩诗》卷二至卷四中,不仅有与朱筠幕下的文士互相唱和的诗文,还有不少关于自身现实生活的诗作。比如下面这首描写自身境遇的诗(乾隆三十六年暮作《杂诗》十首的第七首,《附鲒轩诗》卷二)。

> 人生处贫贱,譬若星夜行。虽无迷途忧,终苦无光明……

"星夜"是星光闪烁的夜晚。这首诗表达了对未来无望的焦灼与空虚。

洪亮吉作为朱筠的幕友自然有一份收入(幕脩),但是花费巨甚,以至于乾隆三十七年时过年关也难。于是,洪亮吉前去扬州,拜访当时定安书院的山长蒋士铨①和幕友同僚汪端光。蒋士铨将母亲的"羊裘"(羊皮做成的外衣)当了来帮助洪亮吉,借此洪亮吉才算把这个年给过了。送行时,蒋士铨为他作了一首送别诗《短歌行送洪稚存秀才返毗陵》(《忠雅堂诗集》补遗卷下)。

> 铁崖乐府容斋笔,万口争传洪礼吉。谁知二十五年身,一领蓝裳尚垂翼……新诗光怪森寒芒,万钧入手能挽强。月斧云斤镂肝肾,出入韩杜争轩昂。

"铁崖"是元末诗人杨维桢的号,其擅长写作乐府;"容斋"借指南宋写作笔记《容斋随笔》的洪迈。蒋士铨以此二人的风格类比洪亮吉。而万人口口相传的洪礼吉(洪亮吉),却是个"垂翼"的二十五岁生员("蓝裳"是生员的制服),一副受挫而颓萎的样子,有谁知道他是这样垂头丧气的呢……可他诗中有"光怪"(不可思议之处),凛冽如刺入森林中的"寒芒"(寒冷的光)。"万钧"形容极其沉重,洪亮吉亦是个有巨大能量的人,若能认真修习,必能如韩愈、杜甫般发光发热。蒋士铨在对洪亮吉的境遇深表同情的同时,也展现了对其才情的期待与勉励。"月斧云斤镂肝肾"或是化用了苏轼的诗"月斧云斤琢肺肝"(《王文玉挽词》)。

乾隆三十八年,四库全书馆开设。负责收集书籍的部门设置在太平府,沈业富招请洪亮吉来参加编纂工作。因长子饴孙的出

---

① 蒋士铨(1725—1785),字心馀,苕生。江西省铅山县人,乾隆二十二年进士。一度成为翰林院编修,但没多久就以养亲为由辞官,陪同母亲,在浙江、江苏的书院讲学。尚不明确蒋士铨与洪亮吉二人是如何相识的,但是从蒋士铨亲子情深的人物性格来看,想他十分同情洪亮吉的境遇。蒋士铨还为洪亮吉的父亲洪翘作传(收录于《忠雅堂文集》卷四)。

生（闰三月十六日），洪亮吉的生活用度也越发紧张，虽然先答应了沈业富，但七月又应朱筠之邀，加入其幕下，前往徽州府、宁国府，协助其阅卷。

院试结束后，洪亮吉前往歙县，第一次祭拜了在洪源的祖先之墓。看到了洪家荣光印迹的洪亮吉，有感而作《洪源谒祖墓》四首（《附鲒轩诗》卷五）。下文节选的是第一首和第三首。

> 野花生墓阙，古柏及祠门。朴塞吾宁忝，渊源系觉尊。

> 书堂三十楹，列坐尽横经。朴学传家久，乡山照眼青。

"朴"指朴学，即考据学。"横经"是指经书堆积的样子。

随后，洪亮吉和汪端光一同，从徽州下行至钱塘江的支流富安江、富春江，一路游览名胜，途经浙江省府杭州，最后沿大运河回到常州。

十月，朱筠被下属徐瀚告发在考试中存在过失，遭到问责，被解除学政职务，回到北京。恰逢洪亮吉的舅父蒋琦的女婿缪晋阶准备去广西省来宾县赴任界牌司巡检，洪亮吉搭了他的便船，前往太平府，为朱筠等人送行。但是，他没有归途的旅费，只得仰仗沈业富、袁枚的援助，从陆路回常州，在大年三十才抵家。又是在亲戚们的帮衬下，才度过了年关。所以，有了这首题为《除夕无米适族人馈薪炭至》的诗（《附鲒轩诗》卷四）。

> 囊空无复计饔飧，白发相看有泪痕。渐典葛衣知岁冷，
> 远劳薪炭起春温……

"囊"（米柜）内空空，做不成"饔飧"（早餐与晚餐）。看那白发苍苍的母亲，脸上挂着泪痕。典当了薄衣，又靠亲戚相助，才将这

个新年迎了。——如此可以想见他平常过着怎样的日子。

那年的冬天,他们从久居的兴隆里租屋搬到白马三司徒里的租屋。《租舍》(《附鲑轩诗》卷五)一诗中写道:

68

> 疏篱插棘护霜筠,租舍聊应绝市尘。稍喜岁时容坐客,未淳风俗愧居人。邻童汲井窥南牖,老母梳头拜北辰。粟米价腾生计少,笑看八口未忧贫。

粗制的墙边种着荆棘,用来护着"霜筠"(竹子)。这次的租屋在幽深之处,所以远离了"市尘"(街市的喧嚣)。不过,倒是比原来的房子宽敞,"岁时"(四季)可以呼朋引伴来玩耍,这点倒令人欣喜。没能达到世间一般的水准让人羞愧。邻居家的孩子一边在井边打水,一边透过"牖"(窗)来察看这边的情况。年迈的母亲一面梳着头,一面向"北辰"(北极星)祈祷。最近,米价又上涨了,生活又困难了不少。但是,这一家"八口"都没在为贫穷犯愁。——最后,他说的不过是一些自我安慰的话。

乾隆三十九年(1774)正月,二十九岁的洪亮吉前往江阴县,参加学政彭元瑞主持的科试,考中一等第三名。彭元瑞(1731—1803),字掌仍,号芸楣,江西省南昌县人。乾隆二十二年进士,三十六年以詹事府少詹事出任江南乡试的正考官,同年九月转任江苏学政。彭元瑞因服父丧返回常州(武进),从原来的刑部侍郎钱维城①那听说洪亮吉是"昌黎(韩愈)转世"。彭元瑞和蒋士铨是同年,且都是江西省出身,还一起进过翰林院。透过这层关系,他

---

① 钱维城(1720—1772),字宗磐,谥文敏。乾隆十年(1745)年状元,擅长书画,是宫廷画苑的领军人物,参见张惟骧:《清代毗陵名人小传稿》卷四。钱维城曾担任乾隆十九年会试的副考官,当年的进士有朱筠、沈业富、钱大昕、王昶等人。

也知道蒋士铨此前（三十七年末）援助过洪亮吉,还赠予他一首《短歌行送洪稚存秀才返毗陵》。因此,彭元瑞及钱维城之弟钱维乔(号竹初,举人)都依蒋士铨的诗,来作次韵和诗(《附鲊轩诗》卷 69 四中收录了上述三人的诗作,以及洪亮吉的《寄铅山蒋编修士铨》一首)。

因这段缘分,彭元瑞也开始援助洪亮吉。先是将他推荐给了常镇通海道(统辖常州府、镇江府、通州、海门厅)的道台袁鉴(浙江省钱塘县人袁枚的堂亲,乾隆二十二年进士,彭元瑞的同年)。于是,洪亮吉被招到了镇江府的道台衙门,作为家庭教师,可以获得每年一百二十两的收入。彭元瑞还给担任扬州安定书院山长的蒋士铨写了首诗作推荐,大赞洪亮吉的才能。对彭元瑞的这般盛意,洪亮吉回馈一篇长诗来表达他的谢意(《附鲊轩诗》卷五)。

接受了彭元瑞推荐的蒋士铨,评价洪亮吉的诗为"出与韩愈、杜甫争轩昂",让洪亮吉作了安定书院的"肄业生"(修业生)。这样,洪亮吉就能从书院领取每年一百两的膏火费(学习补助、奖学金),令母亲宽慰不少。

袁鉴、彭元瑞、蒋士铨这批乾隆二十二年进士接连伸出援助之手,令洪亮吉感到关怀备至。顺带一提,袁鉴是二甲第七名,彭元瑞是二甲第八名,蒋士铨是二甲第十二名。

乾隆三十九年八月,洪亮吉和黄景仁一同前往江宁参加乡试。结果,洪亮吉未能进入举人合格者的正榜,而是作为候补合格者列入副榜。关于洪亮吉当时的成绩,其《年谱》中记载了这样一段故事。

乡试三场,一场为四书题及诗题二题,二场为五经题,三场为策题。洪亮吉"得文及五策已定作元",房师贾景谊(亦为乾隆二十二年进士,三甲第十二名,当时的苏州总捕同知)"以首艺有别解,与两主司力争,因定作副榜第一焉",座师董诰(翰林院侍读学士)、刘权之(詹事府司经局洗马)及学使彭元瑞"皆惋叹不置"。①

70　　这一年,洪亮吉在江宁结识了同乡孙星衍,开始了二人的交往。孙星衍(1753—1818),字渊如,号季逑。其诗被袁枚评价为"天下清才多,奇才少。君(渊如)天下之奇才也"。不过,孙星衍对诗名没有太大追求,更希望在经史小学方面发挥自己的才能。后来,孙星衍与洪亮吉的关系被描述为"人以元白拟之"(法式善《梧门诗话》卷三),说的是二人关系十分亲密,就像唐代的白居易和元稹,常常形影不离。洪亮吉、孙星衍,还有黄景仁、赵怀玉②、杨伦、吕星垣、徐书受七人之间诗歌唱和,往来频繁,被称作"毗陵七子"。

乾隆四十年(1775),黄景仁为打开眼界而决定上京。为表惜别之情,洪亮吉作送别诗《送黄大景仁至都门》四首(《附鲒轩诗》卷六),下文是其中的第一首。

　　　弱冠心期誓始终,故人江夏有黄童。数行书札来春半,一夕舟樯出雨中。雀鼠几时仍共穴,马牛谁信不同风。应怜楚越依都遍,更向燕台试转蓬。

"弱冠"(二十岁)之年,一道起誓为终身之友。"故人"(老朋

---

① 宫崎市定指出乡试中"最为重要的是四书题作答的成绩"(前述《科举史》,第149页),参见狩野直喜:《清朝的制度与文学》,第400页。关于此事,洪亮吉在《北江诗话》卷二中记载:"是科余本拟第一人,房师以制艺(八股文,即科举要求的文体)中数语恐犯磨勘(将乡试、会试中答案是否公正地打分的问题交予翰林院审查),力言于主司(即座师),抑置副榜第一,而章遂首多士矣(解元,即乡试的首位)。张亦十一上春官(嘉庆七年的会试,二甲第五名),及入翰林,已为余七科后辈(七次会试后的合格者)。功名之迟速有定如此。"

② 赵怀玉(1747—1823),号味辛,是赵熊诏的曾孙,和洪亮吉是表兄弟的关系,还是赵翼的族弟。乾隆四十五年的南巡召试中考中举人,授予内阁中书,后充任山东省青州府同知。

友)哟,过去在江夏(现在的湖北省武汉市)有个叫黄童(东汉黄香)的人,被誉为"天下无双,江夏黄童"。和他同姓的你,在"春半"(春天二月左右)时节,寄来了说要北上的书信。你可是在风雨飘摇的黄昏里,乘舟远行了吧。"雀鼠"(老鼠)总是住在同一个巢穴。而马和牛不相及,就绝不会在一块,你说是这样吗?"楚越"(战国时代的楚、越,意为偏远),是我目前所在的地方,与你离了好远,和都城也离了好远("遍"即偏、远)。聪慧的人儿啊,就像因风起而飘摇的"转蓬",终会向"燕台"(北京)去吧。

黄景仁把表达北上决心的书信寄给洪亮吉时约是"春半"时节,即春天的中间,大概是二月。不过,他先去做了卢凤道台栋文的幕友来筹措路费,实际出发北上是从安徽省凤阳府城,那已经是十一月的事了。后来,他在十二月下旬进入北京城。

汪苍霖

同样在乾隆四十年的春天,洪亮吉在彭元瑞的推荐之下,进入江宁知府陶易(山东省文登县人,举人)的官署,负责校订李锴(汉军正黄旗人,康熙年间人)的著书《尚史》,并担任陶易孙子的家庭教师。在江宁待了一段时间后,四月因陶易任期结束返回北京,洪亮吉也回到常州。九月,陶易赴任广东省惠潮道台①,招揽洪亮吉去做幕友。不过,洪亮吉以家有老母(六十二岁),无法去

---

① 陶易在乾隆四十一年(1776)成为江宁布政使,回到江宁。但是乾隆四十三年(1778)又因涉及笔祸事件,遭解职处罚。

远地任职为由，谢绝了这个邀请。① 并接受了江宁府下属的句容县知县林光照的招请，前往句容县衙门，担任其女婿的家庭教师。在那里，友人孙星衍的父亲、在县学任教谕的孙勋，县丞汪苍霖，训导朱沛等擅长作诗的人在等待着洪亮吉的到来。

在句容县的短短三个月里，洪亮吉几乎每天都在参加诗会。在自由欢谈的氛围中，洪亮吉在诗文里率直地吐露了他对现实社会的看法。

72

清朝的田赋收入中，江苏省占了相当大的比例。但江苏又是一个多水旱灾害的地方。前一年（乾隆三十九年）的八月，东流的黄河在江北淮安府城（山阳县）北方二十公里处决堤，大水冲进了城内，房屋倾倒，民众家财尽失，遭了大灾。② 由于当地难以应付此情况，所以漕运总督嘉谟请求两江总督高晋支援，高晋命各州县输送救援物资。句容县被要求援助一些粮食，于是县丞汪苍霖携带一批谷米前往淮安府城。当时的汪苍霖"终日立泥淖中分拨"，以亲身体验作了《灾民谣三章》。得知此事后十分感动的洪亮吉，作了下面这首四十句的长诗《书汪少尹苍霖民谣三章后》（《附鲑轩诗》卷七）。

> 五十命一官，悠悠困簿领。山城当孔道，坐席不得永。忆昨抵任来，东西屡驰骋。黔阳竣差委，飞檄调至省。载米数十船，前输被灾境。淮民水中哭，闻者为咽哽。风谣谱三章，言重意深警。江南财赋地，水旱更苦并。今年零雨绝，赤

---

① 张远览在为《卷施阁诗》作的序中写道："先生（洪亮吉）十岁，始就外傅。二十即出授徒，负米所至，皆不越五百里外，一岁必两归，以慰太夫人，与莫蟹之早出暮入相类。"

② 光绪《淮安府志》卷四十中有如此记载："（乾隆）三十九年，河决老坝口，水灌三城（时漕运督嘉谟北上，夫人发银三百两，命中军官及邑人戴雨篁闭水关。数日而定，然城内水已深数尺）。"

地百万顷。山邑命更悬,饥寒久延颈。心期长官至,为可急 73
匡拯。慷慨前竭诚,果遭上司屏。丞微顾白事,不斥良已幸。
归来卧荒厅,逸气空耿耿。稽查又蒙檄,零雨泥没胫。流离
散清奉,不忍沟壑挺。我闻昔丞簿,得为民命请。监门绘流
图,蓝田奏蒙省。吾儒所当效,不必厌官冷。酌酒读子诗,中
心气刚鲠。

五十岁的时候才任官,本来可以悠闲处事,却忙于处理"簿
领"(官文书)。在"山城"(山阳县城)的干道上忙忙碌碌,绝不在
官府里闲坐。说起来,自赴任以后,一直东奔西走,连休息的时候
也没有。本以为去"黔阳"(贵州的省府贵阳)的"差委"(派遣)就
要结束了,又接到输送物资去淮安府的任务。和满载谷米的数十
艘船一同奔赴受灾地区。淮安的灾民还被困在水中,不停号泣,
闻者不禁"咽哽"(哭得出不来声)。心中倍感煎熬,收集"风谣"
(流行歌)编为三章。言深义重,今后不得不引以为戒。江南这个
本就重税的地方,再加上水旱灾害,令人民生活越发艰苦。今年
没下雨,耕地都干涸了。"山邑"(山间的农村)的人民更是命悬一
线。饥寒交迫中的人们伸长了脖子等待救援。上司到任后,马上
请求去支援,想要表现自己心意已决,斗志高昂,却为上司所"屏" 74
(妨碍,拒绝)。"丞"(汪苍霖)暗中调查了"白事"(报告),因"良
已"(痊愈)而拒绝的事也不曾有。回家后躺在官舍里,想压制住
这份"逸气"(躁动的心情),可心绪怎么也无法平静。调查的结果
是受命被派遣,在雨中淌过没过小腿的泥地,拿自己的"清奉"(或
指俸禄)发给流离失所的人们,也有胡乱拿走东西的人。即便如
此,深陷"沟壑"(水沟)的人们还是难以脱离。我听说,过去丞、主
簿这样的佐贰官是会倾听民众的要求的。监门郑侠绘制了流民

的模样,蓝田七次上奏皇帝。这才是我们士大夫应该做的事,绝不要嫌恶官员的冷酷。我一边喝着酒,一边读汪苍霖的诗,"中心"(心底)里感到一股热气,发誓不对任何事屈服。

洪亮吉在该诗的引(前言)中写道:"赋诗三章,仁人之言,知民疾苦矣。昔杜甫读元结《春陵行》谓'得结辈十数公,参错天下为邦伯,天下可安。'余亦谓今日得苍霖辈十数人为令丞,于吏治未必无补。苍霖又尝以强直为上官所斥,因赋赠此章,非特赠苍霖,亦甫所云庶几知者听耳。"①他为现实中出现了这样救民的好官而欣喜,期盼着和汪苍霖一般的人物能一个接一个地出现。

在江北遭水灾的第二年即乾隆四十年,旱魃袭击了江南。句容县又出现了许多灾民。面对苦于旱灾的民众,知县林光照号召当地的有识之士捐义款,展开救济活动。目睹此事的洪亮吉,受林光照之托,撰写了《句容县士民捐赈碑记》(《卷施阁文甲集》补遗),记述了在救灾活动中乐善好施的士大夫典范。

75

> 夫江南之水旱与江北异。江北十年之中,水旱率居(占比)六七,其民之富者有盖藏,其贫者亦人人自备,以思免于荒歉,故一遇灾沴(灾害),朝廷发数十万金赈(救济)之,而惠已足矣。江南不然,十年之间,偶值岁歉,而民之无食失所者已甚众,大约自秋稼不登之后至夏麦未熟之前,一百九十日中,皆无食之时也。而朝廷之赈,自分别极贫次贫一赈再赈外,势不能复聚数百万户仰食库藏(仓库中储存之物),于是

---

① 《又书三友人遗事》(《更生斋文甲集》卷四)中记载了汪苍霖和汪中之间的扭打争执。说的是汪苍霖去苏州出差回来的路上,与汪中共乘一舟。因为二人同姓,且始祖都来自安徽省歙县,于是开始争论起二人的排辈(辈行)何者为上。两人坚持己见,一步也不肯退让。结果,汪苍霖把汪中给推到了长江里,在危急之时才将他救上来。

而一乡一户之赀富（富余）而好善者，未始不可起而相助焉。此在《周礼》荒政十二之外，复曰五族为党，使之相救，五党为州，使之相赒。此救荒之至策也。

霞浦林君，自三十三年抵任句容，屡遇偏灾，自官赈而外，既皆风谕其邑之贤者出钱粟以相济矣。今年被灾特甚，而邑人之乐输者亦较多，积金至一万七千有奇，杂官赈以赈之。盖一邑之民庶，可赖以济也。因进邑（到村子里）之人而告之曰，皇上轸恤（怜悯）穷檐（破屋，即穷民），一乡一邑之灾，皆不惜数万金以赈。其自次贫一月，极贫二月以上，皆百姓仰食于上者也。而邑士民之贤者，复能以其有余恤其不足，相率百金之家出钱千，千金之家出钱万，此非穷民仰食富室，而实孝友睦姻任恤之谊之行于邻里、乡党、宗族、朋友、亲戚者也。

余既嘉君救荒之善政，而又嘉邑人之好义。……

……率计公私所赈户六万四百二十九，口二十二万九百三十三。

目前，如果说朝廷的"赈"（救援）是面向全体的"公助"，那么江北地区则有完备的"自助"（自卫）体系。然而，江南的"自助"还不够完备，所以还需要"共助"体制，依靠富者、贤者的赈，即义捐。

着眼现实社会

乾隆四十年的旱魃危害的不只是句容县，还影响了江南各地人民的生活。洪亮吉认真地调查受灾状况。在《不雨》（《附鲒轩诗》卷六）一诗中，他写道：

> 消息秋江上，连旬望雨霖。斗间云耿耿，日畔气森森。
> 蝃蝀横犹昔，蝗螟害至今。吴乡频岁歉，愁绝旅人心。

关于干旱的流言越过秋日的江水散布在江南一带。盼望着下雨，却迟迟不来。阳光里的几片云彩熠熠生辉，空气澄澈，"蝃蝀"（彩虹）一如既往，"蝗螟"（蝗虫）灾害发生，"吴乡"（江南）的饥馑又加重了几分，人人忧心惶惶。

另外，在《寄舍弟》（《附鲊轩诗》卷六）中，洪亮吉说道：

> 忆把家书读，愁言米价增。已知河鲤涸，只望雨龙升。
> 八口兹何计，三田再不登。年荒应杀礼，亲迎莫烧灯。

"河鲤"意指河流，"雨龙"是传说中能降雨的龙。"八口"指家族、家人，"三田"指狩猎，在这里意指农业生产。"亲迎"是新郎去新娘家迎亲。"烧灯"指的是迎亲时点的灯笼。——家里寄来的信上说因为米价上涨而发愁，遭了旱灾盼着能下雨。稻米成熟不了，家里该怎么办才好。因为闹饥荒，习俗和仪礼也应该从简，迎亲的时候就不要点灯了。

此外，七言诗《有客》（《附鲊轩诗》卷六）也说了类似的事情。

> 有客更传淮左郡，五旬不雨已无禾。频年归燕思巢木，
> 此日枯鱼泣过河。卖屋置船移地急，荷锄立泽望恩多。百年
> 土著流离甚，辛苦劳人尚作歌。

"淮左"指淮河以南（长江以北）的地区，即淮安府。据旅人所说，淮安地区已经五十多天没下雨了，稻米眼看就没法成熟了。这个时候归去的燕子也会惦记着自己的巢，被晒干的鱼儿们后悔哭泣也没有用了，沉沦在绝望之渊的人们怕是一样地无计可施吧。只能不怕失败地迎头上了。有人卖了房子，弃了船只，急急

忙忙地离开此地，但更多的人还是背着农具，开垦水渠，等待天公降恩。有人抛弃了居住上百年的家乡，也有人在苦难中还能站稳脚跟，唱着歌宽慰大家。面对灾害，人们的行动可以一分为二。

以上的三首诗就像系列作品一样。

以前的洪亮吉关心的多是自己的心情和周遭的情况。在朱筠幕下时，与众多文人、学者结交，又一同游历安徽省各地，洪亮吉开始将目光投向现实社会。映入他眼帘的不仅仅是美丽风光，还有深受自然灾害之苦的民众。比如，在乾隆三十七年二月所作《当涂道中》第二首（《附鲒轩诗》卷二）中，他感叹道：

> 日出庐井喧，流光照虚晨。山田极柔桑，尚有无衣人。孩提率牵袂，苦语出性真。我哀道旁辞，感激为重陈。造物息百年，未补一日贫。

太阳初升，日光照亮了"虚晨"（宁静的早晨），"庐井"（村落、田园）开始热闹起来。山中的田里种着桑树，可是还有穿不起衣裳的人。"孩提"（幼儿）拉着我的衣角乞讨。他的"苦语"（苦言）是发自"性真"（本性）的。我不胜悲伤，在路旁与他辞别。——以上都是对农村贫困状况的摹写，接下来他要"重陈"（重复陈述）的是，"造物"（运气、运势）已延续了百年（此处或暗指清朝的政治、统治），无法救济贫苦的百姓。

乾隆三十八年冬天作的《杂诗》第六首（《附鲒轩诗》卷五）有如下的表述。

> 一裘值千金，毛羽岂足供。一食累万钱，珍错亦易空。履盛不自持，何以处势穷。俗奢示之俭，即始训有终。谁为民生谋，一矫吴楚风。

"裘"是用兽皮做成的衣裳，"毛羽"是兽毛与鸟羽，用来制作服装。一件"裘"价值千金,可动物的羽毛还是供不应求。"珍错"是山珍海错的略写,意思是山珍海味。开一次宴会就要花费一万文钱,把山珍海味等食材都给消费尽了。"履"(鞋履)也是难以"自持"地追求"盛"(华美),无法"势穷"(止住这个趋势)。"俗奢"(风俗上奢靡的倾向)压制了节俭,现在若能警戒的话,尚能挽救。有谁能来为苍生百姓,正一正这"吴楚"(江南地区)的风俗。——民众身处贫困又受到灾害的打击,日日生计潦倒,而有钱人穷奢极欲。洪亮吉以衣服、食材、鞋履等为例,来说明"吴楚"(江南地区)社会的奢靡,并倡导纠正这样的风气。

《杂诗》第九首(《附鲒轩诗》卷五)中写道:

80

> 阳气发不收,桃李冬犹花。穷辰雨雪稀,麦陇未出芽。侧闻深村民,生计资鱼虾。何能待来春,米价已踊加。客子念岁时,颜色不复华。忧来本无方,非独为室家。

"阳气"的温暖在持续,即便入了冬,桃李也依旧盛开。"穷辰"(一整天)不下雪也不下雨,麦芽生不出来。听说"深村"(常州近郊的村名)的村民靠着捕鱼捕虾过生活,米价高涨,他们还能好好迎来这个春天吗?"客子"(旅人)察觉了"岁时"(四季)的变化,脸色便阴云密布。就算发生了不好的事情,也是一点办法没有。这不光是我一家的事情。——这首诗表现了因异常的气候,作物生长不良,米价高涨,人民的生活陷入穷困中的情形。

乾隆三十九年,洪亮吉前往扬州——一个作为盐的集散地而昌盛,成为繁华的中心之一的城市。在此,他题了一首名为《楼上》(《附鲒轩诗》卷五)的诗,城外受灾的农村和不让灾民入内的城中警备形成了鲜明的对比,诗中写道:

> 楼上疏镫彻夜明,营前击柝断人行。宵严都尉亲巡栅,

岁歉村农罕入城。岘首一书愁未报,淮南十月更孤征。霜寒 *81*
不是无衣苦,凄瑟难为负米情。

楼角上的"疏镫"(照明)彻夜照亮着周边,"击柝"(敲着拍子
木的巡夜人)在巡逻,断绝了行人的往来。警备森严到连"都尉"
这样级别的官员都亲自出马了,夜里军队的巡查更加严密。所以
即使在荒年,也很少有打算进城的农民。十月独自去了"淮南"
(淮水以南,长江以北的江苏省中部)旅行,对《岘首一书》感慨万
分。赞美施行善政的西晋襄阳太守羊祜的碑立在岘首山,见此碑
者无不落泪,故称为"堕泪碑"。洪亮吉对着这块碑神思飞驰,想
到如今怕是再难有愿意聆听民间疾苦的官员了。霜雪寒冷,不仅
是苦于没有防寒的衣服,更是因为难以负担起奉养父母的重任,
内心十分凄苦。

加上之前介绍的乾隆四十年的三首诗,这些都体现了风俗之
乱和自然灾害导致的民生疾苦,令人十分焦心。洪亮吉联系到自
己的生活实感,更是深感痛切。

在《即事》(《附鲒轩诗》卷六)第一首中,他刻画了因官员不施
援手而无助的民众。

> 乡民数千人,晓集龙祖殿。焚香祷灵雨,老小叩头遍。 *82*
> 痛哭对县官,民情亦堪见。乡间报荒册,堆案惊雪片。君等
> 司牧民,无为数清宴。灾荒尚屠杀,事已动谣谚。宴客设八
> 珍,嗟余岂能咽。家虽无负郭,八口寄吴甸。晨昏助祈祷,天
> 岂鉴微贱。斋肃告牧民,勉思民所便。

人们聚集在龙祖殿祈雨,男女老幼都来了。他们向县官哭
诉,"乡间"(村里)来的受灾报告在官衙的桌子上积得像雪堆似
的。即便到了这般田地,这些牧民的官员(地方官),还是什么也

不做。装作"清宴"(清净明朗)的样子,闹了灾,还在那杀鸡宰羊,享受美餐。这些事情早就流传出去,人尽皆知了。宴席上山珍海味琳琅满目,你们怎能举筷下咽呢?这些人中家不在"负郭"(靠近城郭的地方)的,携着"八口"(家人)到"吴甸"(苏州)寄居(避难)。日日夜夜地祈祷,上天能不能垂怜这些穷苦人家呀。打起精神来,奉劝地方官一句,多为百姓想一想吧。

在接下来的第二首中,洪亮吉批判了饥荒中商人的奢靡和极尽华奢的寺院庙宇建设。

83

> 去冬淮安荒,民死十七八。天意未可知,水荒兼旱魃。感兹财赋地,频复降兹罚。抑闻物力侈,商贾更轻猾。土木既已繁,多金建崇刹。奢淫理召祸,谁复肯深察。盛夏百草枯,炎炎肆诛杀。

去年冬天淮安地区遭了灾,十人中死者能有七八个。水灾过后又开始闹旱灾,不知道老天爷究竟在想什么。这个地方本来就税赋繁重,还像遭了天谴似的。听说物资被大量地浪费,商人也越发地狡猾。建筑工事频繁,钱都花在了建庙上。怕是奢靡引起的祸端,谁能好好想想是怎么回事呢。炎炎酷暑里,花草都枯亡了。可为了美味佳肴,还有人在肆意地宰杀。

在离开以后,洪亮吉继续着对江南灾害的反思。他在《太平访沈太守业富不值赠公子在廷四首》(《附鲒轩诗》卷六)第二首中写道:

> 今岁江南地,愁看八郡荒。蝗蝻曾接壤,禾黍独兹方。

"八郡"指江苏省下辖的八个府。自注中写道"入太平境,禾黍甚茂",较之长江更上游的太平府的丰收,江南则饱受灾害之

忧。在句容县时所作《新霁晚步归小饮沈公子绍祖宅》(《附鲒轩 84
诗》卷七)一诗中,他说道:

地冷疏门禁,年荒减市租。华阳山石尽,闻已食蒿芦。

“门禁”是城内的警备体制。由于气候异常,民众陷于穷困之中,城门的开闭也放松了一些,还减轻了税赋。这与先前《楼上》中所见扬州官员的对应截然不同。然而,参照自注中“今岁句容最荒,村民先屑石粉食之,名观音粉,近复食芦根”之语,可见即便如此也无法解决民众的饥馑。食粮短缺的人们把“蒿芦”(稻子、麦子的秸秆和芦苇)都给吃绝了,甚至要去吃华阳山的石头了。

在《忆昨》(《附鲒轩诗》卷七)中,他写道:

忆昨宽租诏,频言下县官。连旬清户册,累日驻征鞍。大吏征求急,饥黎叹息看。穷乡无宿食,莫更侈传餐。

想到天子下诏要减轻租税。于是,开始进行户籍调查,连日里“征鞍”(官差出差所用的马匹)巡查到了家家户户。官差们的要求是那样地严苛,“饥黎(饥饿的民众)”只得连连叹息。穷困潦倒的村庄不仅无法提供“宿食”(晚饭),连“传餐”(提供给军队的饭食)也难以置备了。——洪亮吉书写了许多民众的悲辛,自然也会涉及极力想摆脱困境而采取行动的人
们,比如《十月六日同朱大桂芳孙大星衍城南晚步》(《附鲒轩 85
诗》卷七)一诗。

市中扰扰无百家,落日鼓已鸣官衙。饥民入市竞挐攫,野店插竹凭拦遮。

市场里熙熙攘攘,可实际上店铺不足百家。日落之际,报时

的太鼓已经敲响，饥民却没有回家的意思，而是冲入市场里争抢物品。露天的店铺支起竹篱笆来，想要阻拦，却依然惨遭劫掠。在《书事》（《附鲒轩诗》卷七）一诗中则描述了这样的场景：

> 户勘灾荒里讼冤，心清久厌吏庭喧。早闻市卒添梅福，已觉衙官少屈原。脱屣何能喻妻子，挂冠终不梦田园。凭君洗眼看尘海，局促谁人尚守辕。

民众调查灾害情况，里正主张自己的清白，官吏们早已厌倦**86**这些烦琐的事情了。市场看守里有像梅福这样因讨厌王莽而更名做小吏的人，衙门里的官差却少有屈原这类的人物。无法像"脱屣"（脱鞋）一样轻易地抛弃妻子儿女，即便"挂冠"（在王莽掌握政权后，逢萌脱冠辞职）也不能像陶渊明一样过上梦寐以求的田园生活。从仕的人见惯了"尘海"（世间）的浮沉，哪怕"局促"（没有气量）也好，什么人能像守着车辕（车的长柄）那样，本本分分的呢。——在这歌舞升平的繁华年代的阴影中，藏着愁苦怨怒的民众，从这些诗歌中我们看到了时刻关注着百姓的洪亮吉。洪亮吉思考的是，为什么没有地方官能倾听那些受水灾、旱魃之苦的民众的哭诉，这些哭声为何传不进圣上的耳朵里。与此同时，江南地区却兴起了与民众的疾苦有天壤之别的奢靡之风。

奢侈与风俗之乱

清朝历经百年之后，随着社会的安定与经济流通的发展，人们的生活愈发华美奢侈，从而扰乱了风俗。此处的"风俗"指的是士大夫眼中当时人们一致认同的社会秩序，以及基于此秩序的行

为方式。① 首先,看一看清初的状况。康熙三十四年(1695)刊行
的《常州府志》卷九中有这样的描述:

> 至于明而士子益敦气节,尚廉耻,入我朝而不变。

然而,在此文后述的几项之中,隐隐察觉到变化的征兆:

> 冠礼,古人最重,所以示成人也。今各邑俱废不行。然
> 今日小民僭越殊甚,一冠之费值至数金,下逮优伶舆台(召
> 使)之属亦俨然。冠之漫无分别虽久,奉部文(礼部的通达)
> 屡加严禁,而遵行者盖鲜也。

> 主仆之分有定,祖孙相传,所谓世仆也。惟无锡视之最
> 轻,若武(进)、宜(兴)、江(阴)、靖(江)四邑则甚严其防。然
> 主人稍稍失势,辄思跳梁,甚有讦其主者。今郡守于公(于
> 琨)莅任以来,遇有此事,必痛惩之,而犯上之风止矣。

武进县出身,顺治四年(1647)进士,在康熙朝作为御史而活
跃的董文骥在《常州风俗序》(乾隆《武进县志》卷十二)中也写道:

> 其君子之贤者,或忠义贯日月,或文章妙天下,非公事无
> 私,谒其不贤者,或口舌得官,或田牧起家……甚者渔食闾
> 里,佻健(阔步)城阙,[此事]五邑(武进、无锡、宜兴、江阴、靖

---

① 岸本美绪在《一九九七年的历史学界——回顾与展望——东亚·中国(明·清)》
(《史学杂志》1978 年第 87 编第 5 号)中介绍了森正夫的研究,指出将"风俗"解释
为"人们将秩序意识及与之相关的赋予意义的生活方式、行动方式的总体乃至其赋
予意义的方式"。这是基于森正夫的《明末社会关系中秩序的变动》(《名古屋大学
文学部三十周年纪念论》)中"富有寓意的见解"进行的阐发。翌年,岸本发表了《风
俗与时代观》(《古代文化》1996 年第 48 卷第 2 号)一文,提出"所谓'风俗'一词用
于表现社会秩序与人们的行为方式之间的关联性思考,由此可见中国士大夫的社
会秩序观念特征的一面"(第 59 页)。本文参考了以上的先行研究。

江)同其。

此外,将《古文尚书》判断为伪作的清朝考据学先驱阎若璩,虽然出身山西太原,也同样表示过"今人动称廉耻,其实廉易而耻难"①,可见进入清朝以后,社会秩序出现了变化,士大夫的意识形态也发生了转变。

半个世纪后的乾隆十七年,黄印编撰的关于常州府东南部的无锡、金匮两县的地理志《锡金识小录》②记载道:

> 邑中风俗,旧志略备。然岁月迁流,今昔殊致,故为又一成而不变者。观习尚之推移,亦得失之林也。

88   具体而言是:

> 以予所见四五十年间,方康熙时,衣服冠履犹尚古朴。常服多用布,冬月衣裘者,百中二三。夏月长衫多用枲葛(麻制的衣服),兼用黄草缣(以稻科植物黄草为原料织制的坚固布料)。今则以布为耻,绫罗绸纱,争为新色新样,北郭尤盛。间有老成不改布素者,则指目讪笑之。冬月富者服狐裘猞猁(猫科动物)之属,服貂者亦间有之。若羊裘则为贫者之服矣。

诸如此类,以衣物典型,包含宴会、赌博的流行等,关于士大夫和庶民的生活习惯中奢侈化倾向的记述比比皆是。

---

① 转引自黄汝成编:《日知录集录》卷十三。

② 关于《锡金识小录》,森正夫著有《〈锡金识小录〉的特征》[《名古屋大学文学研究科论集》(史学 41)1995 年第 122 号]一文。另,《锡金识小录》于乾隆十七年编纂,光绪二十二年刊行。前注中有介绍乾隆二十二年情况的记事或是于乾隆十七年之后加笔的。此外,本书中使用的版本是台北成文出版社影印本(中国方志丛书·华中地方·第四二六号)。

过了二十年,洪亮吉再度指出了相同的问题。前述《杂诗》十首第六首便一针见血。

89

另外,乾隆四十年作的《偶书呈朱博士》(《附鲒轩诗》卷七)亦有如下的言论:

> 十余年来俗不淳,水陆食谱宗吴门。维扬富人益轻猾,
> 土木侈丽穷奇珍。淫祠一方有千百,媚祷役役劳心魂。衣裳
> 更厌陈制度,袍袖割裂无完纯。一方好尚匪细事,此事得不
> 尤荐绅。

"食谱"就是菜谱,这里指的是食物本身。"吴门"是苏州,"维扬"是扬州的别称。"轻滑"是说自私狡猾。这十年来,苏州、扬州的富人在衣食住行上穷奢极欲,兴建了成百上千的寺庙,还产生了诸如将"袍"(上衣)的袖子剪短这样的奇装异服,真是败坏了风俗。出现了这种状况,是不是该问责当地的"荐绅"(绅士、士大夫)呢。——这般风俗的靡乱,反映出歌舞升平的乾隆帝治下社会的另一面。

90

《服食论》《廉耻论》《寺庙论》

过去的洪亮吉只会在诗歌的世界里表达对社会的批判,在上述的情况下,他开始将这份心情诉诸文章,这就是《服食论》《廉耻论》《寺庙论》三论(《卷施阁文甲集》补遗)。

在《服食论》的开篇,洪亮吉说道"饮食、衣服非细故也,饮食衣服,风俗之本也",表明了他认为粮食与衣服是风俗,即维持社会秩序的根本。

粮食和衣服不可过,不可不足,而是需要均等。然而,现实情

况如洪亮吉在诗中的描述（乾隆三十八年《杂诗》第六首等），并不平均。参见前文提及的《锡金识小录》，可知其原因是生活习惯的奢侈化。对此，洪亮吉也抱有同感：

> 夫厚革重锦，士大夫之盛服也。而今则舆隶、臧获（二者皆为下等仆役）之常服矣。吾不曰舆隶、臧获之过也，曰士大夫导之也。三牲（猪牛羊）、海错（海产品），士大夫之特馐也。而今则间巷市井婚丧宾祭之常食矣，而吾不曰间巷市井婚丧宾祭之过也，曰士大夫致之也。

> 聚百兽之皮，不足以衣一臧获、舆隶。而麋鹿之穴，即朝生而夜剥之，不足给裘之用也。聚六畜（马牛羊鸡狗猪）之用，不足供一婚丧宾祭。而羊豕之牢（小屋），虽朝产而夕执之，不足以给食之用也。

> 一人兼百人之衣，一人兼百人之食。

那么，在这样的背景之下，人们的心境会发生怎样的转变呢？

91

> 什物（日用品）腾于上，筋力惰于下，日用之不足，奈何？曰弃本而逐末也。故昔之为农者或进而为士矣，为贾者或反而为农矣。今则由士而商者十七，由农而贾者什七。商之重，且足以犗走夫士，而况乎农？为农者日贱，为商者日贵。

随着经济的发展，商人积蓄了财富，提高了身份，知识分子（即洪亮吉所谓的士大夫）的社会地位则呈现出相对下降的趋势。如此一来，知识分子与商人的地位发生了倒转。在洪亮吉看来，这已经是既有的现实了。他曾记录过一个故事：

> 岁甲午（乾隆三十九年），余馆扬州榷署（作为家庭教师），以贫故兼肄业（安定）书院中。一日薄晚，偕中至院门外，各跨一石狻猊，谈徐东海所著《读礼通考》得失。忽见一

商人,三品章服者,肩舆访山长。甫下舆,适院中一肄业生趋出,足恭揖商人曰:"昨日前日并曾至府中叩谒安否,知之乎?"商人甚傲,微颔之,不答也。(《又书三友遗事》,《更生斋文甲集》卷四)

后话是,汪中在盛怒之下殴打了那个商人,还辱骂了他一通。——但是,这个片段中最为意味深长的场景是,书院学生对商人的二度拜谒,即见面时行了十分恭敬的礼节。像汪中和洪亮吉这样,会对这番举动感到十分不快的怕是士大夫中的少数,那个学生的行为反而才符合当时常理,这勾勒出乾隆年间微妙的士商关系。而且,文中这个商人的三品官礼服毫无疑问是靠纳捐得来的。①

在洪亮吉看来,书院学生这般毕恭毕敬的姿态,正是包括他自己在内的士大夫"导之""致之"的,由此升起了深深自责的念头。所以,在《服食论》的结尾,他尤其强调"廉耻"(清白廉洁的知耻之心)的重要性。 ₉₂

> 夫人之尊士大夫者,以其异于商贾,别于舆隶也。今与舆隶比尊,与商贾竞服食,亦自轻之势耳。吾故曰士大夫节其饮食衣服以导下,而风俗端矣。风俗端,则四民始有序矣。四民序,而士大夫亦益尊矣。不此之为而固彼之务,使后之论风俗者曰,服妖(衣服的浪费)自彼始,食谱(食物的浪费)亦自彼始也。岂不哀哉。

此外,在《廉耻论》②的开头,洪亮吉写道:

---

① 此处汪中的故事引用自余英时著,森纪子译:《中国近世的宗教伦理与商人精神》,平凡社,1991 年,第 176 页。
② 关于廉耻可参考森三树三郎:《"名"与"耻"的文化》,讲谈社,1971 年。

> 廉耻之将，可使御敌；廉耻之吏，可使牧民；廉耻之士，可
> 使入道。将不廉耻，虽胜不足喜也，是胜不敌败也。吏不廉
> 耻，虽才能不足用也，是利不偿害也。士不廉耻，虽大儒不足
> 重也……三者不能并得，则廉耻之士为最。

洪亮吉自傲于身为"廉耻之士"，是风俗的体现者（社会的领导者）。对于社会中廉耻与社会风俗的关系，洪亮吉举了一个东汉时期的例子。

> 东汉之风俗何以盛？曰重廉耻也。东汉末之风俗何以
> 渐坏？曰败廉耻也。东汉之风俗败于胡广，继之而甚者马融
> 也，继之而甚者王朗、华歆也，又继之而甚者王浑、王衍也。
> 胡广之欺世以中庸，王衍之盗名以风流，故风流者，寡廉鲜耻
> 之别名也；中庸者，亦寡廉鲜耻所窃之名也。

那么，廉耻之士又应该怎么做呢？

> 然则廉耻何以重？曰士不敢慕风流而已矣。廉耻之道
> 何以峻？曰士不敢饰中庸以欺世而已矣……
> ……居今日而欲救风俗之弊、性情之失，则修廉耻之时
> 也。舍廉耻之务而唯中庸自饰，则心术不已滋其害乎？夫流
> 俗之士不切于日用，人犹觉之，至一号为中庸，而遂不敢置议
> （议论），此则害之尤甚者也。乌呼！自非有圣人出，正华士
> 少正卯之诛，吾恐中庸之名不绝，即廉耻之道不敦也。

洪亮吉强调了廉耻的重要性，士应是"不慕风流""不饰中庸"的。他之所以这么说，是因为在前述《锡金识小录》卷一中对当时的士大夫有如下的记述：

> 前明一代人物载于明史者，大抵多以气节胜，昌言正论，

杖戌贬黜,累朝有之。即理学名儒,前如文庄(丘濬?),后如
端文(顾宪成)、忠宪(高攀龙),未有不以气节表著者。(然
而)今科名日盛,列谏垣者有人,居九列(九卿)者有人。百余 94
年来(至今),从未抗权倖,陈疾苦,谔谔(直言)不回如古人
者。虽谨慎小心,不敢放纵。要之保位安身之念,周其胸重,
久不知有气节二字矣。

洪亮吉还写作《寺庙论》,他在开篇如是说道:

> 户口至今可谓极盛矣。(然而)天不能为户口之盛而更
> 生财,地不能为户口之盛而更出粟。

政治、社会日益安定,人口也在稳步上升。可是,仍有大量民
众苦于频发的自然灾害。另一方面,却出现了奢侈消费食品、衣
物的风气,在这样的社会矛盾下,粮食不足的问题日益突出。对
于当时人口增加的状况,洪亮吉提出了自己的应对之策。在《寺
庙论》中,他说"一州一邑之知治理者,唯去其糜费而已矣"。在洪
亮吉看来,浪费主要有两种类型,一是在上述的《服食论》中提到
的"饮食、衣服"。不过,就江南地区而言,只有一两个府,且在府
里也仅有县城才有这种风气。所以,"服食侈靡之习,在穷乡小民
者尚少"。也就是说,《服食论》关心的并不是物资不足的问题,而
是对士大夫行为的探讨。

另一种"费最甚者",即神庙和佛寺(下文简称为寺庙)。据洪
亮吉所言,当时一座县城内寺庙就有百余所,一乡一聚落的寺庙
亦有数十,最少者也不下七八所。这些寺庙至少需要十年一修
葺,甚至有些过个三四年就开始重修,且十之七八都在扩建。一
座大型的寺庙里能有僧徒、道士数百人,次者有数十人,最少的也 95
有一两人。拿江南地区大州府来说,一县所辖的寺庙竟有上千所

之多，那一个府内寺庙的数目就要上万了。若寺庙有千所，那僧徒、道士人数则时常有十万人之众。这些寺庙修葺的资金与僧徒、道士的生活资费来自富裕者捐赠的不过五分之二，还有五分之三要靠小民节衣缩食来上供。而僧徒、道士不必劳动，就能有吃有穿。

大肆兴建寺庙，众多的僧徒、道士靠着百姓典衣缩食省下的辛苦钱过着安稳的日子，洪亮吉对这种现象进行了强烈的批判。然而，道教、佛教已经流行了上千载，"势非能一日而废"。因此，他提议应该对寺庙、僧徒、道士加以限制。第一，寺庙的田产维持在满足僧徒、道士生活的程度即可，一寺只能拥有一两处田地，最多也不过五处。第二，一邑有十座庙，一庙的维持用一两人即可。

即"且所为裁者，又非裁其神与佛之数也，不过裁其寺庙之数耳"。洪亮吉并非不能理解内心动荡的民众对寺庙、僧徒、道士依赖的心理，但是对这些寄生于寺庙的僧徒、道士进行整顿，才能有助于减轻给寺庙上供的小民的负担。

> 诚使一州一邑之知治理者如吾法以行之，将见民志不惑，而民俗亦可稍阜也。

"民之俗"相对于"士之风"而言，是受社会影响而形成的产物，《服食论》《廉耻论》《寺庙论》等文章，彰显了洪亮吉对恢复社会秩序的殷切希望。在此，士大夫必须起到典范的作用。

母亲之死——乾隆四十一年

乾隆四十一年四月，因林光照离开句容县，洪亮吉也回到了常州。之后应浙江学政王杰的召请，七月时前往绍兴，成为其入

96

幕之宾,并参与浙江省各地岁试、院试的相关工作。在此期间,十月二十六日,洪亮吉之母蒋氏去世,终年六十三岁。弟弟洪霭吉不敢讣告,而是在信中说母病速归。考试期间不能在考场收私人信件,所以洪亮吉是在考试结束后才读到信的。于是,急忙往家赶,刚到常州府城门前时,遇到了熟人,从那人口中得知母亲已经去世的消息。洪亮吉惊惶失神,进城之后,在过八字桥的时候滑倒,掉到了运河里。万幸被救了上来,保住了性命。但是,母亲去世时未能陪伴身侧,令洪亮吉陷入了极大的悲伤,终日不食。在姐姐们的斥责之下,到第五天才稍稍喝了些米粥。

蒋氏生前"愿此十人(儿女及其配偶)者皆得侍我,乃不恨"(上述汪中《大清故国子监生洪君妻蒋氏墓志铭》),可洪亮吉未能陪在她身边。洪亮吉认为无法实现母亲的遗愿是不孝,所以,每逢母亲的忌日,他都终日不食。[①] 在此后的两年里,洪亮吉一首诗也没有写,仅为母亲作了行状(叙述死者世系、生平、生卒年月等的文章)。然而,此文现已散佚。

洪亮吉去北京之后,托人作画,描绘母亲机织,自己在一边努力学习的场景,并命名为《机声灯影图》。他将此画挂在家中,在追思母亲的同时,让朋友品鉴,以求题图之文,得到了黄景仁与汪中的允诺。晚年,洪亮吉让人将自己一生中的大事作图十六幅,即《平生游历图》(作者陆伯才)。其中,第一幅图《南楼课读图》与《机声灯影图》描绘了相同的场景。此图的赞中(《平生游历图序》,《更生斋文乙集》卷二),他写道:

> 少而孤贫,日祇一食。言依外家,大母(外祖母)之德。

---

① 孙星衍在为洪亮吉作的传中写道"三年不肉食,不入于内,不与里中祭吊。时古礼久不能行,或反谓其为迂伪"(《洪亮吉集》附录)。

纺妹左侧,《毛诗》《鲁论》(论语)。幼不力学,身余杖痕。乌乎,杖痕虽平兮学未就,安得吾母兮再篝灯而口授。

　　右《南楼课读图》第一。主人六岁孤,从母育于外家,虽间出从塾师读,然《毛诗》《鲁论》《尔雅》《孟子》,实皆母太宜人所亲授也……①

乾隆四十二年(1777),洪亮吉还在为母亲服丧,但为了筹措葬礼的费用,同孙星衍一起加入了安徽学政刘权之(乾隆三十九年江南乡试的座师)的幕下。在太平府过年后,四十三年,随刘权之巡回安徽各地,获得了报酬(幕脩)。十一月,为母亲举行葬礼,多位友人到场。到了年末,他又负债累累,无法回常州,所以和孙星衍一同寄身于句容县孙父(孙勋)的家中。

乾隆四十四年(1779),三十四岁的洪亮吉为了打破在常州生活的窘境,且弟弟霭吉的学问不见长进,于是决心携霭吉进京。在袁鉴的推荐下,洪亮吉参加了常州知府黄泽定的府试阅卷工作。他将这笔报酬当作路费,于三月动身前往北京。

家里留下了妻子蒋氏和两个儿子(饴孙生于乾隆三十八年,盼孙生于乾隆四十年)。同年九月,女儿出生,取名纺孙。

---

① 参见木下铁矢:《清朝考据学及其时代》,创文社,1996年,第252页引用的文章。另外,同样在该书的结尾部分(第251—261页)选取了清朝士大夫率直吐露对母亲和妻子情感的文章。

第三章　作为幕友
——乾隆四十四年至五十四年

佣书生活

乾隆四十四年五月二日,洪亮吉兄弟俩踏上了北京的土地。[1] 两人先在黄景仁的临时寓所卸下了行囊。当时,黄景仁住在名刹法源寺的西斋,位于从外城西门广宁门(后称广安门,俗称彰义门)延伸到内城的广宁门大街的南面,现在是因回族聚居而闻名的牛街的东边。

当时的北京,正当乾隆盛世的繁华。四库全书馆在开设中,校订工作繁多,正是需要人手的时候。所以,洪亮吉很快就被总校孙溶招为幕友,开始参与校订工作。于是,洪亮吉搬出了黄景仁的临时居所,住到了打磨厂附近孙溶的宅邸。洪亮吉一年可以从孙溶处获得二百两银的报酬,相当于通常幕友的酬劳(幕脩)。一半作为与在方略馆供职(吏)的弟弟霭吉的生活费,一半寄给在家乡的妻子儿女。不久,霭吉的养母余

---

[1] 关于洪亮吉在北京时期的生活,参见奥野信太郎:《北平时期的洪北江》,《桃源》1947年第2号。改订后更名为《北京时期的洪北江》,收录于《芸文随笔》,春秋社,1958。再版收录于平凡社,1992年(东洋文库)。

氏和父亲的幺弟洪翱也来了北京，洪亮吉的生活比在常州时还要艰难。要想借本书，都得走五里、十里的路。他在《佣书》一诗中描述了这样的境况（《卷施阁诗》卷一）：

99

        佣书生计尚淹留，并叠吟怀事校雠。独鹤见人殊惘惘，饥乌得树亦啾啾。云和草色荒三径，月与花光艳一楼。却厌软红尘里逐，放教愁坐转忘愁。

"佣书"（被雇佣的书记、助手）的生活最是让人"淹留"，即长久地羁留。工作是反复地"吟怀"（吟唱）、"校雠"（对照书籍，订正正误异同）。"独鹤"（离群的鹤）见了人，尤为"惘惘"，失了神般地恍惚。"饥乌"（饥饿的乌鸦）寻见了树木，"啾啾"地小声啼鸣，显得十分怯弱。另一面，云上映出庭中的草色，遮住了暂居的凄清"三径"（隐者的庭院）。月色与花朵同辉，照亮了屋里。如"独鹤"与"饥乌"一样，呼吸到了"软红"（都会）的空气，便会感到不舒服，月光穿过层云照进，一人在静静地"愁坐"中，反而忘却了忧愁。——在不安定的佣书生活中，洪亮吉一面要强地不愿被孤独和贫穷击垮，一面又深深感到不安。

乡试每三年举行一回，即在子年、卯年、午年、酉年举行。乾隆四十四年是亥年，照常来说是不会举行乡试的。不过，由于第二年即乾隆四十五年是乾隆帝的七十大寿，要举行特别的会试（恩科），因此要在前一年，也就是四十四年的八月举行乡试。料
100 想洪亮吉是提前知道了此事，所以参加了北京（顺天府）的乡试。乡试本来是要求各地的生员在自己的籍贯地参考的。不过，洪亮吉因为在乾隆三十九年的江南乡试中名列副榜，获得了相当于国

子监学生的副贡生的资格,所以可以参加顺天乡试。[1] 在竞争激烈的长江以南各省,和举人的定额相比,参考的人数要多出不少,所以当地出身的贡生(生员)有不少会选择去参加顺天乡试。[2]洪亮吉也利用了这样的特典,可他又以失败告终了。落榜之后,他和弟弟及黄景仁三人一同饮酒,并作诗《八月二十日偕黄二暨舍弟饮天桥酒楼》(《卷施阁诗》卷一)。

> 长安百万人,中有贱男子。日挟卖赋钱,来游酒家市。昨日送君回,今日约君来。送君约君于此桥,长安酒人何寂寥。酒人无多聚还喜,破帽尘衫挈吾弟。摄衣上坐只三人,爽语寥寥落檐际。

在这万人攒动的都城,有一个身份低微的男子。每天吟诗作赋换钱,用来在酒家玩乐。昨日才把你送走,今日又与你相约老地方。我们总相会在这座桥(天桥),在这都城的酒醉是多么的寂寞。就算喝酒的人只有三三两两,但能够相聚便是欢喜。破帽子、满身尘埃的生员拉着弟弟的手。卷起上衣坐着的客人只有我们仨,与这氛围不相符的对话在檐头空响。——从中可以窥见洪亮吉对生活的无望和他心里交织着的焦虑与寂寥。

给予疲于奔命的洪亮吉一丝慰藉的是都门诗社的集会。"都

---

[1] 参见狩野直喜:《清朝的制度与文学》,第 405 页;宫崎市定:《科举史》,第 123、150—151 页。
[2] 乾隆二十年时,江南乡试(江苏省)合格的定员是六十九名,而顺天乡试(直隶省)中江苏、浙江等省出身的监生、贡生合格的定员是四十三名。

门诗社"是当年翁方纲①、蒋士铨②、程晋芳③、周厚辕④、吴锡麟⑤、张埙⑥等人组织的诗会。洪亮吉和黄景仁很快也被欢迎入会。如前所述,洪亮吉和蒋士铨在扬州定安书院时是师生关系,黄景仁在北京也是早有诗名。诗会上,黄景仁的诗被誉为"一篇出,人争传之"。洪亮吉虽然经济上比较窘迫,但精神上有与诗友交往带来的慰藉。这两年间(四十四、四十五年),他在知识上的享受达到了最高峰(《年谱》)。那时,他还结识了都察院左副都御史王昶⑦,并和黄景仁一同参加了他与朋友的集会(《黄仲则年谱》等)。

又到了年底,生活却一直没有得到改善。身边也没有能施以

---

① 翁方纲(1733—1818),字正三,顺天府大兴县(北京)人。乾隆十七年进士,和洪亮吉的舅父蒋和宁是同年。在经学、史学方面因精细的考证留下累累硕果。书法造诣颇深。

② 蒋士铨在母亲的陪伴下,前往各地的书院讲学。在其出任扬州定安书院山长时,其母过世。他于乾隆四十三年回京,等待任官。

③ 程晋芳(1718—1784),字鱼门,号蕺园,安徽省歙县人。出自扬州盐商程氏一族。好学问,其藏书有五万卷之多,与许多文人、学者有交往。乾隆三十六年进士,邵晋涵的同年。在四库全书馆担任纂修官。晚年倾尽家财,到北京生活。"都门诗社"就活跃于那个时期。后来,受陕西巡抚毕沅的招募前往西安(和洪亮吉一同担任幕友),最后在当地去世。

④ 周厚辕(生卒年不明),江西省湖口县人。乾隆三十六年进士,与程晋芳和邵晋涵是同年。

⑤ 吴锡麒(1746—1818),字圣征,浙江省钱塘县(杭州)人。乾隆四十年进士,与王念孙是同年。其诗文广受世间好评。

⑥ 张埙(1731—1789),字商言,江苏省吴县(苏州)人。虽说是乾隆三十四年进士(《国朝耆献类征初编》卷一四六),但不见于进士题名碑录。乾隆四十三年、四十四年在西安做毕沅的幕友。

⑦ 王昶(1725—1806),字德甫,号述庵。江苏省青浦县(现在的上海市)人。乾隆十九年进士,与朱筠、沈业富、钱大昕是同年。担任乡试同考官、会试同考官后,被分配到刑部,三十三年担任郎中时,因泄露机密被解职。后来为了"军营效力"(参加军事作战来赎罪),随阿桂参加平定四川大小金川之役。四十一年回到北京,继续过上京官生活。四十四年,担任都察院左副都御史。四十八年(1783),充任陕西布政使,开始在西安工作,得以与洪亮吉再续前缘。后来,在五十七年的顺天乡试中洪亮吉任同考官,王昶任副考官,当时的本职是刑部右侍郎。

援手的人，连五钱的酒都喝不起的现实让洪亮吉深感绝望。走投无路中与弟弟霭吉迎来了在北京的第一个正月。① 弟弟无法适应在北京的生活，思乡情切。这份望乡的念想对洪亮吉来说也是一样的，他在《梦入外家南楼觉后有感寄内弟阿魁阿愚四首》第一首(《卷施阁诗》卷一)中写道：

> 楼头残烛迥凄清，楼下愁人怨晓明。千里断虹随梦远， [103]
> 五更零叶打衣轻。风鸦巢树知前后，竹马邻童识姓名。若把
> 旧时情绪谱，杏花楼上是三生。

遥见外家南楼的灯火，寂静中的亮光点点，让人凝望久久。怨恨这天就要亮了。千里之外彼方的"断虹"(一段鲜艳的彩虹)随梦醒而飘远，"零叶"(落叶)静静飘落到衣上，方知天明。就像乌鸦知道什么时候该筑巢了一样，儿时好友的名字总能马上想起。若想把这过去的回忆记录下来，还需登上杏花楼(杏花楼是洪亮吉度过幼年时期的外祖母的宅子)。

在不得已之下，洪亮吉典当了微薄的家财和衣物，换取路费，让人把弟弟送回了常州，或许当时弟弟的养父母洪翱和余氏也一同归去了。

留在京城的洪亮吉，因为没有像样的衣服，所以没法出门，只好托病，数日都不出孙溶家的大门。那年(乾隆四十五年)，因乾隆帝要去南巡，按照惯例，官员们必须献诗作赋。洪亮吉代户部尚书梁国治作了颂十八章(《皇帝南巡诗并序》，《卷施阁文乙集》 [104] 续篇)，从此广受好评，代作诗文的工作纷至沓来。如前所述，当年又正巧是乾隆帝七十大寿之年，所以代作赋颂的委托格外多。

---

① 胡思敬：《九朝新语》，《清诗纪事》(八)，江苏凤凰出版社，第 6792 页。

从二月到七月的五个月里,洪亮吉创作了五六十篇诗文,获得报酬四百两银。其中一半寄回常州,用于修缮乡里的墓地和付清债务。当然也赎回了典当的衣物。在此期间,洪亮吉每天还要在孙溶的手下完成八册的校对和数十条精细的考证,所以过着每天深夜才能就寝的生活。回常州的弟弟生了一场病,病愈后又来到北京,料想也是靠着洪亮吉当时赚的钱才得以成行的。

八月,洪亮吉与黄景仁一同再度参加顺天乡试。当时的正考官是兵部尚书蔡新,副考官是刑部侍郎杜玉林、内阁学士嵩贵。考试结束后,结果尚未公布,洪亮吉就已经答应赴任四川按察使的查礼①的邀请,以年薪四百两为报酬,作为幕友同行。正月以来,为了赚取生活费而忙忙碌碌,还没准备好就去考试了,所以洪亮吉对通过考试并没有信心。且出于经济方面的考虑,他决定放弃科举考试("绝意进取")。九月一日,洪亮吉搬出孙溶宅邸,移居宣南坊的莲花寺,等待查礼出发。后来,查礼被改任为四川布政使,因此出发的时间又推迟了一些。在此期间,乡试结果放榜,洪亮吉名列第五十七位,考取了举人(黄景仁失败了)。因为没有采用"制艺"(八股文)的格式,洪亮吉的成绩本该是列为副榜第一的,但代替生病的同考官李孔阳审查第三场策题的曹仁虎(翰林院侍读)对洪亮吉的文章赞赏有加,又得到了正考官蔡新的认可,才让洪亮吉进入合格者之列(《年谱》)。因为洪亮吉考中了举人,查礼便不再让他做幕友同行。于是,洪亮吉又回到孙溶的宅邸,继续校对的工作,同时准备接下来的会试。此时,洪亮吉将自己

---

① 查礼(1716—1783),字恂叔,顺天府宛平县(北京)人。屡次应考乡试不中。最后,通过捐纳获得户部主事的职位。后历任知府、道台,乾隆四十四年任四川按察使,翌年升任布政使。四十七年(1782),被提拔为湖南巡抚,因拜谒皇帝而上京,随后故去。

的名字"礼吉"改成了"亮吉"。因为会试是由礼部组织的,或许此举是为了避"礼"字的讳。

乾隆四十六年,孙溶搬到了贾家胡同,洪亮吉也随之迁居。 [105] 三月,第一次参加会试失败。在此之前,洪亮吉收到了在陕西巡抚毕沅幕下任职的好友孙星衍的一封书信,转达了毕沅的钦慕之意。于是,在会试失败后,他决意前往西安。

将要结束两年的在京生活,对洪亮吉来说,最痛苦的事莫过于和弟弟及黄景仁的分离。黄景仁体弱多病,三、四月间,洪亮吉较前更为频繁地去拜访暂居于法源寺的黄景仁。四月二日,他们在法源寺举办了饯春之宴(惋惜春日结束的酒宴),也是洪亮吉的送别会。当场,洪亮吉创作了离别诗《将出都门留别黄二》两首(《卷施阁诗》卷二)。

> 抛得白云溪畔宅,苦来燕市历风尘。才人命薄如君少,贫过中年病却春。

> 枵腹谁怜诗思清,掩关真欲废逢迎。期君未死重相见,与向空山证世情。

"白云溪"又称"云溪",是常州府城内南运河的别称,流经洪 [106] 亮吉母亲的外家蒋家,与黄景仁的家隔河相望。离开家乡,一番劳苦来到了"燕市"(北京),几经"风尘"(官僚世界),很是凄惨。"枵腹"(空腹,即生活困窘)之中,谁还能怜爱诗歌的清新呢。"掩关"(关上门)断绝交际,不想再去"逢迎"(谄媚)。——如这两首诗的前两句所言,洪亮吉疲于在京的生活。第三句"才人命薄如君少"(第一首),"期君未死重相见"(第二首)则吐露了将要与黄景仁别离的不舍心情。最后的第四句,第一首写道"贫过中年病却春",表达了对黄景仁的惦记。第二首中说"与向空山证世情",

想对着荒无人烟的"空山"(人迹罕至的深山老林),一吐对这"世情"(世间的情况)的所有看法。可见洪亮吉难耐在京生活之凄楚。

在毕沅幕下——西安

　　乾隆四十六年四月十六日,在弟弟霭吉的目送下,洪亮吉离开了北京。

　　在北京的两年间,洪亮吉的诗作中充满了对故乡人的思念和对故乡风物的怀恋,展现出"怀乡诗人的姿态"(奥野信太郎)。当然,其诗作中也有不少关于北京名胜与往来人物的内容。不过,和对故乡的叙述一样,洪亮吉对北京的描写都是基于个人情感。离开北京后,他的诗作又回到了过去在朱筠幕下时那样,直接地表现眼前所见的现实。比如在题为《出都行涿州道中见荞麦遍野慨然有田庐之思因作田家诗二十首寄意并寄芮光照杨毓舒两布衣》(《卷施阁诗》卷二)的连作中,体现出与昔日在北京的诗作不同的意涵,其中第一首写道:

朝耕山上田,颇苦赤日酷。雨气来北山,蜻蜓满空谷。

家遥糇粮具,释耒坐石屋。日晚牵犊归,下山泥没足。

　　"空谷"是没有人烟的山谷,类似于前诗中的"空山"。"糇粮"是干燥后的食粮,即干粮。"石屋"是用石头搭建的山中休憩停留之所。

　　当时,甘肃省发生了苏四十三之乱,镇压的军队从北京周边集结至陕西地区,所以洪亮吉滞留在山东的临清、馆陶一带,又进入直隶省大名府,南下渡过黄河,在到达河南省府开封的时候,花

86

光了所有的盘缠。所幸得到一同赴任的同年（江南乡试）管世铭的帮助①，才得以继续他的旅程。从北京出发后，大约花了一个月的时间，直至五月中旬，洪亮吉才抵达西安，加入陕西巡抚毕沅幕下。

毕沅（1730—1797），字秋帆，江苏省太仓直隶州镇洋县人，乾隆二十五年的状元。乾隆三十八年，从陕西布政使升任巡抚，途中四十四年因母亲过世服丧而离职，四十五年，便因"此人难得"，以"署理"的方式回到陕西巡抚任上。复职后的四十六年因在平定苏四十三之乱中，于后方支援有功，被乾隆帝赐予一品顶戴。与此同时，洪亮吉终于抵达西安。那时，浙江巡抚王亶望在甘肃布政使任上的不端谋财行为败露（甘肃冒赈事件）②，王亶望、勒尔锦（陕甘总督）、王廷赞（甘肃布政使）等五十余人被处死。在此不法行为发生的时候，毕沅正在署理陕甘总督之职，因而被问责，缴纳"罚银"（后述）五万两后，情况得以一时缓和。而十二月又以处罚太轻为由，被御史钱沣上告，由一品顶戴降至三品，虽然被允 *108*

① 管世铭（1738—1798），字缄若，江苏省阳湖县人，洪亮吉的同乡。乾隆四十三年进士（二甲第三十名）。由户部主事充任军机章京，后任御史。因口无遮拦的发言遭到和珅忌恨，但得到了阿桂的支持。此处中所说的同年是指洪亮吉名列副榜的乾隆三十九年的江南乡试。
② "冒赈"中的"赈"指的是为灾害准备的救济粮食，通常称为赈粮。因为甘肃灾害频发，所以"捐监银济"的制度在此可以适用，即通过纳粮来获得国子监生的资格，且保证将来能够任官。然而，甘肃省许多地方官都在滥用这一制度，以运输不便为借口，让政府准许征收银两（赈银）而不是粮食，由此日常征收并私吞赈银，即所谓的"冒赈"。在此次乾隆四十六年的事件中，贪污银二万两的地方官有五十余名，因贪污而被问罪的地方官超过一百六十名。参见张承志：《从伊斯兰教看中国——民族·宗教·国家》，中公新书，1993年，第53—56、67页；牛创平、牛冀青编著：《清代一二品官员经济犯罪案件实录》，中国法制出版社，2000年，第162页以后。

许留在陕西巡抚任上,但给予了停发职俸(正俸)和养廉银处分。[1] 不过,这一停发薪俸的处罚在四十八年正月就解除了,同时毕沅被正式任命为陕西巡抚。随后,又历任河南巡抚、湖广总督。嘉庆二年(1797),在湖广总督任上时,于镇压白莲教徒的作战中病逝。毕沅精通经学、史学、小学、金石学、地理学,在诸多领域著述颇丰。他十分优待作为幕友的学者、文人,所以其幕下集结了许多博学之士。当时,吴泰来、严长明、钱坫以及孙星衍都是他的入幕之宾。

吴泰来(1722—1788),字企晋,江苏省长洲县(苏州)人。乾隆二十五年进士,毕沅的同年。应毕沅之邀,携家眷赴西安,担任关中书院的主讲,并辅佐毕沅。后来,毕沅转任河南巡抚,吴泰来也跟着移任开封大梁书院长,不久后在当地去世(享年六十余岁)。

严长明(1731—1787),字道甫,江苏省江宁县(南京)人。乾隆二十七年南巡之时,被赐予举人身份,后录用为内阁中书,并加入军机处,受大学士刘统勋等人的重视。服丧归乡后,再未被任官。于是,加入毕沅幕下,主要负责奏折的写作。擅长作诗,博闻强记。在地理学、金石学等方面亦学有所长。

钱坫(1744—1806),字献之,江苏省太仓直隶州嘉定县人。钱大昕的侄儿,钱塘的弟弟。在北京时曾是朱筠的座上宾,乾隆三十九年名列顺天乡试的副榜(副贡生)。同年,前往西安,加入

---

[1] 顶戴是表示清朝官僚品级的冠服之一,依照品级,其材质、颜色各有不同。毕沅的职务是从二品巡抚,但作为褒奖赐给他"一品顶戴",后来又降为"三品顶戴",这又不同于官僚奖励制度(议叙)。参见王彦章:《清代奖赏制度研究》,安徽人民出版社,2007年,第40—41页。此外,永久停发职俸和养廉银是一种行政处分,但不是规定。关于清朝官僚冠服的更多内容,还可参见李理:《清代官制与服饰》,辽宁民族出版社,2009年。

毕沅幕下。乾隆五十二年(1787),就任乾州州判,之后的二十年间历任陕西省各地的地方官,因病归乡,在苏州过世。擅长篆书,被孙星衍评价为"本朝第一"。其学问还涉及地理学、史学,著作有《尔雅古义》十卷、《说文解字斠诠》十四卷、《史记补注》一百三十卷等。

乾隆四十五年,孙星衍受到因服丧归乡的毕沅的招募,前往 ¹⁰⁹ 西安。乾隆五十一年(1786)在江南乡试中考中举人,后在五十二年进士及第,名列一甲第二名(榜眼)。代表作是《尚书今古文注疏》。还有诗集《芳茂山人诗录》,文集《问字堂集》《岱南阁集》《五松园文稿》等(以上诗文收录于《四部丛刊初编》之《孙渊如文集》中)。不过,据洪亮吉的记载,孙星衍过于心直口快,以至于严长明伙同其他的幕友要求毕沅辞退孙星衍,否则众人将一起辞职。而毕沅表示,这是他招来的幕客,不能辞退,若诸位不想同他一块共事的话,方法倒是有一个。于是,他给孙星衍另外安排了一个房间,还将他的"馆谷"(幕脩)翻了倍。其他人虽然感到愤愤不平,但也无可奈何。

上述四人均来自江苏省,且都是江南出身。所以可以想象在毕沅幕下,大家都用江南方言畅谈。

洪亮吉在毕沅幕下的时光横跨九年,共计四次,总时长五年半,具体如下:

1. 乾隆四十六年五月至四十八年五月(因收到黄景仁的讣告离去,四十九年参加会试)。

2. 乾隆四十九年五月至五十年十一月(因收到叔父的讣告离去)。

3. 乾隆五十一年四月至五十二年正月(因参加五十二年的会试离去)。

4. 乾隆五十二年十二月至五十四年正月(因参加五十四年的会试离去)。

其间,凭借毕沅发放的幕俸,洪亮吉得以继续寄钱给在北京的弟弟和在常州的妻子。虽然不知道幕俸的具体金额,但可以推测要比在北京时从孙溶那获得的报酬高。

幕友的工作内容多种多样。[1] 过去在学政朱筠、王杰、刘权之等人幕下时,主要的工作是整理院试、岁试、科试的答卷。对洪亮吉来说,一直以来为科举而准备的知识就派上了用场。同样是做幕友,在陕西巡抚的手下要做的,则是以司法(刑名)、财政(钱谷)为主要内容,涉及民政方方面面的工作。虽然尚未明确洪亮吉所负责的内容,但想必也需要积极参加各种讨论。乾隆四十六年、四十九年(1784)两次平定甘肃叛乱中,毕沅负责军饷调度的辅助工作。如前所述,毕沅在陕甘总督任上时曾被问责,被处分之事近在眼前,想必洪亮吉也深刻地了解了现实的严酷。

地方志的编撰是地方官的业绩之一,但实际的工作是由幕友负责的。毕沅门下的五名幕友编撰了下列的几部地方志(括号中是刊行年份,全部以乾隆年号表示)。

吴泰来:《同州府志》(四十六年);《蒲城县志》(四十七年)。

严长明:《西安府志》(四十四年)。

钱坫:《朝邑县志》(四十五年);《韩城县志》(四十九年)。

孙星衍:《醴泉县志》(四十九年);《直隶邠州志》(四十九年);《澄城县志》(四十九年);《三水县志》(五十年)。

洪亮吉:《淳化县志》(四十八年);《长武县志》(四十八年);

---

[1] 参考宫崎市定:《清代的胥吏与幕友——以雍正朝为中心》,《宫崎市定全集》第十四卷;缪全吉:《清代幕府人事制度》,中国人事行政月刊社,1971 年;郑天挺:《清代的幕府》,《明清国际学术讨论会论文集》,天津人民出版社,1982 年。

《澄城县志》(四十九年,与孙星衍共编)。

毕沅及其幕友都是优秀的学者,通过和他们的交往,洪亮吉的学问也长进了不少。在取得地方志编纂的成果之外,这一时期,他还在经学、音韵学方面有所著述,列举如下。

《传经表》《通经表》展现了经书的传承体系,其中有落款日期为乾隆四十六年八月望日的《传经表序》,这是他在毕沅幕下时期最早的著作。但是,也有学者认为《传经表》为毕沅所作,或许指的是在毕沅的援助下,洪亮吉才得以成书的。

《汉魏音》收录了汉魏两代各种儒家书籍中所见的古音。这对洪亮吉来说是一个新的挑战,该书于乾隆四十七年完成,由朱筠幕下时期的同僚邵晋涵①作序,五十年(1785)在西安刊行。

要想加深在音韵学和文字学等小学上的学识,就需要习得篆书。虽然洪亮吉并不擅长书法,但是幕友同僚里有钱坫、孙星衍这样的篆书达人,所以想必这一时期洪亮吉也提高了篆书的水平。现在,洪亮吉的书法作品中最广为人知的大多是玉筋篆,这是篆书中最需要凝神聚力的。

另外,乾隆四十五年在北京成书的《补三国疆域志》于四十六年在西安刊行,或许也是得到毕沅帮助的结果。孙星衍为其题字,还与严长明、钱坫等幕友同僚一道写了后序。由于陈寿《三国志》中欠缺了志的部分,该书参照《后汉书》《晋书》中的诸志,来进行补遗。

---

① 邵晋涵(1743—1796),字与桐,号二云,浙江省余姚县人,乾隆三十六年进士。该年,受安徽学政朱筠之邀,赴安徽省太平府,并与洪亮吉结交。三十七年归乡,三十九年上京充任翰林院编修,参与《四库全书》的编纂,主要负责史部书籍的选定和解题的写作。除因服母丧(四十年至四十三年)及父丧(四十八年至五十一年)而归乡外,均作为京官待在北京,与许多士大夫交好。主要著作有《尔雅正义》二十卷等。参见黄云眉编:《邵二云先生年谱》,《近代中国史料丛刊》。

诗会之外，洪亮吉还同毕沅及诸位幕友一起游览各处名胜古迹，驰骋怀古之心境，近有西安郊外，远则东到朝邑县、潼关县，西到兴平县（马嵬驿）、眉县（太白山、五丈原、岐山县）。他们的华山之旅可不是寻常郊游，要翻山越岭，徒步前行。过去在朱筠幕下的时候，曾与朱筠及诸位幕友同游黄山，洪亮吉想要挑战山巅，因此单独行动，最后是以鞋子踏破，衣衫被荆棘划得破烂的模样回到了朱筠一行人的面前。所以，被朱筠、邵晋涵等人告诫"君游山亡命至此，独不为太夫人地耶"①。在这次攀登华山之旅中，洪亮吉重现了登黄山时的情形。对山岳发起全力的挑战，反映出洪亮吉性格中不畏艰难的一面。

112　向自然发起的挑战、对古代进行的怀想，都作为诗题出现在洪亮吉的诗集中。同时，诗中亦可见到洪亮吉关怀人世、审视现实社会的姿态。在面向黄河的朝邑县，他写作了《朝阪行》三首（《卷施阁诗》卷五）。

一碑仅露尺，细视万历年。风吹河东沙，日没河西田。黄河身高田亦高，碑石九尺埋蓬蒿。君不见居人耕沙沙没踵，子孙田尽高曾冢。

三门当黄河，门半以土窒。惟开城西门，日夕车马出。居民防害愿筑堤，万钱觅石兼运泥。君不见河流已退催租急，堆土若山堤未立。

113　昨传黄流增，驿到八百里。官方早坐衙，失色推案起。白须吏人前执裾，官今勿惊安众愚。君不见官无一言吏会意，日午传呼县门闭。

---

① 参见《邵二云先生年谱》，乾隆三十七年四月项；河田悌一：《清代学术的一个侧面——朱筠、邵晋涵、洪亮吉及章学诚》，《东方学》1989 年第 57 辑，第 13 页。

朝邑县位于黄河南岸,因黄河的沙土堆积而处于危险之中。第一首中写道明万历年间立的石碑,原来应有九尺,却已被沙土掩埋,眼前可见的部分不过一尺高。强风卷来沙土,在黄河水面高涨的同时,田地也一日一日升高。沙土没过田间耕作的人们的双脚,沉埋了他们祖辈的墓碑。第二首描写道,朝邑县有四座城门,其中三处因为面向黄河,所以半扇门都被沙子埋住了,唯有西门可以通行。贫苦的住民们合伙出钱买石头,运泥沙。民众这般地努力,可官员却毫不作为,只管着收租税,也不考虑建个堤坝。第三首里说道,昨日"黄流"(黄河的水量)高涨的消息通过八百里加急的驿传送来,可官员连一眼也不看就放到了一边,并没有解决问题的打算。只是老道的衙役去将唯一可通行的西门关上了。——这些诗歌里满载洪亮吉对漠不关心民间疾苦、无视百姓艰辛的不作为的地方官的愤怒。

黄景仁之死

114

在远离常州的异乡漂泊的洪亮吉不时会接到亲人师友去世的消息,比如嫁到汪家后依旧从经济上支援弟弟的二姐(四十六年去世),还有曾经当幕友侍奉过的朱筠(四十六年过世),以及在扬州定安书院有师徒关系的蒋士铨(四十九年去世),等等。其中,最令洪亮吉悲痛的是黄景仁的离世。

乾隆四十六年的夏天,黄景仁追随洪亮吉来到西安。在开元寺逗留的三个月里,洪亮吉和孙星衍每隔十天都会去拜访黄景仁,与其游遍西安风景名胜。毕沅也十分善待黄景仁。但是,黄景仁并没有加入毕沅的幕下。或许是因为,黄景仁在前些年(四十一年)乾隆帝东巡(天津)的召试(巡行之际皇帝临时举行的科举考试,由地方官推举人才来应考)中名列二等,获得了担任县丞的资格,所以在等待由吏部抽签决定的任用机会。

这一年的年底,黄景仁回到北京,因处于候选状态而心神不宁,家人又催他早日还乡,所以心中颇感孤独,零落的心境难以掩饰。另一方面,债台高筑也使他几近绝境之中。于是,乾隆四十八年的三月,黄景仁为找一条出路,拖着病体离开北京,前往西安。然而,在抵达山西解州时就已耗尽了气力,四月二十五日,在运城(解州安邑县)的河东盐运使沈业富的衙门过世,年仅三十五岁。

五月,洪亮吉从沈业富处得知黄景仁死讯。从西安到运城的七百里路,他换着驿马,夜以继日奔驰四昼夜,来到了黄景仁的棺木前,嚎啕大哭。黄景仁的遗物只有收在小箱子里的两千首诗。① 洪亮吉为他作了四首挽诗,其中第二首(《卷施阁诗》卷六)写道:

115
> 归骨中条我未安,为怜亲在欲凭棺。须营江畔坟三尺,好种篱前竹百竿。空有头衔书尺旐,愁余名纸伴高冠。才人奇气难销歇,六月松风刮殡寒。

你(黄景仁)生前说死后想葬在"中条"(山西省永济市),但是考虑到你的家人,还是把棺椁运回故乡为好。然后,把你生前喜欢的竹子沿着河岸在墓旁种上百来株。你的衣物都拿去典当换了医药费,留下来的东西只有几张名片和破旧的帽子。"尺旐"(在棺木前先行的旗子)上写着"头衔"(黄景仁的官阶),现在看来

---

① 洪亮吉:《候选县丞附监生黄君行状》(《卷施阁文甲集》卷十)。黄景仁的遗作在当年冬天转交给了北京的翁方纲(或是经沈业富之手),编成了八卷,但一直没有付梓。直到嘉庆元年(1796)才由刘大观刊行。

不过是空虚一片。你的才气逼人，难以埋没，吹着棺木的六月的风却是那般寒冷。

受托处理后事的洪亮吉为亡友做的最后一件事是将他的棺木护送回了故乡常州。跟随黄景仁的棺木，洪亮吉一路南下，在湖北省由襄阳进入汉阳，遇到了前来出差的乾隆四十五年顺天乡试中的座师杜玉林（刑部侍郎），并和杜玉林一同登上了黄鹤楼。离开武昌时，他从舟中望见采石矶的太白楼，不禁回想起当年同朱筠、顾九苞（乾隆四十五年进士，不久后去世）、黄景仁等故去的师友一同游玩的情景。洪亮吉将这份心意化作了诗情，写下《舟中望采石太白楼感赋》（《卷施阁诗》卷六）。

> ……客游万里来，松亦百尺长。松声如龙客鬓苍，楼好 *116*
> 亦复侵斜阳。一诗题高楼，一诗寄道士。君不见偕游少年尽
> 客死，我欲登楼泪难止。

"客游"是指旅人到处游历。故地重游，松树已经长得很高了。"松声"是吹过松树的风声，如游龙呼啸于九天。重回此地的人儿却是两鬓斑白。然后，他的目光转向太白楼，那般美景远胜于夕阳。最后一联"君不见偕游少年尽客死，我欲登楼泪难止"，奥野信太郎评价道：洪亮吉可谓吐露了千言万语也道不尽的哀愁。

八月初，洪亮吉回到常州，四年半未归家的洪亮吉第一次见到他外出时（乾隆四十四年九月一日）出生的女儿纺孙。

十月三日，洪亮吉在常州府城花端里购置了一处房屋。之前，了解到洪亮吉一家一直在租房生活的毕沅，资助了他一笔购房资金。此外，从毕沅那获得的幕脩让洪亮吉一家过上了宽裕的生活，再也不见他哀叹贫穷的诗句了。 *117*

洪亮吉在常州仅停留了五个月，那年的十二月，为了参加第

二年即乾隆四十九年的会试,又和同年的陆寿昌、友人赵怀玉一同启程上京,离开了常州。

四十九年正月初八到达北京,三月参加会试,洪亮吉又一次失败。随后,他便动身前往西安。途中,在运城拜访了沈业富,感谢前年他在黄景仁去世前后的关照,沈业富也资助了他一笔盘缠。五月抵达西安,再度入幕毕沅门下。此时,作为布政使到任的王昶也在那。到达西安后不久,甘肃再次发生叛乱,和上次一样,毕沅等人忙于平乱军队的军饷调度。这一年,洪亮吉写作《春秋谷梁古义》,可惜没经刊行便已散佚,未能存世。另外,这一年的五月,洪亮吉的三儿子符孙出生。

在平乱作战结束后的乾隆五十年二月,毕沅调任河南巡抚,洪亮吉也随之而去。

王芑孙之眼

在洪亮吉前往河南开封的同时,有一个人从山东北上京城。此人名为王芑孙(1755—1817),字念丰,江苏省长洲县(苏州)人。时年三十一岁,以作诗闻名生员之中。王芑孙根据在山东的所见所闻创作了两首诗(《王芑孙年谱》),从他的眼中也可以观察到洪亮吉感知中的乾隆末期的社会状况。首先是题为《官道柳》的诗作:

118

临清官道柳,采掇有饥妇。连年旱魃杀五谷,客米千钱仅一斗。有饭柳作齑,无饭柳作糜。阿夫河南趁工死,归食老姑兼哺儿。春风飘飘春已深,枝叶老硬伤人心。

"临清"位于山东省西北部,与直隶省相邻。"采掇"是拾取之意。"飘飘"是风的声音。

接下来是题为《乞米妇》的诗作：

> 乞米妇，形栾栾。与钱不肯受，乞米声悲酸。两年水灾荡庐屋，三年旱荒断食谷。生儿四岁良独苦，长食树皮少食乳。可怜不曾识米味，安得香粳洗其胃。官今与米归作汤，不与饱食聊与尝。 *119*

"栾栾"是形销骨立的样子，"香粳"是香甜的粳米。——这两首诗描写了在持续两三年的自然灾害导致的饥荒中，死了丈夫的妇女为了孩子、婆婆苦求粮食的模样，讽刺了官员不努力赈济灾民。

在毕沅幕下——开封、武昌

乾隆五十年三月，毕沅一行人移驻河南省首府开封。一路上，洪亮吉创作了《悯旱》四首（《卷施阁诗》卷七），下文介绍其中的第一、二、三首。

> 镇日帷车坐，偏愁云气晴。客行殊望雨，敢说为苍生。

> 两岁多忧旱，山田赤地多。到秋霖雨集，瘠土更防河。

> 百车汲井华，绠断水更竭。辛苦野人言，残冬已无食。 *120*

"镇日"即一整天，"帷车"是带有幌子的马车。"云气晴"是飘着云彩的晴空。"客行"即旅行，"苍生"就是老百姓。"井华"又叫井花水，是黎明时分最早汲取到的水。"野人"指的是村民。——第一首诗表达的是虽然坐在有幌子的车里前行，心中想着的却是下雨的事。第二首说旱灾持续了两年多，干涸的田地甚多，秋天若是能下雨，这些贫瘠的土地自然能成为河流的堤防。第三首写因为太多的村民去取水，井绳断了，井水也枯了。反映了因日照强烈，粮食与水源都极其短缺的状况。

当年饱受旱灾之苦的河南，还要面对黄河治水工程这一大难题。① 上文王芑孙《官道柳》里描写的"阿夫河南趁工死"，或许也与此相关。进入河南省之后，大概洪亮吉很快就对王芑孙所见的情形感同身受了。所以，毕沅、洪亮吉等人也少有时间像在西安时那样唱酬玩乐了。

洪亮吉一共在开封居住过三回，分别是乾隆五十年的三月到十一月，五十一年的四月到翌年正月，以及五十二年十二月到五十三年(1788)八月。在开封时期，洪亮吉主要在历史地理学上发挥了他考据学的功力。

《东晋疆域志》(五十一年著)补正了《晋书·地理志》中的不完备之处，从《实州郡县》《侨州郡县》等其他史书中摘录了东晋时代有关行政区划沿革、山川、邑里、宫阁等情况。

《十六国疆域志》(五十一年著)记录了各地山川、宫阁的情况，与《东晋疆域志》《补三国疆域志》构成了同一系列的三部作品。

《乾隆府厅州县图志》(五十三年完成)记载了各布政使司的管辖区域(省)、外藩及朝贡国的疆域以及山川、河渠、道路等，并附上了地图。某种程度上来看，该书可以说是《大清一统志》的缩

---

① 《啸亭杂录》卷七中有"乾隆中，自和相秉政后，河防日见疏懈。其任河帅者，皆出其私门，先以巨万纳其帑库，然后许之任视事，故皆利水患充斥，借以侵蚀国帑"等语。以河道总督为首，与治水相关的职位上都安排了和珅的人马。和珅的党羽在各个重要岗位上轮转，让和珅一派独占鳌头。结果就是，这些人互相隐瞒不端及失误，靠伪造的报告糊弄搪塞，以至于贿赂蔓延，政策不得实施，所以民众苦于堤防的决坏也是必然的事了。

略本,也是洪亮吉历史地理学研究的代表作。

此外,他还参与了《固始县志》(五十年编,五十一年刊)、《登封县志》(五十一年编、五十二年刊)、《怀庆县志》(五十一年编、五十四年刊)等地方志的编撰工作。

洪亮吉一面作为老练的幕友辅佐毕沅,一面进行历史地理学方面的著述。他过上了宽裕的生活,可是却少了些精神的慰藉。再度归乡弥补了这一空虚,他得以与许久未见的故乡亲友一同重温往日的时光。

乾隆五十一年,洪亮吉同钱维乔(钱维城之弟)等人一道乘舟赴杭州,游览锡山、虎溪等地,并和袁枚、邵晋涵(服父丧中)等人相会。同年十月,与将要前往北京的邵晋涵在开封再会,并赠诗一首(《送邵秘校晋涵入都补官》)。

五十二年三月,与孙星衍共赴会试。结果是,孙星衍名列一甲第二名(榜眼)进士及第,而洪亮吉又没有考取。仿佛是没有时间祝贺友人似的,洪亮吉匆匆返回了常州。常州的风光给予他内心一丝的平静。他在梦中犹见的白云溪观赏了竞渡(赛艇)(五十二年五月),还在自家建起了书斋,取名为"卷施阁"①。

虽然在毕沅那里的待遇优厚,可继续着幕友的生活让洪亮吉

———

① 卷施阁中的"卷施"是草的名字,又名宿莽。在《尔雅》释草中有"卷施草,拔心不死"之说,或许就是其由来,洪亮吉将离开常州以后作的诗集后命名为《卷施阁诗》。另外,将其在常州时期,即在母亲蒋氏身边勉学的少年时期的作品结集为《附鲭轩诗》,或是典出《南越志》中"琐鲭长寸余,大者长二三寸。腹中有蟹子如榆荚,合体共生,皆为鲭取食"。以上参考了张远览为《卷施阁诗》作的序。张远览,字伟瞻,河南省西华县人。乾隆十九年考中举人,充任正阳县学教谕。自幼亡父,侍奉母亲,母亲去世后守孝三年。热心教育,输送了众多人才。毕沅任河南巡抚时(洪亮吉为其幕友),移任开封府学教授。后转任贵州省镇远知县,施行善政,后因病归乡,于嘉庆八年(1803)病逝,享年七十七岁。其与洪亮吉的交往开始在河南开封,在洪亮吉作为学政到任贵州时重逢,或许就是那时被拜托作了诗集的序。

对未来失去了想象。洪亮吉独自饮酒,将心中所感抒发为《饮酒十首》(《卷施阁诗》卷八),下文摘抄其中的第一首和第四首。首先是第一首。

122

> 人生天地间,各各私所有。未知室中物,属客百年否?
> 百岁非可期,得半亦云久。万事取目前,沉沉饮吾酒。

人生于天地之间,每个人都有属于自己的东西。然而,我不知自己家中有的东西,也不知"属客"(作为幕友被招募)是否还要持续百年。不能期待活到一百岁,哪怕只有一半时间都可以说是长了。光是眼前的事情,都已经应接不暇了,只能心情"沉沉"(沉重痛苦)地喝着酒。

接下来是第四首:

> 作客二十年,衣食知其难。卑身与周旋,不敢忤世颜。
> 人事既以希,饮酒辄闭关。颇哂一世人,苦说不得闲。

"作客"在异乡生活了二十年,切实感受到生活之艰辛。"卑身"(低下身子)与"周旋"(举止)虽然说不上是谄媚,勉强自己不去忤逆"世颜"(世间的常识、方式),与周遭相处。洪亮吉在感叹谋生之难,周旋之苦。尽人事,之后只能听天命。闭门断绝交际,喝着酒。向世间展示一切,即便"苦说"(拼命地游说),也得不到"闲"。

123

乾隆五十二年十二月,洪亮吉三度前往开封,加入毕沅幕下。第二年八月,毕沅被提拔为湖广总督,洪亮吉也跟从而去,九月五日入驻武昌的总督衙门。过去"毗陵七子"之一的杨伦正好在汉江书院担任主讲,二人得以再续前缘。

这一年的年底,汪中、毛大瀛(江苏省太仓州人)、方正树(安徽省歙县人)以及章学诚(浙江省会稽县人)等新加入毕沅的幕下,这番的"谈燕之雅"不逊于在西安的时候(《年谱》)①。不过,洪亮吉在五十四年正月二日就离开武昌,前往北京,所以他参加"谈燕"的次数应该不多。

北上途中诗二首——《闸官诗》与《宜沟行》

乾隆五十四年正月,为参加会试,洪亮吉从武昌出发北上。途中他创作了两首十分值得留意的诗歌。

洪亮吉先是在开封遇到了一位名叫徐均的男子,听说了他的身世。——乾隆三十七年,徐均的父亲在邢台县(直隶省顺德府)当差并在任上过世。为了把棺木送回家乡,他们从大运河南下,经过山东临清的时候,船被大风掀翻,妹妹和随从三人溺水而死,当时四岁的徐均靠抓紧棺材板保住了性命。当时的闸官(水门的管理人)是奉天出身的何士锡,他花钱雇人把棺木捞了上来,还埋葬了淹死的四人,并借宿给包括徐均在内的被救上来的人们。洪亮吉听到这番话,感动于何士锡的义举,写了下面这首长篇诗歌《闸官诗》(《卷施阁诗》卷八)。

> 临清闸,闸置官。闸官闭闸方一日,忽见天上来浮棺。[124]
> 浮馆谁,旧令尹。急溜失风船没板,一女数奴魂不返。漆棺
> 浮处沉四尸,棺顶乃复凭婴儿。漕船峨峨下水来,大声呼闸
> 闸不开。闸不开,众皆詈。闸官仓皇掉其臂,三百闸夫声若
> 沸。曳棺出水儿亦苏,鱼腹夺出双亡奴。漕船不前漕卒怒,

---

① 据汪中年谱(《容甫先生年谱》)的记载,此次武昌之行是在乾隆五十四年(1789),而应洪亮吉请求作诗《题机声灯影图》则是五十三年十二月(《新编汪中集》诗集卷五),所以汪中有可能五十三年末在武昌。

125 拍手大言官得赂。官宁受取得赂名，为德不卒非人情。奴行
烘衣儿进粥，更为群棺赁双屋。周巡一日至数回，越六十日
丧方归。君不见何闸官，救人出死力，送丧泪尚垂棺侧，竟与
棺中不相识。

"急溜"是湍急的水流，"失风"指船因风而沉没。"峨峨"是高
耸的样子，"仓皇"形容急急忙忙的模样。"掉臂"表示奋起。"德"
说的是被视为社会正义的行为规范，生而为人应该采取的行动。
"送丧"是护送棺木的意思。——就像先前赞叹句容县丞汪苍霖
的诗句一样，我们可以看见洪亮吉对那些心系民众且有所作为的
下级官员（闸官）深表赞赏。

宜沟镇位于彰德府汤阴县，此地同样与直隶省接邻，洪亮吉
在这里创作了诗歌《宜沟行》（《卷施阁诗》卷八）。[①] 宜沟位于连
通北京与开封的主干道上，当地的驿站业务十分繁忙。这首诗写
的是驿站的业务。

126 宜沟驿中逢节使，三日马蹄声不止。冲途驿马苦不多，
役尽民马兼民骡。民骑不给官家食，更要一骑增一卒。马行
三日力不支，马病乃把民夫笞。长须压后尤无忌，急选官骡
访官伎。民田要雨官要晴，一日正好兼程行。车前舆夫私叹
息，曾与此官居间壁。官前应试苦力疲，百钱得驴诧若飞。
君不见人生贵贱难如一，不是塞驴偏有力。

"节使"是古代被统治者授予了特殊使命而持有证明身份标

---

① 四年后的乾隆五十八年（1793）二月三日，经过宜沟的张问陶，看到洪亮吉写下《宜
沟行》的旅店房间的墙壁已经被粉刷过，十分惋叹（《邯郸书稚存题壁诗后》，《船山
诗草》卷九）。途中，张问陶还写了一首《拾杨桍〈伤河北饥也〉》，也是一首值得关注
的作品。

志"节"的使者。在清朝,除了钦差大臣,学政、乡试的正副考官等也都属于节使。"长须"指官员的仆人和随从。"舆夫"是挑担子的劳工,"间壁"是用墙壁来隔开。"苦力"是体力劳动者。"蹇驴"是腿脚不好的驴子。——在宜沟驿,官员往来十分频繁。驿马(官马)从来都不得三日闲。然而,辛苦的不只是驿马,连沿途民 ¹²⁷ 众的马匹、骡子都被征用。马匹的所有者不仅要承担马夫的工作,而且马匹的饲料以及自己的食物还要自行准备。诗中还描写了官员的仆人一到驿站,就骑着官员的骡子去找官妓,周边民众苦于驿站征发。于是,洪亮吉便抱着这份对陷民众于苦海的驿站制度的不满,继续向北京前行。

到达北京的洪亮吉,在友人孙星衍的暂居之地卸下了行囊,参加会试却再次失败。五月返回常州,还去杭州寻访友人,以排遣心中积郁。

九月到十二月,洪亮吉接受常州知府李廷敬(直隶省沧州人,乾隆四十年进士)的延聘,在府衙门从事府志的编纂工作。他将那时的心境写成一首《偶成》(《卷施阁诗》卷八)。

> 情怀苦被茧丝缠,时醉时眠亦偶然。谁向西窗唤人醒,一房春梦碎难圆。

洪亮吉心中的苦闷如蚕丝般缠缠绕绕。有时沉醉,有时清醒。这并非有意为之,而是顺其自然。听到了谁人的呼唤声而惊醒。一家人的梦破碎,想要有所成就却又那么艰难。——这进士及第之梦,到底是圆不了吗?

第四章　初入官场
——乾隆五十五年至六十年

进士及第——翰林院时期

　　乾隆五十五年是乾隆帝八十大寿之年,为此要举行会试(恩科)。洪亮吉此前一年就来到了北京,在担任崇文门副使(负责管理崇文门的关税仓库事务,未入流)①的弟弟霭吉于崇文门外三条胡同的临时居所卸下了行装,准备第五次参加会试。当年的正考官是王杰[东阁大学士,乾隆二十六年(1761)状元。四十一年任浙江学政时,洪亮吉曾做过其幕友],副考官是朱珪②(吏部侍郎,乾隆十三年进士,朱筠的弟弟)和邹奕孝(内阁学士,乾隆二十二年进士,和蒋士铨、彭元瑞是同年),同考官是王奉曾(刑部主

---

① 虽然文武官的品级是从正一品到从九品,但是还有从九品之外的官员。过去叫作"流外官",明清时期称为"未入流"。比如说,在中央官厅中有翰林院的孔目、礼部铸印局的大使、各部员的库使、笔帖式、崇文门的副使等。在地方衙门则有县的典史、管理水门的闸官。崇文门(俗称海岱门)是北京的城门之一,置有常关,向进出的物资课税,其收入归内务府所有。当时的崇文门监督是和珅之子丰绅殷德(十二岁),而实际的掌管者无疑就是和珅本人。虽然崇文门副使是未入流的官,但因职务的关系,想必也是收入颇丰。

② 朱珪(1731—1807),字石君,顺天府大兴县人。乾隆十三年,考中进士并被选为翰林院庶吉士,散馆后,曾担任同考官及诸省的按察使、布政使,回到北京后充任上书房行走,后成为嘉庆帝的师傅。历任福建学政、浙江学政等,乾隆五十五年以吏部右侍郎之职,担任当年会试的副考官。会试结束后,赴任安徽巡抚而离开北京。

事,乾隆四十九年进士)。据《年谱》的记载,朱珪虽然未曾见过洪
亮吉,但一直以来都有听说他的名号,所以希望将洪亮吉列为第
一。在阅卷时,他先是把李庚芸的试卷当作洪亮吉的,放在第一
的位置。后来,他看到朱文翰的试卷中用了不少奇字、古字,又认
为这才是洪亮吉的卷子,于是把李庚芸的卷子调到了第六位,将
朱文翰列为第一名。[①] 可是打开卷子一看,发现洪亮吉其实被排
到了第二十六位,朱珪不由得一声叹息。

　　在随后的殿试中,洪亮吉的试卷因"条对详明"(分项回答,条
理明晰且叙述详细),所以被读卷大臣列为第一,不过最后发榜时
洪亮吉是一甲第二名(榜眼)。当时的读卷大臣是阿桂、和珅和彭　129
元瑞。

　　阿桂(1717—1797),满洲正蓝旗出身,因战功显赫,旗籍被抬
入"上三旗"的满洲正白旗,颇得乾隆帝的信赖。当时,和珅集乾
隆帝的宠爱于一身,而阿桂则是他主要的反对者。后来,洪亮吉
在《书文成公阿桂遗事》(《更生斋文甲集》卷四)中对阿桂在殿试
时的行为有如下记述:

　　　　余(洪亮吉)登第日,公(阿桂)为读卷官。拟第一进呈。
　　余素不习书,公独赏之,尝谓吾友刑部侍郎孙君星衍曰:"人
　　皆以洪编修试策该博,不知字亦过人。"余首拔之者,取其无

---

① 在考据学兴盛的乾隆时期,挑战科举的士大夫为了展示自己博学多才,会刻意在答
　题时使用古字、奇字。洪亮吉也富有文字学(小学)的涵养,所以朱珪才把使用了古
　字、奇字的答卷当成洪亮吉的而排在上位。参见水上雅晴:《清代学术与科举——
　乾嘉时期学风的变化与考生的对策》,《琉球大学教育学部纪要》2011年第79集,
　第34—35页。

一毫馆阁体耳。①

五月一日,洪亮吉受到乾隆帝接见,被赐予正七品官翰林院编修及庶吉士的身份,踏出了官场的第一步。他该有多么地喜悦啊!成为人臣的洪亮吉创作了《万寿乐歌三十六章》,高歌天子乾隆帝的善政。下文介绍其中的第一首和第七首(《卷施阁诗》卷九)。

> 元日诏第一
> 上章之年月初建,旭日初升太和殿。诏宣宗伯上玉墀,二十二条宣读遍。九门以外齐欢呼,一日数驿驰邮夫。殊恩岂独神州内,普锡还教外藩逮。退哉上古迄汉唐,三千年来无此祥。皇皇天语真堪述,每遇庚年辄逢吉。

"上章"是给皇帝的上奏。殿试是由皇帝亲自出题的考试,所以要以上奏文书的形式来作答。此处表现了自己初次上书成功的喜悦。"宗伯"是古代司礼仪、祭祀的官员,即清朝的礼部尚书,会试的主宰。"九门"是北京城的别称,因为京城内城的城门有九扇之多。"殊恩"指皇帝的恩惠。"天语"是天子(皇帝)的话语。"庚年"即举行会试的乾隆五十五年,洪亮吉在顺天乡试中考取举人的乾隆四十五年也是庚年。

> 普免租第七
> 免钱粮,免漕粮,四次两次看誊黄。今年诏下恩尤厚,普免正供由万寿。三分减一十减三,前史盛事何庸谈。大农钱粟虽频散,耕九余三积储惯,户部银仍八千万。

---

① 清朝时,朝廷的文书和科举的答题都要使用严谨且易懂的小楷字体,称为馆阁体。馆阁是翰林院的古称,洪亮吉在《北江诗话》卷四中曾提及过馆阁体。参考廖晓晴:《清代科举制之"馆阁体"》,《明清论丛》第四辑,紫禁城出版社,2003 年。

"誊黄"是皇帝的诏书。"正供"是正途的税收。"大农"指大司农,即清朝的户部尚书。"耕九余三"出自《礼记》王制的"九年耕,必有三年之食"。这样一来,户部还有储银八千万两之多。——洪亮吉极力赞美着乾隆盛世。

从和弟弟霭吉一同上京的乾隆四十四年五月算起,历经十一年,洪亮吉终于从幕友生活中解放出来。乾隆五十五年,洪亮吉担任翰林院编修,兼国史馆纂修官,与弟弟霭吉一起搬到了位于三里河清化寺街的给事中查莹的旧宅。

中秋之夜,洪亮吉独坐在暂居之所,望着天上的满月。他心里在想着什么呢?是故乡的景物,还是旧友的容颜呢?于是,他写下了《十五夜对月独坐有怀里中旧游》(《卷施阁诗》卷九)。

> 独酌一樽酒,含情上小楼。故人难会面,明月却当头。
> 只影长廊入,清辉满镜收。谁云天上好,今夜不胜愁。

132

"含情"是心中藏有深情。"当头"是位于正前面。——见不到"故人"(友人),胸中怀有深情的洪亮吉自斟自饮,那轮满月与他相对而高悬在正前方的夜空中。"只影"是孤单的影子,表示孤独又寂寞。"清辉"是清光,指月色。"天上好"说的是天空之美。这般绮丽的满月却难敌洪亮吉心中无以言说的愁绪,也治愈不了他的惆怅。

似乎是勾起了思乡的念想,在给归乡的同年钱福胙(浙江省嘉兴县人,钱仪吉的父亲)的送别诗里,洪亮吉甚至有了些羡慕的意思。且看下文(《钱同年福胙乞假南回书此送别》,《卷施阁诗》卷九):

> 君归我何忆,我忆西湖水。饮水亦已香,水中菱更美。
> 湖中谁最忆,我忆里湖鱼。小系双篷艇,时来五柳居。湖头

谁最忆,我忆山阴酒。一叶载百樽,千钱沽十斗……

"西湖"是杭州西湖。"双篷艇"即架有两个篷(用于遮风挡雨,防日晒)的船。"五柳居"是西湖湖畔的餐馆,在袁枚的《随园食单》中亦有记载。"山阴"是绍兴府附郭的县名。"山阴酒"就是绍兴酒。——在诗中,他赞美了西湖的水和鱼,还有地方的美酒。

进士及第之后,洪亮吉结识了新的诗友,如同年张问陶。①
133 虽然他比洪亮吉小了十八岁,但是二人格外投缘。两人之间的唱酬直到五十六年二月张问陶回四川之前都相当地频繁。《卷施阁诗》卷十中收录了一部分二人的唱酬诗。下面这首题为《张同年将乞假归蜀醉后作〈两生行〉送之》的长诗足以说明二人关系之亲密。

一生居坊南,一生住坊北。车声马声不得停,十里路中常若织。我马见君马,鸣声一何高;君僮与我僮,望着手即招。我来时多子来少,马系寺门僮醉倒。青天如磨旋不休,醉里有时来打头。心痴直欲走天外,下瞰日月方开眸。朝沽
134 三升莫盈斗,吸尽东西两坊酒。朝衣典尽百不忧,尚有身上青羔裘……

"着手"意为开始上手。"磨旋"即盘旋,来回地旋转,说的是因为喝醉了,所以看天空都在骨碌骨碌地转动。"朝衣"即官服,

---

① 张问陶(1764—1814),字仲冶,号船山。四川省遂宁县人。乾隆五十五年,二十七岁时考中进士。度过了二十年的官僚生活后,在莱州知府任上致仕。洪亮吉既是学者又是诗人,在经史等诸多学术领域著述颇多。张问陶则专攻诗歌,诗集《船山诗草》在日本广为流传。洪亮吉每每结识了新诗友,都会介绍给在江宁的袁枚。在认识张问陶后,洪亮吉也给袁枚寄了信,袁枚在回信中说道"吾年近八十可以死,所以不死者,以足下(洪亮吉)所云张君诗犹未见耳"。张问陶得知此事,已经是从四川回来后的五十八年,当时洪亮吉已前往贵州赴任学政,因此由法式善(后述)转告(《船山诗草》卷十)。

"羔裘"是用羊羔皮做的皮衣。"青"指的是"青衫",即生员的衣
服。意思是把官服给当了,手边还有生员时代的衣服呢,是一种
谐谑的表现。

乾隆五十六年正月,洪亮吉的长子饴孙和洪亮吉二姐(嫁到
了汪家,曾给予洪亮吉经济上的支援,乾隆四十六年去世)的小女
儿在常州结婚了,和洪亮吉一样,他也娶了自己的表妹。张问陶
以《正月十三日稚存子饴孙(孟慈)在常州娶妇稚存招饮于上下三
千年纵横二万里之轩席上口占为稚存侑酒》为题作诗二首(《船山
诗草》卷五)。下文是其中的第一首。

> 狂奴气象猝然尊,娶妇称翁欲抱孙。日下歌声将进酒,
> 江南春色正盈门。一攒星月房中烛,十里笙簧柳外村。我醉
> 竟思乘鹤去,试灯风里看新婚。

135

"狂奴"是轻狂的男子,指洪亮吉。长子娶了媳妇,一直疯疯癫
癫的你啊,"猝然"(骤然)变得像个长者了。——这是在抬举洪亮
吉呢。"日下"是天子的居所,即都城北京。都城里的歌妓唱着曲
儿,一杯接一杯地劝着酒。江南的家中,充满了春光般的明媚。后
半段中的"一攒"即一簇,一群。"房中"是屋子,此处特指寝室。月
亮和星星挤作一团,照亮了新婚的睡房。"笙簧"中"笙"是笛子的簧,
指的是笙本身。笙的声音传到了远在十里开外的村庄。"乘鹤"借用
了《黄鹤楼》中成仙的比喻,现在想要乘着仙鹤去江南看一看这对新
婚夫妇。正月十五,上元之日元宵节的前后,家家户户门前都点着灯
笼作装饰,以乞求这一年的除厄消灾与丰收。这个日子的前一天,即
正月十四就是所谓"试灯之日",也是文中"试灯"所指。

张问陶回四川后,洪亮吉身体不适,卧病了一段时间。三月
二十五日,总算是病愈了,去黄景仁曾经居住过的法源寺看花,并

写作了诗文《三月廿五日小病初愈至法源寺看花适得崔三景倪书却寄》（《卷施阁诗》卷九）。

> 剩得韶光有几时，病余端不负花枝。商量欲把春衫典，又值微寒飐雨丝。

"剩得"并非只有之意，而是还有的意思。在"韶光"（春日里晴朗的阳光）的引诱下，哪怕拖着病后的身躯，也不能辜负了这花枝。开销太大，正想着把春服拿去典当，可寒风又卷来了几丝细雨。——洪亮吉已是身心俱疲了。

136　　　四月，妻子蒋氏在新婚的饴孙的陪同下上京。清朝时期，准备走科举之路的士大夫大多会离乡背井过着幕友生活，或是在北京准备会试，夫妇一同在家乡生活的时间并不多。洪亮吉也不例外，从和弟弟一起上京的乾隆四十四年到五十六年的十二年间，他在常州仅住过四回，时间加起来也不过一年半。现在，进士及第，成为翰林院编修的洪亮吉终于可以把蒋氏接到北京，在常州之外的地方过上家庭生活。

　　　这一时期，洪亮吉除公务之外，还常常去参加法式善①主持

---

① 法式善（1752—1813），字开文，号梧门、时帆，蒙古族出身的内务府正黄旗人。乾隆四十五年进士。由翰林院检讨被提拔为国子监司业，五十年受乾隆帝之命，将名字从运昌改成意为勤勉、功绩的满语 faššan，汉文写作法式善。五十一年任翰林院侍读学士，但在五十六年的大考中（每十年一度的面向翰林院、詹事府官僚的评价考试，从赋、诗、疏等方面出题）未能合格，被降格为工部员外郎。后来，经阿桂的推举而复出，五十九年（1794）担任国子监祭酒。在蒙古族文人中以诗文著名，有《存素堂诗集》《存素堂文集》传世。其诗集中收录的篇目是邀请洪亮吉精选的。他在汉语方面的才能据说是在其养母（汉族）的教育下培养出来的。著有《梧门诗话》十六卷，记录了当时诗人的诗作和轶事，反映了诗坛的状况。另外，笔记《陶庐杂录》六卷详尽介绍了内务府本至市井的编辑本等各种书籍的情况。《槐厅载笔》二十卷则收录了二百余种官撰书、私撰书中所见的关于顺治至嘉庆三年间乡试、会试的各种掌故。《清秘述闻》十六卷收录了顺治到嘉庆年间乡试、会试的考官及考题。法式善居所中的诗龛叫作陶庐，是北京文人雅集的场所。

的诗会,并结交了刘锡五①、伊秉绶②、何道生③、王芑孙④等人。

> 翰林近日诗名盛,远有诗龛近诗境。诗龛主人尤嗜诗,
> 退直闭户吟多时……

这首诗(《法学士式善招饮诗龛并至西直门看荷花即席赋赠
一首》,《卷施阁诗》卷九)描绘了诗会中吟行的样子,上文是开头
部分。当时,翰林院里擅长作诗的官员常常聚集在一起。尤其是
法式善,他在下班回家之后,就会关起门来,沉迷于吟诗(吟诵),
由此可见其对作诗倾注的心力。"诗龛"是法式善的室号,"诗境"
是由翁方纲所题的挂在法式善书房的匾额。

北京的天空——和珅专横 137

于公,洪亮吉担任着翰林院编修、国史馆纂修官。于私,则开
启了家庭团圆的生活,还和法式善等文人官僚展开了交往,可是
洪亮吉的心并不因此而满足。⑤ 他还是时常会想起故乡常州的
景象,这是无论如何都无法消却的。被认为创作于乾隆五十六年

---

① 刘锡五(生卒年不详),山西省介休县人,乾隆四十六年进士(三甲第三名)。
② 伊秉绶(1754—1815),字组似,福建省宁化县人,乾隆五十四年进士(二甲第十四
　名)。善诗文,工书法(尤其是隶书),受朱珪、纪昀赏识,后升任刑部主事,结识阿
　桂。之后任扬州知府,再度展开与洪亮吉的交游。
③ 何道生(1766—1806),字立之,山西省灵石县人,乾隆五十二年进士(二甲第二十九
　名)。由出任工部主事开启官僚生活,任江西省九江知府时为父服丧。后任甘肃省
　宁夏知府,嘉庆十一年(1806)四十一岁时过世。
④ 王芑孙已在前文中介绍过。其文才声名远扬,在京时出入董诰、梁诗正、王杰、刘
　墉、彭元瑞等高官的宅邸,为他们代作诗文。五十五年的会试中一度名列"明通
　榜",又被取消。此事后文中会再详述。嘉庆元年,因出任华亭县教谕而离开北京。
⑤ 奥野信太郎指出,"拥有众多的诗友,就任光荣的史官,而心中仍有不满之感,是由
　于北京这个地方对他(洪亮吉)来说终究是个异境"(《北京时代的洪北江》,第
　25页)。

的《南楼忆旧诗四十首》和《里中十二月词》(《卷施阁诗》卷十)中洋溢着洪亮吉对故乡的深沉怀念和对幼时的回想。

相熟的同年友人一个接一个地去外地赴任,离开了北京。五十六年的年末,感到孤单的洪亮吉写下了《岁暮饮酒诗十篇》(《卷施阁诗》卷十一),从中可以发现他并不满足于此时的官僚生活。下文是其中的第一首。

> 一屋无闲人,勉复出门走。一巷无闲人,驱车出坊口。东西街十里,排户款良友。皆云出门久,十至九不偶。沿路爆竹声,儿童拍双手。车来仍复返,斜日已交酉。一世无闲人,谁同饮杯酒。

"排户"是一排一排的房子。"斜日"即夕阳西下,傍晚时分。"酉"是下午六点左右。"一世"指这个世界上。——在这一年的年底,不要说没有能谈天的知己了,连一起喝酒的朋友都找不到。

138　或许这就是在翰林院当编修、做官场精英的代价吧。可是,正七品文官的俸禄,一年只有正俸银四十五两,禄米二十二石五斗,恩俸银四十五两,并不足以支撑一个在京官员的生活,因此他只能借债。五十五年的年底,洪亮吉为了躲避讨债的人,甚至还跑到城东的友人家藏了几天。这个状况到五十六年和蒋氏等人开始家庭生活后也没有发生改变,甚至越发严重。最早发出哀叹的是他们家的下人。上述《岁暮饮酒诗十篇》中的第三首写道:

> 自为京朝官,童仆色不展。连晨朔风至,寒色到鸡犬。吴奴昨告去,朱户别思款。今辰关右仆,衣被亦将卷。欲留心不忍,各为计安善。十年依倚久,一旦忽辞远。周亲复交詈,食窘衣不暖。笑读东观书,何如北门管。

两个下人请求辞职。昔日的"吴奴"觉得去"朱户"会更好吧。

"关右仆"(陕西出身的下人)也正收拾着衣服,虽然想挽留他,但是考虑到他的生活,还是作罢吧。侍奉了十年之久,可离别就在一瞬间。衣不暖食不饱,连"周亲"(亲近的亲戚,弟弟霭吉)都要来吵架。我(洪亮吉)在"东观"(汉朝宫中的图书馆,此处指翰林院)的书堆里工作,而你(弟弟)在"北门"(此处说的是崇文门)的工作又怎样呢。洪亮吉在揶揄做着收入不错的税关工作的弟弟。

不仅如此,侍奉他多年的下人窥园也去世了,洪亮吉作了一首长诗《岁除以酒炙酹亡仆窥园并系以诗》(《卷施阁诗》卷十一)以表悼念之情。关于这位跟随了自己多年的下仆的回忆,像走马灯一样地闪现。一百四十句的五言诗如散文一般,连缀了二人相处的过往,让这个年关又多了一分寂寥。

五度应考终于成功,过上了在京官的生活,是什么让洪亮吉如此寂寞呢? 是张问陶离开后,在官僚同事中交不到真朋友了么? 还是因赚不到能维持官僚生活的收入而焦躁呢? 或是不适应北京的气候呢? ——当时,深受乾隆帝宠爱的和珅专横跋扈,而谋求利益与官职的官民对当权者阿谀奉承,由此贿赂问题越发严重。虽然仅有只言片语,但对于批判靡乱风俗的洪亮吉来说,这种现象想必给了他极大冲击,或许也是他沉郁的理由之一吧。

和珅(1750—1799)是满洲正红旗人。生员出身,就学于咸安宫官学(八旗子弟学习满汉文及骑射技术的教育机关,由内务府管辖)。乾隆三十四年继承三等轻车都尉的世职。三十七年任三等侍卫(正五品),因被乾隆帝留意到,四十年被提拔为乾清门御前侍卫(乾清门是作为皇帝政治场所的乾清宫的正门),由此开启了平步青云的生涯。翌年的乾隆四十一年,升任户部右侍郎,并被提拔为军机大臣,时年仅二十七岁。还兼任负责北京内城、外城等全部的警备、治安维持工作的步军营的长官,即步军统领(正式的名称是"提督九门步军巡捕五营统领")。后来,和珅又兼任总管内务府大臣,官位一品,并从正红旗抬旗到皇帝直属"上三旗"之一的正黄旗。他的儿子被赐名为丰绅殷德(丰绅 fengshen 源自意味幸福的满洲词汇 fengsen),乾隆帝还将小女儿(和孝公主)下嫁给他。后来,和珅又担任户部尚书、崇文门监督等职位,一手掌握人事、财政及军事的大权。①

140　　当上军机大臣后的和珅,玩弄权势,在中国政坛掀起波澜,相关的记录亦散见于当时定期频繁往来于清朝的使节(燕行使)回报给朝鲜王朝的情报(《朝鲜王朝实录》)中。下文介绍主要的几篇,其中年份以乾隆年号表示,日期之后附有报告使节的官职。

　　【四十五年十一月书状官】和珅,满洲人。属銮仪卫,不次升擢,宠幸无比,为人狡黠,善于逢迎。年方三十一,为户部尚书、九门提督(步军统领)。而(乾隆帝)以最所钟爱之六岁皇女定婚于其子。性又阴毒,少有嫌隙(恨意),必致中伤,人皆侧目。

　　【四十六年三月谢恩正使】朝臣之见宠者,福隆安、和珅。而皇帝政令甚严急,人心不无思汉之意云矣。陕西一儒上疏,极言和珅怙宠卖权之事,至被赤族(全族被处刑)之祸云矣。

　　【四十六年四月冬至正使、副使】(答国王关于清朝上下政令风俗的问题)视三十年前大不同,人心少淳实之风,政令多苛急之事云矣。

　　【五十年三月谢恩书状官】一、吏部尚书和珅,去年升为军机大臣,子尚皇女,女配皇孙,权势日隆,皇帝且遣内侍轮

①　关于和珅的权势可参见冯佐哲:《和珅评传》,中国青年出版社,1998 年;以及《清朝野史大观》卷六。

114

番其第。势焰熏天,搢绅趋附。惟阁老阿桂勋伐既盛,而清谨自持,为[和]珅敬惮,朝野颇以倚赖云。……一、彼朝上下全没仪节,徒尚便捷,动驾未见剑佩之列,行军不用旗鼓之属。……一、皇帝去年南巡,供亿(供给)浩繁,州县凋弊,农民举未息肩,商船或不通津。虽值丰登,无异歉荒。至于蚕桑,亦失其时。绌缎之属,天下专靠于南边。而今年则燕京人衣裳之资,鞋袜之属,绝贵于常年。 *141*

【五十一年三月书状官】皇帝乘舆、服御,颇尚简俭,而闾巷侈靡,任其逾制。老商曰:"十数年前,我辈所服,不过大布,而近则人人饰缎,虽欲不着,被人鄙贱,不得不尔云。"

【五十二年二月冬至书状官】皇帝近年颇倦,为政多涉(动摇)于柔巽(柔顺),处事每患于优游(优柔寡断),恩或多滥,罚必从轻。因滥故,启倖进之门;罚轻故,成冒犯之习。文武恬嬉,法网解弛,有识者颇以为忧。而御位既久,臣民爱戴,朝政虽或有失,皆曰吾君耄矣,未尝敢怨咎也。

【五十五年三月副使】[答国王问"风俗何如"]俗习则强悍惟利是趋,侈风渐痼,生理(生业)极艰矣。

【五十七年三月冬至正使】皇帝若有咳唾之时,和珅以溺器进之,纪纲可知。皇帝穷奢极侈,故赋重役烦,生民困苦,不自聊活矣。

【五十九年三月冬至书状官】阁老和珅,用事将二十年,威福由己,贪黩日甚,内而公卿,外而藩阃(总督、巡抚、布政使等地方大员),皆出其门。纳贿谄附者,多得清要(高位),中立不倚者,如非抵罪,亦必潦倒。上至王公,下至舆儓(召使),莫不侧目唾骂。

142 　　【六十年闰二月书状官】一、阁老和珅，权势隆盛，货赂公行(公然进行贿赂)，庶官(各种官职)皆有定价，诸皇子皆以为和家之财货若尽取，则天子亦不足贵。……一、近来彼中(清朝)法纲多紊，贿赂成习，贡献无实。各库典守之官，凭公营私，缎绢不准尺，金银亦换色。甚至于颁宣(作为奖励而赐予)之物，取于市肆，而内库所藏，尽归于该官。商贾之交结官长，出入衙门，自是彼中之禁法，而昨春两淮间王肇泰、洪广顺往来盐政司，多有不法，为法官所摘发，将抵重律。肇泰、广顺愿纳银赎罪，各罚银十万两，以为日后之戒。罚银纳内务府充公用。大臣即和珅。和珅伎俩，称以富国强兵，事尚损下益上，故富民怨之。

　　——乾隆帝无心政治，官纪松弛，风俗混乱，和珅专横，相关的记录比比皆是。尤其是关于和珅的记录，似乎一语成谶。

　　面对和珅的专横，进行直接的批判、告发在当时来看是无谋之举。根据上述《四十六年三月谢恩正使》的记载，乾隆四十七年，御史钱沣(乾隆三十六年进士)上奏弹劾和珅的党羽山东巡抚国泰和布政使于易简的不端之举，后奉乾隆帝之命，与和珅及左都御史刘墉前去调查。和珅想要救国泰和于易简，希望刘墉、钱沣酌情处理，但是二人并不同意，还是揭发了国泰和于易简的不正行为。结果，国泰被赐自尽，于易简遭解职。[1] 可是，这样的案件只是个例外。五十一年，御史曹锡宝(乾隆二十二年进士)弹劾

143 和珅家仆刘全的不法敛财行为，但是有官员向和珅告密，在皇帝命令调查之前，相关的物证就被销毁了。曹锡宝却因故意陷害他

---

① 《清史列传》卷七十二；《碑传集》卷五十六；《清朝野史大观》卷六。

人被解职。① 之后，明面上就再难听到弹劾和珅的声音了，即便想要告发和珅的党羽，也会遭到层层阻挠，根本传不到皇上那里，反而自己还会被治罪。

当然，并非所有官员都对和珅谄媚地阿谀奉承，其中也不乏有骨气之辈。可是，他们遭遇的却是阴险的报复。洪亮吉的友人孙星衍在乾隆五十二年的会试中名列一甲第二名（榜眼），担任翰林院编修。在五十四年的散馆考试中，孙星衍用了《史记》中的"翢翢如畏"来作答，当时的采点官（阅卷大臣）和珅怀疑其中有错别字，将其定为三等，安排他做刑部主事。按惯例，一甲进士及第者被安排到各部工作时，可以请奏"留馆"当员外郎。和珅想借此机会拉拢孙星衍。但是，孙星衍识破了这一企图，并没有去找和珅，而是照安排去做了刑部主事。此后，即便是一甲及第，若在散馆考试中仅名列三等，也会被安排去做主事的工作，便成为常例。②

五十五年，在洪亮吉考中进士的会试中，王芑孙（第三章中介绍了其诗作《官道柳》《乞米妇》）虽然未能进士及第，但名列"明通榜"。"明通榜"类似于乡试中的副榜，文章优秀者才能入选上榜，然后充任内阁中书（书记官）。然而，和珅上奏请求停止发布"明通榜"，并得到乾隆帝的首肯。于是，已经公布的"明通榜"被迅速撤回，且此后还废除了这一制度。王芑孙富有诗名，又侍奉过多位大员，和珅一度想让他加入自己门下，但是王芑孙不从。可见和珅之所以要上奏停止"明通榜"，就是因为知道王芑孙名列"明通榜"，想要借机报复，发泄一通怨气（《王芑孙年谱》）。用尽手段扩张自己的党派，不顺从者就对其进行打压，和珅的用心可谓险恶之极。

---

① 《清史列传》卷七十二；《碑传集》卷五十六；《清朝野史大观》卷六。
② 《清史列传》卷六十九；《郎潜纪闻初笔》卷二。

144　　与洪亮吉同时进士及第(二甲第六名)的黄钺①,由担任户部主事开始了京官的生活。可是,过了仅仅半年,十月时便请求放假让他回安徽的老家(乞假回籍)。黄钺幼时丧父又丧母,和洪亮吉一样寄居在外家寒窗苦读,终于得到了梦寐以求的官位,却又这样轻易放手了。料想也是和当时户部的长官,担任户部尚书的和珅有关。

同样是在五十五年的十月,乾隆帝非常执拗地猛烈抨击内阁学士尹壮图。最初,尹壮图上奏请求永久废止罚银制度。犯了错的地方大员只要缴纳作为罚金的银两,即所谓的"罚银",就可以免罪。这是乾隆后期和珅担任户部尚书时(乾隆四十五年)特别创设的一项制度。在古时候的罚则里,有一项叫作"罚俸",即停发俸禄。清朝也继承了这项制度,当作一项行政处分,在负责处理人事事务的吏部《处分则例》中有明确规定。②"罚俸"是吏部的权限,"返纳"的银两要交予户部的银库(国库),这是一个官方制度。而"罚银"由军机处(特别是密记处)处理,其中大部分收归管

---

① 黄钺(1750—1841),字左田,安徽省当涂县人。其诗文收录在《壹斋集》中。乾隆三十八年岁试中获得安徽学政朱筠的认可,并师从朱筠。其与洪亮吉或许是在北京相识的,《卷施阁诗》卷二中收录有乾隆四十六年作《酬黄上舍钺》一诗。

② 清朝时期,对官僚(文官)的行政规定有罚俸、降级、革职三种。罚俸即停止发放薪俸,停发时长有一个月到两年等七个级别。降级即降格处分,将其品级下降一至五品,与调用(离开现有职务,去别处任职,即左迁处分)或留任(给予严重警告,但仍留在现有职位上)并行。比如说,"降三级留任"即品级下调三级,但仍留在原职上。这种处罚有八个等级。不过,罚俸、降级在实际的处分过程中,可以与下文中的"纪录""加级"相互抵消。例如,受到上述的"降三级留任"处分的官员可以从其拥有的加级中减去三级,并留在任上。所谓革职就是马上解职。另外,虽然不是正式的规定,但是有"革职留任"这种处分。对没有能抵消处分的加级者留在现有职务上观察四年,视其表现留下取消处分的余地。行政处分(包括罚俸、降级)的反面就是奖励制度(称作议叙),有纪录和加级。用于应特别表彰记录的业绩(加算),从纪录一次到加三级为止,一共有十二个等级。虽然不提高俸禄,但是会反映在表面的"冠服"和"封典"上,在受到行政处分时,也会依其程度进行相杀("抵消")。参见矢泽利彦《西方人眼中的十六至十八世纪中国官僚》,东方书店,1993 年,第 71—83 页;大野晃嗣《清代加级考——中国官僚制度的一个侧面》,《史林》2001 年第 84 卷第 6 号;艾永明《清朝文官制度》,商务印书馆,2003 年,第 172—212 页。

理皇室私有财政的内务府。兼任军机大臣和内务府大臣的和珅就是皇帝私有财产的管理人。上述朝鲜王朝使节的《六十年闰二月书状官》一文亦对此有所记述。尹壮图认为犯错缴纳罚银的地方大员会将这笔钱转嫁到民众头上，而且有了过失靠交钱就能免于处罚，可能会降低官员的道德，所以建议废除这一制度。对此，乾隆帝要求他具体报告到底是哪里的总督、巡抚有这样的不正行为。于是，尹壮图和和珅党羽之一的户部侍郎孙庆成一同前往山西省、直隶省、山东省以及江苏省调查。在尹壮图一行开始调查前，这些人就开始隐藏自己的不端行为，于是尹壮图只得报告未见任何异样之处。遭到羞辱的尹壮图从内阁学士（从二品）被降职为内阁侍读（正六品），此次事件算是告一段落。然而十月到第二年二月之间，乾隆帝仍在不依不饶地追问，可见尹壮图是触到了他的逆鳞。[①] 毫无疑问的是，表面上毫无动静的和珅实际上从始至终都在暗中发力。

如此一来，无论京官还是地方官，也不管地位的高低，官员们都得看和珅的脸色行事以保身家安全和官场前程。这类的故事在清朝的野史、稗史当中不胜枚举。还有说法是和珅被没收的家产换算成银两能有八个亿，而当时国库一年的收入只有七千万两，相当于十几年的国库收入。这个故事多少有些夸张的成分，但也不难想象和珅收集的金银财宝数额之巨。

在北京，哪怕是在诗歌的世界里，只要直接或间接地出现了

[①] 以上段落参见木下铁矢：《"清朝考据学"及其时代》，第222—229页。小仓芳彦表示"所谓权力会对不经意间触犯的人时而明面上、时而暗地里加以报复"，见《直谏的结构》，《学习院大学文学部研究年报》1981年第27辑，第90页。尹壮图（1738—1808），云南省蒙自县人。乾隆三十一年进士（二甲第三十五名）。四十四年，由御史提拔为光禄寺少卿，翌年升任内阁学士，兼任礼部侍郎。五十二年为父亲服丧。五十五年时，刚刚官复原职，回到内阁学士任上。

对这出由和珅出演、乾隆帝主演的政治剧的批判，就相当于放弃了好不容易得到的官位。这对背负了一家老小期望的洪亮吉来说，是万万不能的。

五十七年三月末，洪亮吉独自来到法源寺。浅红的海棠花美丽依旧，黄景仁的旧居西斋却已倾颓，到了无法进门的地步。他就当下所感作诗一首，下文是该诗（《卷施阁诗》卷十一）的结尾。

> 君行叹息欲出门，我更代花招客魂。君不见客魂定在花深处，怪底曙鸦啼不住。

"客魂"即游子的魂魄。"怪底"表示惊讶。"曙鸦"是黎明时的乌鸦。——"客魂"说的是黄景仁，对洪亮吉来说，黄景仁的精魂依旧驻留在他临时居住过的法源寺西斋吧。

146　　回到寓所的洪亮吉创作了一系列惋惜北京春天的诗，即《晦日卷施阁饯春偶赋十首》（《卷施阁诗》卷十一）。其中的第一首这样写道：

> 红杏枝前拜朔来，丁香花底饯春回。冷官一月无余事，只向疏阑数举杯。

早春的北京"红杏"盛开，"丁香"在春天开放，白色的花朵散发阵阵幽香。编修这样清闲的官职，也没有什么像样的工作，不知不觉就过了一个月。即便待在家中，也只不过是望着窗外喝杯酒罢了。

在接下来北京的夏日（四月至六月）里，万花争艳。丰台的芍药、国华堂的牡丹、崇郊寺的红白海棠以及五塔寺的银杏树、牡丹和蔷薇，给了洪亮吉一时的安乐。到了秋天，洪亮吉终于迎来了为官以来的重大机遇。

受命贵州学政与次子之死

这一年的八月，洪亮吉担任顺天乡试的同考官（正考官是吏部尚书刘墉，副考官是刑部侍郎王昶和国子监祭酒瑚图礼），在此期间，接到了赴任贵州学政的使命。未参加散馆考试就被任命为学政的庶吉士只有一个先例，这次洪亮吉被任命为贵州学政，石韫玉（洪亮吉的同年，当年的状元，翰林院修撰）被任命为湖南学政。洪亮吉把此时的心情写在了《八月十四日闱中奉视学黔中之命纪恩八首》（《卷施阁诗》卷十二）中。下文列举其中的第一首：¹⁴⁷

> 手披口诵日巡环，清福谁言不等闲？却愧主恩原过厚，校文才了许看山。

"清福"是清净的幸福，是发自内心的幸福。

九月，顺天乡试发榜，洪亮吉结束了同考官的任务，接受乾隆帝的召见，奉命迅速赴任。在洪亮吉准备出行的一片匆忙之中，传来了次子盼孙病逝的消息。《卷施阁诗》卷十二里，一首充满悲情的《九月十六日次子盼孙殇》紧接在上述欢喜的诗后。

> 一病经旬朔，行踪为尔迟。如何束装日，却值盖棺时。榎楚威初敛，参苓命不支。九原翻羡汝，先得侍重慈。

"行踪"指的是旅行。"束装"是收拾打扮，指为旅行做准备。因为盼孙生病，所以延迟了出发的时间。"榎楚"是楸树做成的拐杖和荆棘做成的鞭子，指惩罚人用的鞭杖。在自注中，他补充说明了一句"予督课（教育、让人学习）颇严"。"参苓"是中药的名

148　字,此句指药石罔效。"九原"即彼岸,"重慈"指祖母。自注中说
　　"儿为太安人(对盼孙来说是祖母)所爱"。他去了彼岸,就能和祖
　　母在一起了,多少算是一种宽慰吧。

　　对洪亮吉和蒋氏来说,这该有多么悲痛啊。二人将盼孙的棺
木暂时安置在夕照寺①,二十日,洪亮吉夫妇挥泪出京,前往任职
地贵州。出发的前夕,洪亮吉写了一首《临发志感》(《卷施阁诗》
卷十二)。

　　　万里初持节,经旬屡断魂。受恩原色喜,念母忽声吞。
　　负米程非昔,传经席尚温。明明昨宵梦,亲见倚闾门。

　　"持节"即作为天子的使者,拿着标志("节")。接到皇帝的特
命,准备赴任学政,前往就任地。可次子盼孙去世了,直叫人"断
魂"般地悲伤。能够赴任学政,是受了极大的皇恩,应当要高兴
啊。可是一想到母亲,就连声音也发不出来了。"负米",即侍奉
父母,不久前,听母亲教导时的座席还尚有余温。"昨宵梦""亲见
倚闾门(村口的门)"化用了韩愈《送张道士》中的"昨宵梦倚门"。

　　过去,有多少次怀着"就看这回了"的梦想北上,却又失魂落
魄地离开。而现在,终于当上了学政这样的高官,要沿着相同的
道路去赴任了。深感于境遇转变的洪亮吉在邯郸创作了《邯郸题
吕祖祠》(《卷施阁诗》卷十二):

149　　　两年前尚一书生,持节今看万里行。自恐功名亦如梦,
　　漫逢人说是皇程。

　　"皇程"即由皇帝决定的事情。

----

① 夕照寺位于北京外城东侧的广渠门内。罗信耀著,藤井省三译:《北京风俗大
全——城壁与胡同的市民生活志》,平凡社,1988年。其中写道,该寺"是暂时安置
等待埋葬或送回故乡的遗体的地方"(第195页)。

在京时期,洪亮吉的诗作中,有许多思念故乡的人们、怀恋故乡风物的内容,展现了"怀乡诗人的姿态"(奥野信太郎)。当然,诗作中也有不少对北京名胜与往来人物的描写。不过,洪亮吉对北京的描写和对故乡的记述一样,都是基于个人情感。离开北京后的诗作回到了过去朱筠幕下时期的风格,直接地描述眼前所见的现实。

如上文所述,洪亮吉的创作可以以他离开北京、前往西安作为分界线,即他在贫困中挑战会试而遭受挫折的初次北京生活。现在,结束了两年在京的官僚生活,在前往学政就任地的途中,洪亮吉和之前一样,又开始如实记述对现实社会状况的所见所感。比如说,在直隶省南部的路上创作的《自柏乡至磁州道中杂诗》四首(《卷施阁诗》卷十二)中的第一首。

> 一日行两驿,所苦乏昏晓。十日历数州,尤愁值僵殍。眼中过百井,生计殊草草。间邑虽尚盈,欢颜抑何少。日斜杨柳外,一一闭门早。驿亭依北郭,路断垣亦倒。吏辞供亿困,愍此山县小。僮仆有人心,宵餐不能饱。 [150]

一天的行程是走两个驿站。"昏晓"(朝夕)行进,令人疲惫、劳累,十分艰辛。十天里走过了数个州县,最令人忧心的是看到了"僵殍"(饿死的人)。时常留意到"百井"(多数的集落)的生活状况不过是"草草"(很是劳苦)。"间邑"(村子)里住满了人,可是没几个人露出笑容。太阳西沉到杨柳林的那边,门一扇接一扇早早地紧闭。此处的"驿亭"(驿站的住所)在村子的北端,但是通往那里的路被断壁颓垣给拦住了。据驿站的小吏说,"供亿",即必须为来这个驿站出公差的官员、军队准备食品等种种必需品,提供人力、物资,让人们苦不堪言。对这个在山里的小县城来说,怕是更加为难，教人可怜。我的仆从心地善良，"宵餐"（驿站准备的晚餐）哪怕吃不好，也没有怨言。——三年半前，即乾隆五十四年的春天，创作了《宜沟行》的洪亮吉，这回身为被派遣到地方的官员学政，再次感受到驿站业务之繁多与民众疲敝的状况。①

这一回，洪亮吉是在妻子蒋氏的陪同下前往赴任地的。和妻子一起出行是洪亮吉未曾有过的体验。

151 洪亮吉一行从直隶省进入河南省，渡过黄河，经开封府进入南阳府城，在那里见到了常州时的旧友、蒋氏的族弟蒋青曜。他从南阳东北一百公里外的舞阳县赶来。二人已是十数年未见了，所以彻夜长谈，直至天明。《卷施阁诗》卷十二中收录的长诗《抵南阳行馆蒋表弟青曜自舞阳来访因邀至前驿共宿谈次出行卷索题为拉杂书此并以志别》记录了这次会面。后来，嘉庆五年，在洪亮吉从伊犁回乡的途中，蒋青曜又在河南省祥府县相迎。

一行人进入湖北省后不久，洪亮吉在襄阳府城北部的樊城与乘舟前行的蒋氏等亲人话别，一人从陆路加速前进。途中，他为了见毕沅一面，去了趟武昌的总督衙门，可是不巧毕沅去了襄阳阅兵。感到十分遗憾的洪亮吉，在夜里起来的时候作了一首赠给毕沅的长诗（《卷施阁诗》卷十二）。开篇，他回顾了十年来作为幕友侍奉毕沅是多么幸运。

从公十年游，八年居幕府。离公只两载，月仅二十五。昨年公入觐，复得旬日从。自喜师弟缘，时可意外逢……

从荆州府到湖南的澧州，横穿常德府，经过辰州府的界亭驿

---

① 后来，在从伊犁回到常州生活时的读书笔记《晓读书斋二录》卷下中，洪亮吉依据《宋史》边归谠传的记载，写道"夫州县之亏缺起于驿站，驿站之扰害由于使臣，留心于国计民生者，盍于此加之意哉"。

后,道路就变得越发险峻起来,舆丁(轿夫)也增加到了八人。为了加快步伐,洪亮吉骑马前行。《骑马行》(《卷施阁诗》卷十二)正描述了这一场景。

> 我昔居里门,骑马如骑龙。屏息不敢言,急复掣马　　152
> 鬃。十年作客奔驰急,与马谁知日相习。风陵渡北中条
> 西,百里风驰入安邑。即今骑马如骑羊,马亦步步随低
> 昂……

"屏息"即屏住呼吸,"相习"是相互熟悉。"风陵渡"是山西省南部永济县南边的黄河渡口,与陕西省潼关隔河相望。"中条"是永济县的地名,即黄景仁想要埋骨之地。"安邑"则是黄景仁过世的地方。有趣的是,在常州的时候,洪亮吉骑马总是提心吊胆。在十年的幕友生活中,他渐渐学会了骑马。所以一听说黄景仁的死讯,就马上能驰骋到安邑。而现在骑马的感觉就像在骑老实的羊,马儿相当地乖顺。

旅程顺利地进行,从北京出发约两个月后,十一月十三日,洪亮吉终于到达了贵州省的省府贵阳,巡抚冯光熊前来相迎。十五日,与前任学政陆湘(内阁中书,乾隆三十七年进士,直隶省清苑县人)完成了事务的交接,开始了到乾隆六十年(1795)十一月为　153
止的三年在贵州的工作。

贵州学政

作为学政,洪亮吉最先着手的工作是增筑学使公廨(学政的办公处)。当时的建筑只有乾隆三十八年时孙士毅(1720—1796,乾隆五十七年任吏部尚书)在学政任上修建的近山堂。要在这接

待来自十二府一州的学生,恐怕是有些狭窄。于是,洪亮吉在近山堂西边的空地上建起了十数间房屋,分别取名为思话轩、千叶莲台、红香馆、听雨篷、卷施阁、金粟山房、修竹廊、晓读书斋、藏春坞等。

十二月,蒋氏一行也到达贵阳。弟弟霭吉的儿子绳孙、悼孙和三姐的儿子史超忠等三人,在蒋维垣的指导下勤学,堂兄弟显吉、原吉、建禾,以及蒋氏兄弟的儿子蒋曜西、二姐的儿子暨饴孙妻子的兄弟汪楷,还有屠景仪、李万坤(湖南省桂阳州人)等人则作为洪亮吉的幕友,协助他做岁试、院试的阅卷等工作。这一年,长子饴孙二十岁,三子符孙九岁,还不足以担当父亲的助手,所以与堂兄弟一起学习。

学政是奉皇命派遣的官员,所以有养廉银的发放,额度是三千二百两。① 不难想象,作为在地方的差官,洪亮吉的收入增加了许多,支出却大幅减少。

乾隆五十七年,洪亮吉在贵阳迎来除夕。一年前仆人决意离去,又痛失了长年侍奉在身侧的爱仆,连喝酒的朋友也没有,还为了躲债跑到沙河门附近,那时的他写下充满思乡之情的《南楼忆旧诗四十首》,而如今的洪亮吉想必心境已大不相同。读一读这首在小除夕(除夕前夜的晚上)作的诗歌(《小除夕祭诗作》,《卷施阁诗》卷十二),就能感受到他明朗愉快的心情。

---

① 贵州学政的养廉银在嘉庆五年时由贵州省藩库加拨五百两,增加至三千七百两。参见《仁宗实录》卷六六,嘉庆五年闰四月乙亥条;卷三九,嘉庆四年二月甲寅条。

南行逾万里，小岁入三更。爆竹惊心碎，桃花照眼 154
明。祭应遵旧例，醉复尽余觥。笑向儿曹语，今年帙
已盈。

自注里写道，这一时期桃花、杏花、海棠花都已经满开了。
"今年帙已盈"说的是诗作大有长进，用来装写诗的纸片的箱子已
经是满满当当的了。

乾隆五十八年，洪亮吉正式开始学政的工作。二月到五月，
在贵州省西部的安顺、南笼、大定、遵义四府举行岁试，六月结束
了省府贵阳府的岁试后，进入七月的准备时期。八月开始到东部
的平越、思南、石阡、镇远、思州、铜仁六个府州举行岁试，十一月
回到贵阳。

公务之间的短暂休息，是享受天伦之乐的时光。下文是洪亮
吉为十五岁的女儿纺孙所作的诗，讲的是七夕的故事（《七夕四首
示女纺孙》，《卷施阁诗》卷十三）。下面介绍其中的第一首、第
二首。

一岁十二回，回回拜新月。何事礼双星，一年惟
一夕。

牛女缘何挚，天人路本殊。何须借灵鹊，月里有
蟾蜍。

第一首中的"双星"是牵牛星，第二首中的"牛女"是织女星。 156
"灵鹊"就是喜鹊，喜鹊的叫声被认为是吉祥的征兆。诗中洋溢着
父女之间的温情。

155　　　　表3　进士及第者中贵州出身人数表(顺治至嘉庆时期)

会试年份	及第者总数	贵州省出身者人数	会试年份	及第者总数	贵州省出身者人数	会试年份	及第者总数	贵州省出身者人数
顺治三年	373	0	五十二年	196	3	三十七年	162	3
四年	298	0	五十四年	190	3	四十年	158	1
六年	395	1	五十七年	165	2	四十三年	157	3
九年	397	1	六十年	163	2	四十五年	155	3
十二年	399	0	雍正元年	246	4	四十六年	170	3
十五年	343	0	二年	300	5	四十九年	112	1
十六年	376	0	五年	226	5	五十二年	137	2
十八年	383	0	八年	399	11	五十四年	98	2
康熙三年	200	0	十一年	328	9	五十五年	97	3
六年	155	0	乾隆元年	344	7	五十八年	81	1
九年	299	2	二年	324	6	六十年	111	3
十二年	166	2	四年	328	8	嘉庆元年	144	3
十五年	209	1	七年	323	7	四年	220	5
十八年	151	1	十年	313	9	六年	275	9
二十一年	179	0	十三年	264	7	七年	248	7
二十四年	164	0	十六年	243	7	十年	243	9
二十七年	146	0	十七年	231	7	十三年	261	8
三十年	157	0	十九年	241	7	十四年	241	9
三十三年	168	4	二十二年	242	7	十六年	237	9
三十六年	150	3	二十五年	164	4	十九年	227	10
三十九年	305	2	二十六年	217	7	二十二年	255	11
四十二年	166	1	二十八年	188	4	二十四年	224	9
四十五年	290	3	三十一年	213	6	二十五年	246	9
四十八年	292	2	三十四年	151	3			
五十一年	177	3	三十六年	161	3			

注:参见《清朝进士题名碑录附引》。

位于中国西南部山区的贵州省交通不便,与文化水准较高的东部各省的交流不多,所以进士及第的人数也很少。顺治至乾隆末年各省一甲及第者如表1所示(参见序章),其中贵州出身的一个也没有。另外,从表3展示的同一时期出自贵州省的进士及第者数量来看,很难说贵州省的教育普及程度和文化水准算得上是高的。①

洪亮吉痛感于这一事实,决心着手改善。于是,他巡视各州府,选拔优秀的学生,把他们送到省府的贵阳书院,接受真正的科举备考训练。并且,每年捐出自己的养廉银数百两,给予学生经济上的支援。他还购置了相关经书、史书的足本(完本),以及《文选》《通典》等书籍,捐给书院。洪亮吉还把学生们召集到书院,给他们讲授诗文,"款以饮馔(饮食),奖之银两"。如此一来,贵州人总算知道要励学好古,也渐渐兴起了文雅的风气。嘉庆时期,贵州出身的进士人数有所增加(参见表3),可以说洪亮吉劝学的努力发挥了不小的作用。②

除了巡视贵州全省,视察各地的教育状况,评定各府县学的教官(教授、教谕)的工作,举行岁试、院试、科试等主要工作,考察该省的社会状况也是学政的一项重大任务。③ 在贵州期间,洪亮吉的诗作中记录了不少贵州各地的社会状况。

　　经旬谁说使车闲,忧旱心情未解颜。乍觉清凉思拥被，¹⁵⁷
忽惊雷雨欲移山。沿堤松柏争飞瀑,合队乌鸦猛叩关。却趁

---

① 洪亮吉在贵州工作的大约一百一十年后,光绪二十八年(1902),人类学家鸟居龙藏为了调查苗族横穿了贵州省,并指出大多数的汉族都是移民,而苗族的居住区域主要集中在远离干道的地方(《从人类学视角看中国西南地区》,富山房,1926年)。由此不难想象洪亮吉担任学政时期,居住在贵州省的汉族人的文化水平之低。
② 参见严明:《洪亮吉评传》,文津出版社,1993年,第16页。
③ 关于学政的职责,可以参见陈金陵:《从嘉庆朝学政密奏看清代学政》,《清史研究》1990年第7辑。

电光升阁望,已闻欢喜到苗蛮。

这是一首题为《南笼苦旱余抵郡二日即得骤雨然麦苗未畅发也十三夜甫就枕即闻雷声自南来雨急如注彻晓不止喜而有作即柬张太守凤枝》的诗作(《卷施阁诗》卷十三)。张凤枝是当时的南笼知府。"使车"是使者(奉皇帝之命出使之人)所乘坐的车,指学政。"闲"指各种业务之间的空闲。"拥被"是躺下来盖被子。"飞瀑"是从高处飞流而下的瀑布。

下面要介绍的是作于乾隆五十九年的《黔中乐府十二首》(《卷施阁诗》卷十五)中的一首,描绘了拉船光景的《曳缆谣》。

158

上官来,役夫走。百板双绳齐在手,上山居前下山后。排头雨汗挥不停,鬓上都插山花馨。生苗出语真无绪,官好牵他上天去。

"役夫"即劳力,"百板"是船板开开合合的船只,"双绳"是拉船的曳绳。"排头"是站在队伍最前面的人,"无绪"指语言不通。最后一联写道,"生苗"(尚未完全归顺清朝的苗族,与熟苗相对)表达了自己的不满,可是官人听不懂他们说的意思。不管怎么说,官人还是被他们拉上岸去了。

贵州省在当时被称为"极边烟瘴之地"(易生疟疾等传染病的偏远地区),还是流放地之一。乾隆时期开始,由于东部各省的人口增加,许多寻求土地的汉族人移居至此,在山地展开了刀耕火种的农业。由此,汉族移民与土著的苗族、瑶族等少数民族之间围绕土地所有权的矛盾逐渐激化,加上地方官多偏袒汉族移民,导致少数民族无法对官员抱有信任感。

五十九年和六十年,洪亮吉为举办岁试、科试,巡回贵州省的各个地区。具体说来,五十九年的二月在省东部的都匀府、黎平府举行岁试（黎平府是与科试并行），三月之后到西部、北部举行科试。六十年则是在贵阳、大定、遵义三府举行岁试。在此期间，他创作了许多诗歌，还写下了几部著作。经门生之手编纂而成的《附鲒轩集》八卷、《卷施阁集》十四卷在贵阳付梓。其中收录了洪亮吉从十三岁在常州所作的《元夕侍母坐命作》开始，到乾隆五十九年夏天在贵州所作的作品共一千七百余首。捧着刚印刷出来 ¹⁵⁹ 的诗集的洪亮吉，回忆起一路走来的悲欢离合，胸中想必是感慨万千。而且，门生组织刊行诗集一事，也会让他颇感欣慰吧。在此之前，他还完成了《意言》（《卷施阁文甲集》卷一，五十八年作）二十篇的写作。《意言》集中体现了洪亮吉关于政治社会的思想，因此颇为有名，甚至可以说后世对洪亮吉的研究主要集中在对《意言》的分析上。

《意言》二十篇

如题所示，《意言》由二十篇文章构成，总共不过一万字上下。这二十篇的题目如下所示：一、父母篇；二、生死篇；三、百年篇；四、祸福篇；五、刚柔篇；六、治平篇；七、生计篇；八、百物篇；九、修短篇；十、鬼神篇；十一、天地篇；十二、夭寿篇；十三、仙人篇；十四、丧葬篇；十五、好名篇；十六、守令篇；十七、吏胥篇；十八、文采篇；十九、真伪篇；二十、形质篇。

其中，第六篇《治平篇》的内容就是人们常说的"人口论"。因此，洪亮吉被誉为"中国的马尔萨斯"。但是，从社会科学的角度来看，其针对人口问题的解决方案与同一时代的马尔萨斯（其《人口论》发表于 1798 年）相比较，还不够成熟。不过，洪亮吉的人口论不能单独拎出来考察，还需要联系《意言》中其他的文章来一同分析。人口论中涉及的粮食、衣料问题，在他先前的文章中也有过讨论。所以，洪亮吉的人口论应被视为其社会观以及政治论（政治批判）的一部分。①

首先，来看看第六篇的内容。

160

人未有不乐为治平之民者也，人未有不乐为治平既久之民者也。治平至百余年，可谓久矣。然言其户口，则视三十年以前增五倍焉，视六十年以前增十倍焉，视百年、百数十年以前不啻增二十倍焉。

试以一家计之：高、曾（高祖父、曾祖父）之时，有屋十间，有田一顷，身一人，娶妇后不过二人。以二人居屋十间，食田一顷，宽然有余矣。[继之]以一人生三计之，至子之世而父子四人，各娶妇即有八人，八人即不能无佣作之助，是不下十人矣。以十人而居屋十间，食田一顷，吾知其居仅仅足，食亦仅仅足也。子又生孙，孙又娶妇，其间衰老者或有代谢，然[一家的人口]已不下二十余人。以二十余人而居屋十间，食田一顷，即量腹而食，度足（节省生活）而居，吾以知其必不敷矣。又自此而曾焉，自此而元焉，视高、曾时口已不下五六十倍，是高、曾时为一户者，至曾、元时不分至十户不止。其间有户口消落之家，即有丁男繁衍之族，势亦足以相敌[结果人口翻了五六十倍]。或者曰："高、曾之时，隙地未尽辟，闲廛未尽居也。"然亦不过增一倍而止矣，[将其利用]或增三倍五倍而止矣，而户口则增至十倍二十倍，是田与屋之数常处其

---

① 参见铃木中正：《近代中国的一种人口论》，《爱知大学文学部论丛》1949 年第 1 号；佐藤震二：《洪亮吉的思想性格》，《学术界》1955 年第 9 号；林逸：《洪亮吉（北江）及其人口论》，台湾商务印书馆，1979 年（人文文库）；菊池道树：《被称为"中国的马尔萨斯"的洪亮吉的人口论》，《经济史林》1999 年第 66 卷第 3、4 号。

不足,而户与口之数常处其有余也。又况有兼并之家,一人据百人之屋,一户占百户之田,[因此]何怪乎遭风雨霜露饥寒颠踣(因饥寒交迫倒下)而死者之比比乎?

[然而]曰:"天地有法乎?"曰:"水旱疾疫,即天地调剂之法也。然民之遭水旱疾疫而不幸者,不过十之一二矣。"曰: *161*
"君、相有法乎?"曰:"使野无闲田,民无剩力;疆土之新辟者,移种民以居之;赋税之繁重者,酌今昔而减之;禁其浮靡(奢靡);抑其兼并;遇有水旱疾疫,则开仓廪,悉府库以赈之。如是而已,是亦君、相调剂之法也。"

要之,治平之久,天地不能不生人,而天地之所以养人者,原不过此数也;治平之久,君、相亦不能使人不生,而君、相之所以为民计者,亦不过前此数法也。然一家之中有子弟十人,其不率教者常有一二,又况天下之广,其游惰不事者何能一一遵上之约束乎? 一人之居以供十人已不足,何况供百人乎? 一人之食以供十人已不足,何况供百人乎? 此吾所以为治平之民虑也。

在接下来的第七篇《生计篇》中,则探讨了与之相关的生产与物价的问题。

今日之亩,约凶荒计之,岁不过出一石。今时之民,约老弱计之,日不过食一升。率计一岁一人之食,约得四亩;十口之家,即须四十亩矣。今之四十亩,其宽广即古之百亩也。四民之中,各有生计:农、工自食其力者也,商贾各以其赢以易食者也,士亦挟其长佣书授徒以易食者也。除农本计不议外,工、商贾所入之至少者,日可余百钱;士佣书授徒所入,日亦可得百钱。是士、工、商,一岁之所入不下四十千。闻五十年以前吾祖若父之时,米之以升计者,钱不过六七;布之以丈计者,钱不过三四十。[如此算来]一人之身,岁得布五丈,即可无寒;岁得米四石,即可无饥。米四石,为钱二千八百;布五丈,为钱二百。[合计三千钱]是一人食力,即可以养十人。即不耕不织之家,有一人营力于外,而衣食固已宽然矣。今则不然,为农者十倍于前,而田不加增;为商贾者十倍于前,而货不加增;为士者十倍于前,而佣书授徒之馆不加增。且昔之以升计者,钱又须三四十矣;昔之以丈计者,钱又须一二百矣。所入者愈微,所出者益广,于是士、农、工、贾各减其值以求售,布帛粟米又各昂其价以出市。此即终岁勤动,毕生皇皇,而自好者居然有沟壑之忧,不肖者遂至生攘夺之患矣。然吾尚计其勤力有业者耳,何况户口既十倍于前,则游手好闲者更数十倍于前。此数十倍之游手好闲者,遇有水旱疾疫,其不能束手以待毙也明矣。[即成为扰乱社会之祸根]是又甚可虑者也。

以上就是洪亮吉关于人口的见解。从上文可见,这不能算是一个严密的学说。洪亮吉人口论的特点是,探讨了人口问题对土地不足、土地兼并、物价腾贵与失业者增加等社会问题起到的推波助澜的作用。

类似的思考在十八年前,即乾隆四十年的文章中已经提到过。《服食论》(《卷施阁文甲集》补遗)的开篇说"饮食、衣服非细故也,饮食衣服,风俗之本也"。粮食和衣服不能过多,也不能不足,应该要均等。然而,现实社会中粮食和衣服的分配是不均等的。如此这般生活习惯的奢侈化,酿成了上述中令社会动荡不安的各种问题。《服食论》这样写道:

夫厚革重锦,士大夫之盛服也,而今则舆隶(召使)臧获
(下仆)之常服矣。吾不曰舆隶臧获之过也,曰士大夫导之
也。三牲海错,士大夫之特飨也,而今则间巷市井婚丧宾祭
之常食矣。而吾不曰间巷市井婚丧宾祭之过也,曰士大夫致
之也……一人兼百人之衣,一人兼百人之食……一人服数世
之衣,一日费数岁之食,是我子孙之困败狼籍,而衣不得完,
食不得充者,我夺之也。干是有侈于前而窭于后者矣。有纵
于一世而啬于十世、五世者矣。

在《服食论》的结尾,他说道:"士大夫节其饮食衣服以导下,
而风俗端矣。风俗端,则四民始有序矣。四民序,而士大夫亦益
尊矣。"

由此可知,在洪亮吉提出人口论的背景中,有着他对当时奢
侈之风兴起、士大夫地位低下、社会秩序混乱的危机意识及对未
来的忧思。如在《意言》各篇中所见,这种意识在进入乾隆五十年
代后,并未削弱,反而愈发增强。这样的状况又是怎样造成的呢?
让我们再次回到《意言》的主张中,看一看第十六篇《守令篇》,此
篇讨论了该如何从士大夫中选拔官员。

守令(地方官),亲民之官也。一守(知府级别的官员)
贤,则千里受其福;一令(县令级别的官员)贤,则百里受其
福。然则为守令者,岂别有异术乎?[没有这样的事]亦惟视
守令之居心而已。往吾未成童,侍大父及父时,见里中有为
守令者,戚友慰勉之,必代为之虑曰:此缺繁(繁忙),此缺简
(治政容易),此缺号不易治,未闻及其他也。及弱冠(二十
岁)之后,未入仕之前,二三十年之中,风俗趋向顿改,见里中
有为守令者,戚友慰勉之,亦必代为虑曰:此缺出息若干,此

135

缺应酬若干，此缺一岁之可入已者若干。而所谓民生吏治者，不复挂之齿颊矣。于是为守令者，其心思知虑，亲戚朋友妻子兄弟奴仆媪保，于得缺之时，又各揣其肥瘠。及相率抵任矣，守令之心思不在民也，必先问一岁之陋规若何、属员之馈遗若何、钱粮税务之赢余若何，而所谓妻子兄弟亲戚朋友奴仆媪保者，又各挟溪壑难满之欲，助之以谋利。于是不幸一岁而守令数易，而部内之属员、辖下之富商大贾以迄小民已重困矣。其间即有稍知自爱及实能为民计者，十不能一二也。此一二人者，又常被七八人者笑以为迂、以为拙、以为不善自为谋，而大吏之视一二人者，亦觉其不合时宜、不中程度，不幸而有公过则去之，亦惟虑不速是一二人之势，不至归于七八人之所为不止。且有为今日之守令，而并欲诮三十年以前守令之无术者。然吾又尝验之，三十年以前守令之拙者，满任而归或罢任而反，其赢余虽不多，然恒足以温饱数世；今则不然，连十舸、盈百车，所得未尝不十倍于前也。而不十年、不五年，及其身已不能支矣，[或许]无待其子孙也。则岂前之拙者诚拙，而今之巧者诚巧乎？亦居心微有不同者乎？

本篇描写了物价高涨的社会现象与榨取民众的官僚形象。异常的高物价和官僚（及胥吏）导致的地方政治的腐败，是受什么影响呢？当时正处乾隆朝的后半期（乾隆四十年以后），从前抱有理想、积极进取的政治氛围，变成了恣意妄为的官场心态。

165　　这又是因何而起的呢？这一时期正好与乾隆帝宠爱和珅的时间相吻合，想必并非偶然。

离开贵州——苗民起义

乾隆六十年,担任学政第三年的正月,洪亮吉与巡抚冯光熊、布政使贺长庚等贵州省要员一同在贵阳府城南部的甲秀楼召开新年宴会。酒兴正酣的时候,传来在毗邻湖南省的铜仁府苗民起义并杀害官吏的消息。① 署理按察使张继辛与贵东道台尼堪富什浑前往现场,第二天一早巡抚冯光熊也动身奔赴铜仁府。

苗民起义由贵州省东部蔓延至湖南省,贵州省主要的文武官僚都参与平叛。那时,洪亮吉在各地举行科试的同时,与军营内的文武官员保持着书信的往来,收集了不少当地的情报,这也是学政的职责之一。

乾隆六十年九月,在结束了遵义府的科试后,洪亮吉完成了学政的使命。蒋氏等人先一步回了常州。十一月十日,洪亮吉在众多学生的目送之下,从贵阳启程。送行的学生一路相随,直到三天后抵达贵定县。十五日,洪亮吉到达镇远,与后任的谈祖绶(户部员外郎,乾隆五十二年进士,浙江省德清县人)完成了"交印"(交付官印,即事务交接之意)。在此,他写下了题为《喜代人将至率赋六诗留以志别并贻新学使谈户部祖绶》(《卷施阁诗》卷十六)的诗作,其中第二首如下:

> 东从相见坡,西去亦资孔。茫茫三十驿,镇远迄南笼。¹⁶⁶
> 疲氓居要道,百事实倥偬。民夫征不足,搜剔到蛮洞。负担
> 行万山,心伤足俱肿。衡胥不之恤,而复相惊恐。我朝恩泽

---

① 关于起义的经过,可参见周春元等编著:《贵州古代史》,贵州人民出版社,1982年,第314页之后。

厚，域外悉帡幪。况兹梁楚界，大吏所控总。所期仁及物，役
不到繁冗。公廉率其下，守宰自惶悚。昨来驰尺一，荒户给
田种。军行所过郡，秋不赋秸穗。愚民纵无知，戴德已山重。
东南传露布，草野悉跃踊。闻宣宽大诏，却立手俱拱。花苗
即输诚，吏勿轻煽动。

　　"相见坡"是位于贵州省东部镇远府施秉县的一座山峰（贵州
人把峰叫作坡），"亦资孔"是西边南笼府普安州的一个驿站。从
东边的相见坡到西边的亦资孔驿站，贵州省的东西之间是"茫茫"
（遥远）一片，中间隔着三十个驿站。住在干道沿线的"疲氓"（疲
敝的人民），"倥偬"（忙碌、慌张）地忙于各种事务。驿站业务所需
167 的劳力不够，官员甚至到"蛮洞"（苗族等少数民族的集落）去"搜
剔"（搜索找寻）男丁。壮丁们担着沉重的货物，翻越一道又一道
的山岭。他们脚肿了，也伤透了心。衙门的小吏看见也不觉可
怜，只是讶异于他们的脚竟能肿得如此之大。我朝皇恩浩荡，润
泽域外，有如"帡幪"（幕布一样垂下来，有保护的意思），天子的恩
慈遍布各处。这里是由"大吏"（高官）"控总"（管控）的土地。其
恩慈遍及万物，劳役并不繁重。"公廉"（公正廉洁的官员）认真统
率着部下，"守宰"（地方官）得"惶悚"（惶恐）地跟随。先前，从都
城带来了"尺一"（即诏敕。依据汉朝的规定，一般的官文书要写
在一尺长的简牍上，而皇帝的诏敕则用的是一尺一寸长的木札）。
这个诏敕里说，要给"荒户"（饥苦的民众）发放种子，还要免除有
军队行经的府县秋天的"秸穗"（稻子、谷米，意指租税）。哪怕民
众再无知，也明白"戴德"（蒙受天子的恩德）比山还高了。诏敕传
到东南来，"草野"（农村）的民众欢欣鼓舞。人人都恭敬地站得笔
直，来听诏敕的宣告。因为"花苗"（对一部分苗族的称呼）已经

向朝廷宣誓效忠了,所以官员不好再去轻易煽动挑拨了。于此,这首长诗画下句号。——其中反映了洪亮吉在贵州所见所感的问题的一端。前半部分他指出官僚、胥吏对民众,特别是少数民族施加了过重的负担,后半部分则讴歌了皇帝的恩泽,最后一句挑明了官逼民反的紧迫状况。

苗民起义从镇远蔓延至湖南常德一带。洪亮吉为保安全,选择乘舟顺潕水、沅江而下,途中所经之地遍是惨状。是时,他写下《自镇远舟行至常德杂诗》十六首(《卷施阁诗》卷十七),其中第六首与第十三首描写了从船上见到河里浮着尸骸的情景。

> 见惯即不惊,残骸蔽江黑。鹰隼何不仁,抽肠作常食。 168

> 人头及人胫,一半出鱼腹。怪底帆不前,荒滩鬼丛哭。

进入湖南省后,洪亮吉写下了第七首,自注中说“浦市甫经烧劫,所见尤惨”。其惨状如下文所述:

> 杨柳千条巷,夫容百尺楼。可怜兵火后,剩有夜乌愁。

杨柳飘飘,美丽的街巷(或是花街柳巷)上大店铺鳞次栉比,可全被战火烧光了。夜里乌鸦的哀啼令人愁绪倍增。——反映了起义影响之深刻。

十二月,洪亮吉到达辰州府城(沅陵县),与来镇压苗乱的湖广总督毕沅再会。自五十六年二月毕沅赴京以来,二人已经五年没见面了。① 那时,他写下了《辰州谒毕尚书师出所定诗文集见示即席赋呈二首》(《卷施阁集》卷十七),其中的第一首写道:

---

① 乾隆五十七年,前往贵州的洪亮吉未能在湖北襄阳与毕沅见面。另外,毕沅从乾隆五十三年至嘉庆二年七月去世为止一直担任湖广总督,不过在五十九年八月至六十年正月间一度被降格为山东巡抚。

　　　　一半戈船下濑横,烽烟开处见山城。天南纵置筹边驿,
研北仍闻击钵声。幕府尽称诗弟子,虚窗闲礼古先生。军容
荼火由来盛,未改臣门似水清。

　　"戈船"是军船,指的是洪亮吉所乘坐的船。"烽烟"即烽火狼
烟,指战争。"天南"即岭南,意为南方遥远之地。"研北"中"研"
即砚,在书信的收件人处写上以示敬意,此处说的是放砚台的书
桌,指的是书房。"击钵"是催促作诗的意思。"古先生"指佛陀,
或者是佛教的信奉者。"军容"是士兵的士气规矩。"荼火"形容
热气沸腾的状况。"由来"即原来、原本的意思。"臣门"比喻访问
者之多,以至于门庭若市。即便战火之中,军营内也常常举行诗
会,想必和原来一样热闹吧。——在经过了局势紧张的贵州东部
地区的洪亮吉眼中,处于作战前线的毕沅的军营未免也太过悠
闲了。①

　　洪亮吉再次乘舟,顺沅江而下,在常德府城上岸,然后由陆路
北上,渡过长江,十二月十九日到达荆州。那里住着与三子符孙
交换过婚约的崔氏的祖父,荆宜施道台崔龙见。不过,在洪亮吉
上门访问的时候,他正好去出差了,所以和崔夫人交谈一番就告

---

① 毕沅是学者型的官僚,招募了许多有为人才作幕友,并常向他们施以援手,这一点
　广受好评。然而,作为行政官僚,他的能力不免要受到质疑。过去担任陕西巡抚
　时,曾受王亶望的甘肃冒赈事件牵连而遭受处分。在镇压白莲教起义的作战中,因
　为没有采取有效的措施,去世后仍遭到纠弹,以至于家产被罚没。洪亮吉记载道:
　"公(毕沅)爱士尤笃。闻有一艺长,必驰币聘请,唯恐其不来,来则厚资给之。余与
　孙兵备星衍留幕府最久。皆擢第后始散去……公军旅非所长,又易为属吏欺蔽,卒
　以是被累,身后田产资畜皆没入官云。"(《书毕宫保遗事》,《更生斋文甲集》卷四)
　《啸亭杂录》卷十也记有"毕制府沅,庚辰状元,历任两湖总督。性畏懦,无远略。教
　匪之始,毕受相国和珅指,不以实入告,致使蔓延日久,九载始靖,人争咎之"。

辞了。① 二十四日,抵达襄阳,与会试时的房师安襄陨道台王奉曾再会。二十九日,到达襄阳北部靠近河南省的吕堰时,诗友王芑孙的弟弟,吕堰驿巡检王翼孙前来相迎。王翼孙大谈民众的劳苦与驿站事务的烦冗。洪亮吉在离别之时写下勉励的寄语。可是,王翼孙不久后(嘉庆元年三月二十九日)在白莲教起义中阵亡。②

---

① 崔氏是洪亮吉在乾隆四十五年顺天乡试中的同年崔景偁的女儿。这一年,符孙十二岁。两人在十年后的嘉庆十年(1805)成婚。崔氏的祖父,即崔景偁的父亲崔龙见(字曼亭,与洪亮吉是同乡)是乾隆二十六年进士。崔龙见的妻子是常州钱维城的女儿钱孟钿(字浣青),是知名的才女诗人,从前便与洪亮吉相识。洪亮吉还给钱孟钿的诗集《浣青诗草》作过序。

② 关于王翼孙,有洪亮吉的《救授登仕郎晋赠武德骑尉恤授云骑世职湖北吕堰驿巡检王君神道表》(《卷施阁文甲集》卷九),王芑孙的《亡弟听夫行实》《亡弟殉难事》(《惕甫未定稿》卷十七)。另外,在《波余遗稿附录》中收录有秦瀛、袁枚、王昶、吴锡麒、洪亮吉等十一人悼念王翼孙的文章,还有另外三十四人为他作的诗。

第五章 《征邪教疏》前后
——嘉庆元年至三年

新皇帝的北京

　　洪亮吉在河南南阳迎来了新年嘉庆元年。在此前的乾隆六十年九月,乾隆帝以已在位六十年为理由,宣布将皇位禅让给第十五子颙琰,自己成为太上皇。于是,三十五岁的嘉庆帝即位,新的一年成了嘉庆元年。洪亮吉在南阳写下了《元日南阳》(《卷施阁诗》卷十七),心中暗暗期待着新皇帝的即位能带来政治上的新气象。

　　　　幄殿趋朝夜向晨,宛南春首净无尘。早闻内禅光唐宋,
　　　　又见元年值丙辰。全楚正欣秋再稔,史官应奏日重轮。尧阶
　　　　未在追陪列,尚愧西清侍从臣。

　　黑夜过后,黎明即将到来,"幄殿"里皇帝登上了朝堂。如今我(洪亮吉)所在的"宛南"(宛是南阳的古称)的新春比以往都要清净。早前就听说了"内禅"(把皇位禅让给皇帝继承人)之事,此乃重现唐宋之光辉(唐朝时睿宗让位给玄宗,南宋时高宗让位给孝宗,都是父亲禅让给儿子)。新皇帝的元年和乾隆元年一样都是丙辰年。河南全省像是迎来秋季的再丰收一般喜悦,史官的记

录中肯定有"日重轮"(太阳变成二重)这样的祥瑞吧。登上尧(皇帝)的位置时,未能"追陪"(伴随)左右,对我这个"西清"(放置皇帝学术书籍的南书房)之臣来说可真是羞愧啊。——洪亮吉是翰林院编修,故自称为"西清"之臣。

　　洪亮吉一路北上,从荥泽历经一番劳苦渡过黄河,途经安阳、磁州,在正月二十八日抵达北京。翌日,拜谒嘉庆帝,并做归职报告,嘉庆帝还询问了他许多内容,包括贵州省的教育状况、苗民起义的近况、民生的安定程度以及官员的勤务状况等方方面面(《年谱》)。然而,当时从正月初开始出现在湖北省中南部荆州府枝江、宜都的白莲教起义①,还在持续扩大。此地距离一个月前洪亮吉在归任途中曾暂时停留的荆州府城西部仅六十公里。相关情报陆续传回京城,洪亮吉不由得担心起崔龙见、王奉曾、毕沅和王翼孙等人的安危。

　　二月,洪亮吉搬到了法源寺东边的兵马司前街。四月,回到翰林院的洪亮吉参加了被称作翰林院(庶常馆)毕业考试的"散馆考试",名列一等,作为编修继续留在翰林院。七月,充任咸安宫官学(八旗子弟学习满汉文及骑射技术的机构,由内务府管辖)总裁。② ₁₇₂

　　回到北京的洪亮吉,像从前一样不时参加法式善主持的诗会,可是除张问陶、刘锡五、王芑孙外,许多同仁已经去地方赴任了。独自望着描绘当年集会光景的《城南雅集图》,洪亮吉不禁怀

---

① 参见铃木中正:《清朝中期史研究》,燎原书房,1971 年,影印本。
②《(光绪)大清会典》卷九八规定总裁为"满洲二人,汉四人",由翰林院编修、詹事府少詹事级别的官员充任。

念起旧友来。黄景仁的遗诗《悔存斋诗抄》经刘大观之手刊行①，此时洪亮吉不但没有能够一同探讨黄景仁诗集的友人，而且将面临新的别离。回京后，洪亮吉马上去探望病中的邵晋涵，可不久后他还是去世了。这一年，在会试中又一次失败的王芑孙决定去华亭县担任县学教谕，同年的桂馥②也要去永平赴任知县，二人一道离开了北京。倍感离别之寂寥的洪亮吉，赠予桂馥一首送别诗《送桂大令馥之官永平》(《卷施阁诗》卷十七)。

> 汪钱卢邵相继作，海内故人今益稀。洪生终日块然坐，
> 欲哭不哭常歔欷。数君岂止伤夭折，六艺微言亦将绝……

汪、钱、卢、邵，即汪中(乾隆五十九年去世)、钱塘(五十五年去世)、卢文弨③(六十年去世)和邵晋涵(嘉庆元年去世)。"作"在此处为"卒"(没)的意思，可理解为几人相继亡故(此处"作"亦可理解为写作，即为这四人作追悼之诗，但未能找到具体追悼这几人的诗作)。——昔日旧友已不在，终日一人独坐，倍感寂寥，让人想要大声痛哭出来。我不只是为这几人的离世悲伤，还担心这些学问怕是要走上断绝的命运了。上述几人中，除卢文弨外的三人都是五十岁左右过世的。

173

---

① 刘大观(1753—1834)，字正孚，号松岚，直隶省邱县人。拔贡生，历任山西省河东道台、署布政使。与黄景仁并未见过面，但是为黄景仁的诗作所倾倒，从北京的翁方纲手中获得稿本八卷，将其刊行出版。参见黄葆树等编:《黄仲则研究资料》，上海古籍出版社，1986年。

② 桂馥(1736—1805)，字冬卉，山东省曲阜县人。乾隆五十五年，五十五岁时考中进士。任云南省永平县知县，施行善政。嘉庆十年，七十岁时在任职地过世。专于小学，精通声义。著有《说文解字义证》《缪篆分韵》。

③ 卢文弨(1717—1795)，字召弓，号抱经。原籍浙江省余姚县，但在杭州长大。乾隆十七年进士(探花)，与翁方纲、蒋和宁同年。由充任翰林院编修步入官场，乾隆二十九年(1764)升任翰林院侍读学士。乾隆三十三年担任湖南学政时，因其报告内容被询问而回京。翌年便辞官归乡。之后在浙江、江苏等地的书院讲学。擅长校雠，但因此著作不多，文章收录于《抱经堂文集》。

七夕之夜,受吴锡麒之邀,洪亮吉来到澄怀园(位于北京城的西北郊外,皇帝离宫圆明园大宫门的南侧,西邻绮春园),席间醉后与张问陶一同跌落池中。① 在那时的诗作中,他却笑道"张郎酒行冠已侧,笑道一年惟此夕"(《卷施阁诗》卷十七)。两天后的七月九日,长年侍奉他的下仆朱禄病死,定在傍晚下葬,洪亮吉不忍目睹,于是离开家,到友人闲置的宅子里借酒消愁,连下酒菜也没有准备。那时的诗作里写尽了他极度悲伤寂寞、如坐针毡的心情。六年前,洪亮吉刚刚进士及第,就失去了下仆窥园。看来对下仆们来说,北京官场的风气怕也是让人难熬。八月,洪亮吉移居到正阳门附近的沙土园八角琉璃井。

洪亮吉回到北京,同年黄钺也官复原职(乾隆六十年十二月)。黄钺在进士及第、担任户部主事仅半年后就回了安徽。回到北京没多久,黄钺在当年的九月再度请假归乡。洪亮吉为他作了一首《送黄户部钺乞假还芜湖》(《卷施阁诗》卷十七)。

> 黄生通籍久,而乏仕进意。郎官才半岁,坚欲洁归
计……

"通籍"即为官,"仕进"是谋求更高的官位,即晋升。"郎官"是中央的六部及理藩院的一种官职,指的是次官侍郎之下,郎中(正五品)和员外郎(从五品)。"归计"是归乡的计划。——洪亮吉说,"黄生"(黄钺)虽然一直想要做官,却没什么晋升的意图。[174]当上郎官才半年,就计划着要归乡了。

---

① 吴锡麒于嘉庆元年充任上书房师傅。嘉庆三年(1798)时,因照顾父母归乡,成为扬州安定书院的山长。后来一度官复原职,但不久后再度归乡,在安定书院讲学。澄怀园是圆明园的附属建筑,是专为南书房和上书房臣子新设的寓所,吴锡麒在担任上书房师傅时期常出入于此。后来,洪亮吉入值上书房时也进出过澄怀园。

虽然在洪亮吉看来，黄钺"乏仕进意"，但三年后的嘉庆四年，乾隆帝驾崩、和珅自尽，黄钺再度复官，并得到了嘉庆帝的信赖而一路高升，道光六年(1826)还以七十七岁高龄担任户部尚书兼军机大臣，几乎是"一人之下，万人之上"了。历经了三十六年的官场生活，可见黄钺的仕进之意是大大有之。由此，体现了北京官场风气更新的必要性。乾隆六十年九月，得知禅位诏书发布的黄钺，期待新皇帝的即位能给官场带来新转变，所以才复了官。然而，嘉庆帝的即位并没有改变乾隆帝与和珅当权的体制，所以也不用指望政治上能有新风气了。或许这就是黄钺再次请辞的理由吧。

嘉庆二年的正月十五日，洪亮吉写下《元夕有怀四首》(《卷施阁诗》卷十八)，第一首写道"半生思纪外家闻，清泪时时滴典坟"，由此可以窥探到他精神世界中的望乡情切。

饴孙的女儿在二月出生，不久后就在家人的陪伴下上京，然而在见到祖父洪亮吉后不久就夭折了。五年前(乾隆五十七年)，洪亮吉在赴任贵州学政前夕，次子盼孙去世。回到北京后，他又痛失了爱孙。荣光与悲哀——北京的严酷是言语难以表达的，深感于此的洪亮吉写下了哀悼诗《哭愍孙》(《卷施阁诗》卷十八)。

> 尔病真难起，吾衰久矣夫。犹应阿兄在，莫叹夜台孤。
> 世业凭谁振，重慈藉汝扶。伤心厝棺地，夕照满平芜。

175　"阿兄"即乾隆五十七年病死的次子盼孙。"夜台"指坟墓。"你不会一个人孤孤单单的，还有阿兄在呢。"盼孙的棺木暂时被安置在夕照寺，这回孙女的棺木同样被安放于此。"世业"是祖先代代相传的事业。"重慈"即祖母。哀悼盼孙的诗中也用了"重慈",不过此处指的是洪亮吉的妻子蒋氏。"奶奶想好好守护着你,可现在你又该去依靠谁了呢"——孙女的夭折,不论是对双亲,还是对祖父母来说,都叫人心碎无比。

孙女夭折的前后,传来了毕沅在七月病逝的消息,洪亮吉泪流不止,还在书房中为他做了一个牌位。然后,将毕沅的讣告传达给散落在各地的原来的幕友们。①

之前,在嘉庆二年三月,洪亮吉被任命为上书房②行走(担任翰林院编修的同时兼任上书房的职务),去做奕纯(乾隆帝长子、已故定亲王永璜的孙子)的师傅(负责教谕),所以搬到了位于北京城西北郊区的澄怀园近光楼。但他也不是彻底搬家,此地只是勤务时才使用,简单来说就是单身赴任的宿舍。不当值的时候,他就在沙土园八角琉璃井的寓所,和从常州上京的妻子蒋氏等亲人一同生活。

八月,四子胙孙出生,其母是自贵州时期以来陪伴洪亮吉身侧的侍妾郑氏。十月,弟弟霭吉带着年老的养母余氏回常州,洪亮吉含泪目送他们离开。在生与死、再会与离别的交错中,他的心中再度涌起了思乡之情。

嘉庆二年的夏天,北京迟迟不下雨,洪亮吉写了一首题为《望雨作》的诗(《卷施阁诗》卷十八)。

---

① 关于毕沅作为官僚的业绩,参见王继:《毕秋帆述评》,《兰州大学学报(社会科学版)》1983年第2期。
② 清朝皇子、皇孙的教育机构。课程分为经史的讲授和满蒙语、骑射的教学两部分。前者由翰林院编修等负责教育,讲授国史、圣训、经籍、诗词等内容。负责教育者称为师傅。其总监督称为总师傅,由数名大臣充任。后者则从八旗武官中挑选擅长弓马、满语、蒙语来负责教育,教授骑射、弓箭等各种武艺和满语、蒙语,称为谙达。上书房的总监督叫作总谙达。通过前者可以获得作为中国王朝统治阶层的教养,而后者则令其具备作为满族人的素质。

176　　　朝望雨雨不来，乌鹊声里红云开。暮望雨雨不下，柝声
茫茫星影泻。五陉山十日不出云，赤日炙窜牛羊群。昆明湖
一旬水减尺，青草欲生鱼鳖窟。东西紫陌飞曲尘，祈祷日烦
两圣人。君不见安得檐头雨如注，更望驿西传露布。

　　"乌鹊"即喜鹊，"红云"是被朝日照射的云彩，"柝声"是敲梆
子的声音，"茫茫"即茫然的样子，"星影"指的是夜空。"五陉山"
即西山，"昆明湖"是位于北京城西北郊外的圆明园西侧的湖泊，
由乾隆帝下令开凿并命名，据说是模仿了杭州的西湖。湖畔建有
清漪园，后来在慈禧太后的懿旨之下修复扩建，改名为颐和园。
"鱼鳖"是鱼和甲鱼，指栖居于昆明湖里的鱼类。"紫陌"指街市，
"曲尘"此处指黄沙。街上黄沙漫天，还要劳烦"两圣人"，即乾隆
帝与嘉庆帝日日祈祷了。"檐头"是房子的屋檐。"驿西"指西方，
说的是白莲教起义影响的陕西、四川，洪亮吉在自注中写道"时望
177 陕西捷音甚切"。最后一联写道，他等待雨声敲响屋檐，即期待着
降雨，能和从陕西来的"露布"（捷报的文书）同时到来，可是现在
似乎还不到时候。

　　或许乾隆帝和嘉庆帝的祈雨①感动了上苍，四月底终于下起
了雨，危机解除。然而，七月里大雨如注，流经北京城西侧的永定
河也泛滥起来，城内都淹了水。② 洪亮吉在《苦雨待客不至戏成》
（《卷施阁诗》卷十八）一诗中描写了当时的状况。

　　　五更雨急檐头冲，坏垣倒屋声汹汹。起寻蜡屐出门看，

---

① 在《高宗实录》卷一四九六"嘉庆二年四月条"中可见太上皇与嘉庆帝频频在祀坛祈
　雨的记录。
② 水利水电科学研究院编：《清代海河滦河洪涝档案史料》，中华书局，1981 年，
　第 250 页。

半里曳入涂泥中。西家床头索瓦瓶,东巷历历排墙声……

"五更"是夜间计时单位中的第五个,即天亮之前,凌晨三点到五点的时候。"垣"是土造的矮墙。"汹汹"是汹涌的样子。"西家"指贫穷之人,"床头"指妻子,"瓦瓶"是素烧的小瓶。"东巷"与"西家"相对,是有钱人居住的街道,"历历"是清楚明白的样子。——黎明之前,骤雨忽至,不只是各家各户之间的墙被冲垮了,还能听到物件损坏的声音。起来想去看看是什么情况,给鞋子涂上防水用的蜡,出门后才走了半里地就一身泥泞。穷人家的老婆在找着瓶子,有钱人家住的街道也传来坚固的砖墙溃倒的声音。洪亮吉描绘了种种情形,体现出骤雨之中人人慌乱的样子。 *178*

在洪亮吉的世界里,不只异常的气象令人更加慌乱,情势也依旧揪心。

在这个七月,张问陶接到父亲张顾鉴逝世的消息,急忙赶回四川。随后的八月里,反和珅势力的象征、军机大臣阿桂去世。于是,和珅就任领班军机大臣,其专横之势已经势不可挡了。此时,和珅的头衔竟有文华殿大学士、领班军机大臣、刑部尚书、兼理户部尚书①、翰林院掌院学士(举行殿试时常担任读卷大臣,还负责庶常馆的教习)、步军统领、总管内务府大臣、镶黄旗领侍卫内大臣等之多。此外,其子丰绅殷德所担任的崇文门监督之职,实质上也由和珅掌权。其权力扩张到清朝君主体制的公私、文武各个方面;大部分的要缺也被和珅的党羽所占据,此等情形也是可想而知的。

---

① 《仁宗实录》卷二二"嘉庆二年八月己未(二十三日)条"中显示,在阿桂去世不久后,由阿桂担任的镶黄旗领侍卫内大臣被"调任"给了和珅。虽说"管理刑部。毋庸兼管户部",可是翌日(庚申条)又"命和珅仍兼理户部"。

洪亮吉与和珅

洪亮吉对和珅心怀不满是毫无疑问的，而和珅似乎也注意到了洪亮吉。刘禺生的《世载堂杂忆》中记载了这样一桩真假未知的轶事。

179

180

> 当时和珅甚重稚存，犹刘瑾之于康对山也①。求一见不得，析一字不得。稚存时在上书房行走，和珅求成亲王手交稚存，为之写对，稚存不能拒也。翌日，对书就，呈成亲王，题款从左轴左方，小字直书赐进士出身翰林院上书房行走等等官衔洪亮吉，敬奉成亲王抬

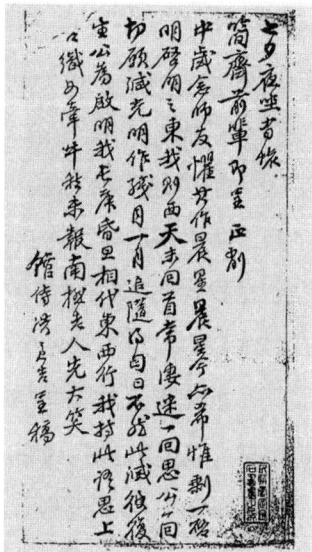

图2　洪亮吉《行书七夕夜作词稿》
（澄怀堂美术馆所藏）②

---

① 刘瑾是明正德帝时期气焰嚣张的宦官。康对山是弘治年间的进士，即翰林院修撰康海，对山是他的号。康海被刘瑾召请而不从。但因友人李梦阳入狱，为求释放友人而赴刘瑾处。后被视为刘瑾的党羽，刘瑾覆灭时，康海亦被夺职。

② 洪亮吉《行书七夕夜作词稿》轴，纸本 26.2×13.2 厘米。这幅作品创作于嘉庆二年的七夕，题记有"七夕夜坐有怀简斋前辈即呈正削"，应该是献给袁枚（简斋是其号）的。然而在《卷施阁诗》卷十八中则以《七夕夜坐戏拟古别离词寄孙大山东》为题收录，且文字上也有出入。这一年，在江宁（南京）的袁枚从年初便开始身体不适，闰六月时写下了"遗嘱"（遗言），十一月十七日过世。因此，虽然洪亮吉原计划把这幅作品送给袁枚，但得知此事后，就没有送出了（即使送出去了，获得袁枚过目批评的可能性也不高）。于是修改了一些措辞（比如将公改成君），送给了在山东的孙星衍。参考《尺牍与稿本——财团法人澄怀堂美术馆春季展（2001 年 3 月 25 日—7月 20 日）展示品解说》。感谢石田肇先生告知笔者这幅作品的存在。在阅览时受到弓野隆之先生的许多关照，在此表示感谢。

头命,书赐大学士等等官衔和珅。成亲王见之,谓此何可交付?稚存曰:"奉命刻画,臣能为者此耳。"和珅知之,向成亲王求稚存所书对,成亲王每以游词延缓之,此人所不尽知也。(《和珅当国时之戆翰林》)

可以看到洪亮吉碍于和珅的权势,难以拒绝,但也想尽办法进行推托。成亲王①,名永瑆,乾隆帝第十一子,嘉庆帝的哥哥,擅长书法,是洪亮吉任上书房行走时期的总谙达。《卷施阁诗》卷十八中收录有《八月廿九日抵澄怀园成亲王枉骑过访并辱赠诗谨赋此报谢》一诗。

朝鲜王朝使节眼中的乾隆帝与嘉庆帝

嘉庆帝即位之后,政治的实权仍然掌握在太上皇乾隆帝手中,和珅的权势非但没有被削弱,反倒增强起来。比如说,嘉庆元年,御史谢振定抓获和珅的家奴乘车出入城内,将其鞭笞一通,还把车给烧了,结果自己却被罢免。②

当时定期往来的朝鲜王朝使节会在给国王的报告里如何描述当时的北京呢?

嘉庆元年,朝鲜王朝使节(进贺使)在报告中说,在使节前往圆明园拜谒乾隆帝时,乾隆帝通过和珅表示"朕虽然归政(归还政权,此处是让位的意思),大事还是我办",太上皇帝并不希望各种事务较从前有变(进贺使李秉模)。如此看来,新皇帝嘉庆帝实际上也无法参与政治,仅仅是待在太上皇乾隆帝的身边,察言观色

①《清史稿》列传卷八。在和珅服法自尽后,嘉庆帝没收了其园林,并赐给了成亲王。
②《清史列传》卷二十七;《碑传集》卷五十七;《墓志铭》(秦瀛撰);《墓表》(吴云撰)。

罢了(正使闵钟显),太上皇高兴他就跟着高兴,太上皇笑他就跟着笑(进贺使李秉模)。嘉庆二年的进贺使书状官李秉模面对国王"新皇帝登极后,人心之向背如何"的问题,回答"人心则皆洽然。而太上皇帝老多忌讳,历日之颁布者书嘉庆,宫中进用者书乾隆。通宝之印出也,乾隆居七"。嘉庆三年的时候,有记录说"太上皇容貌气力,不甚衰耄,而但善忘比剧。昨日之事,今日辄忘。早间所行,晚(黄昏)或不省"(冬至书状官洪乐游的见闻)。所以,和珅的专横注定是愈演愈烈了,人人都因为害怕而侧目,不敢正眼去看,也不再有人敢提出意见了(冬至书状官洪乐游的见闻)。①

张问陶《戊午二月九日出栈宿宝鸡县题壁十八首》

洪亮吉的同年及诗友张问陶,为了给父亲张顾鉴服丧回了四川。嘉庆三年正月,在白莲教起义的一片慌乱中,他从成都出发,急匆匆地赶回北京。二月九日,在抵达陕西省宝鸡县时,将当时的战况写成十八首诗,题在投宿的旅店墙壁上,即《戊午二月九日出栈宿宝鸡县题壁十八首》(《船山诗草》卷十四)。

¹⁸² 下文将介绍其中的几首。

第二首
石磴萦纡战马粗,入山符叠辟兵符。杀人敢恕民非盗,报国真愁将不儒。豺虎纵横随地有,貂蝉恩宠愧心无。荒寒驿路匆匆过,焦土连云万骨枯。

---

① 以上出自《朝鲜李朝实录中的中国史料》第十二册,中华书局,1980年,第4912、4916、4918、4939、4953页。

叛军盘踞的山头石阶盘盘绕绕,连军马都气喘吁吁起来。入山时携带的符箓层层叠叠,如同可以驱退敌兵的兵符。上山加入叛军的民众也不在少数。"杀人敢恕民非盗(民众杀了人也尽量要宽恕,民众并不是盗贼)"与下一句"报国真愁将不儒"(清朝的正规军正是愁人的状态,因为没有优秀的指挥官)形成对比,他请求宽恕叛军和民众的行动。"豺虎"是暴虐之人,此处指叛军。"貂蝉"是古代高官的冠饰,指代高官。叛军横行四野,而这些身居高位的人享受着皇帝的恩宠,事情到了无法收拾的地步,也不觉得羞耻。最后一句描述了路边一片焦土、尸骸遍地的场景。

第四首　　　　　　　　　　　　　　　　　　　　　183

　　穷山避乱敞军门,威望遥遥万马屯。不战岂能收杀运,无功先已负君恩。只闻怨毒归诸将,可有心肝奉至尊。一样沙场征戍死,模糊敢信是忠魂。

"穷山"(深山)是清朝军队躲避叛军的藏身之处。上万的兵马集结,遥遥望去甚是威风堂堂("万马屯"或许是地名,暂作上述的解释)。不去打仗的话,这事端如何能了结呢。还没立功,就谎报军功想骗取恩赏,怨恨都集中到了将军身上。若真的有心的话,就好好向皇帝尽忠吧。把"沙场"(战场)中死在大本营的将军们(福康安、和琳)说成死在"征戍"中,这样伪造的报告,能让人相信是忠诚的吗?

第六首

　　故事虚张《谕蜀文》,悬军安养募新军。山中城破官仍　184
在,阃外兵哗将不闻。大贾随营缘我富,连村无寇是谁焚。烽烟未扫偏流毒,万鬼含冤指阵云。

"故事"说的是汉武帝时期,司马相如为了让蜀地民众安心,在《谕蜀文》中有夸张虚构的成分。同样地,"悬军"(深入敌阵的孤军)为了自己的生存,还要招募士兵。山城已失,官员依旧苟延残喘。"阃外"(城外)发生"兵哗"(士兵的暴动),将军依旧不闻不问。大商人为了便宜获取军队抢掠来的人民财产,而出入军营。就算叛军还没来,村庄也已被烧光。谁放的火?是官兵不想留下掠夺的痕迹而将其付之一炬。变成鬼魂的民众含恨怒指"阵云"——令人有民众将要蜂起的预感。

第十一首

三川人满欲烹珠,曾问今年米价无。饷道几难通剑阁,商船新已断夔巫。蝉连粮运舟车险,错杂民风士马粗。犹幸未摇根本地,尚留严武在成都。

"三川"指四川省的东、南、北部。除西部外,四川全面沦为战场,各城挤满逃难的民众。"珠"说的是米。米价已经高得没有边际了,所以拿珍珠来比喻。"饷道"是输送军事物资的道路,"剑阁"是陕西省通往四川省路上的一处险要关隘。"商船"是通过长江的船只。"夔巫"是夔州府(奉节县)和巫山县。——北方的陆路、东边的水路,这两条向四川运输物资的通路都被切断了,各城的民众、士兵和军马都急躁起来。所幸大本营省府成都尚能维持,能与唐肃宗、代宗时期的剑南节度使、成都尹严武相媲美的地方官还留守于此。

经历战火的张问陶对遭到叛军猛烈攻击的四川进行了细致的描写。——人们死守着自己的财产,而官员毫无作为。官军固守在山中,只求自保,不敢与叛军开战。大商人为了从军官那便宜地收购掠夺来的物资,一路跟随着军队。官纪、军纪的混乱让人民苦不堪言。所以,民众即便是加入叛军,即便是杀了人,也该赦免他们。

最后,在第十八首中,张问陶把视线引回自身。

> 夔万巴渠鸟路长,通秦连楚斗豺狼。天如有意屠边徼,[186]
> 我忍无情哭故乡。八口艰虞犹剑外,一身飘忽又陈仓。风诗
> 已废哀重写,不是伤心古战场。

"夔万巴渠"指四川省东部的夔州、万县(同为夔州府)、巴州(保宁府)、渠县(绥定府)。北边联通陕西省,东边接邻湖北省。处于三省交界地区的这几个州县,只有鸟儿才能将将飞过险峻的山路。那儿正与"豺狼"(凶恶之人,指叛军)搏斗,是天意要屠戮(舍弃)这个地方吗,我为故乡的命运无尽哀叹。"剑外"(保宁府的剑阁以南地区)还有我的家人,真叫人忧愁苦恼。只有"一身"(我一人)好不容易到达"陈仓"(陕西省宝鸡县的古地名),在这旅店的墙上题着诗。"风诗"(故乡的民歌)像是要被忘掉了,所以要把它记录下来,这不只是在哀叹故乡。以上所写的内容不是想起了古时的战场,而是当下实实在在发生的事情。

《征邪教疏》

在张问陶写下这十八首诗作的大约二十天后,嘉庆三年二月二十七日至三十日间(张问陶还未赶到都城),在圆明园的正殿正大光明殿中举行着大考(大约每十年举行一次,以翰林院、詹事府的官僚为对象的考试,题目为赋、诗、疏)。这次疏的题目正是这个时期皇帝最为烦恼的白莲教起义问题,即"征邪教"(征讨邪教),洪亮吉他们要围绕这个问题作答。

在洪亮吉结束贵州学政的任职,回到北京的大约两年里,新[187]

皇帝虽已即位,但乾隆帝与和珅的统治依旧。洪亮吉作为上书房行走,密切接触了皇帝与皇族,更是切身体验了中央官场的骇人混乱。一直以来对腐败政治的愤恨又增强了几分,终于能借此次大考的机会,来一吐心中所想。

洪亮吉对该疏的作答《征邪教疏》(《卷施阁文甲集》卷十)是一篇列举内外政治之弊害、铿锵有力的数千字长文。与张问陶的诗不同,此文的激昂一以贯之,阅卷者也为之动容。其主张如下文所述:

> 今者楚蜀之民,聚徒劫众,陆梁一隅,逃死暴刻(暂时为了避难保命而逃走)。始则惑于白莲天主八卦等教,欲以祈福。继因受地方官挟制万端,又以黔省(贵州)苗氛不靖,派及数省,赋外加赋,横求无艺,忿不思患。欲借起事以避祸。邪教起事之由如此。

> 然臣以为邪教实不足平也,何则?伊古以来,焚香聚徒,敛米入教,如汉之张鲁、张角,晋之孙恩、卢循,六朝及唐川蜀之米贼,宋之侬知高,明之刘六、刘七、赵风子、徐鸿儒、唐赛儿等类,皆起于中叶以后,政治略弛之时,然尚皆不旋踵即扑灭。若我朝圣圣相承,振纲饬纪(端正政治),每有赈恤,皆不惜百万帑金,视民如伤,爱众若子,此不特中外知之,陷入邪教者知之,即为邪教之首者亦知之。故临阵撑拒(摆开阵仗抗拒),必言受地方官重害,以致背皇上大德。试思此等皆身罹叛逆,万死不足赎之人,而天良不昧尚如此。臣故云邪教不足平也。

> 臣今敢有请者,以为胁从(在胁迫下的跟从)宜贷也。邪教入一村则烧一村,入一镇则烧一镇,以胁良民为贼耳。邪

教既退,州县官又利其烧烬所余,屏民使不得归。于是良民始不得不从贼。邪教滋扰数省,首尾三年,烧村镇愈多,则无身家衣食之民,附丽之者愈众。邪教又不甚爱惜,每行必驱之使前,或抑之在后,以抵官兵。故诸臣所入告云杀数千人数百人者,即此无业之流民,非真邪教也,非真贼也。且此曹每州县动辄以万计,可尽杀乎?即可尽杀,亦非皇上如天之仁所忍出此也。故臣以为胁从宜贷,一则开愚民之自新,一则离邪教之党羽。党羽一散,真贼乃出。从此官兵刀箭枪炮之所伤,乃真邪教也,乃真贼也。一则吏治宜肃也。今日州县之恶,百倍于十年二十年以前。上敢臁天子之法,下敢竭百姓之资。以臣所闻,湖北之宜昌,四川之达州,虽稍有邪教,然民皆保身家恋妻子,不敢犯法也。州县官既不能消靡〔弭〕(消灭)化导于前,及事有萌蘖(征兆),即借邪教之名把持之,诛求之,不逼至于为贼不止。臣请凡邪教所起之地,必究其激变(激起民愤而蜂起)与否与起衅之由,而分别惩治之,或以为事当从缓。然此辈实不可一日姑容(无原则地宽容),明示创惩,既可舒万姓之冤,亦可塞邪民之口。盖今日 *189*州县,其罪有三。凡朝廷捐赈抚恤之项,中饱于有司,皆声言填补亏空。是上恩不下逮,一也。无事则蚀粮冒饷,有事则避罪就功。州县以蒙其府道,府道以蒙其督抚,甚至督抚即以蒙皇上。是使下情不上达,二也。有功则长随幕友皆得冒之,失事则掩取迁流颠踣(因避难而流离)于道之良民以塞责。然此实不止州县,封疆之大吏,统率之将弁,皆公然行之。安怪州县之效尤乎?三也。

一则责成(追求成果)宜专也。楚(湖北省)抚守楚,豫(河南省)抚守豫,陕(陕西省)抚守陕。战虽不足,守必有余。

即以陕西言之，武关、潼关、蒲关，东面之三门也。大震关、大散关、骆谷关，西面之三门也。其地皆重岩极险，使预为之备，先使百人守之，贼何以能入武关，何以能进剑阁，又何以能复入鸡头，趋褒斜，东西蹂躏数千里，如入无人之境？此非封疆大吏不知地利，不知形势，不先事预防之失乎？

夫朝廷之驭天下，不过赏罚二端。前者平金川、平缅甸，所以能即日告功者，赏罚严明，赏必待有功，罚不避勋贵（功臣权贵）故也。今行军数年，花翎之锡至千百，而贼势愈炽，蹂躏之地方愈多，则功果安在乎？将弁之弃营汛、弃镇堡，常与贼锋相避者，大吏又务为掩饰，则咎果谁任乎？况有功而使无功者受其赏，则有功者解体。有罪而使无罪者代其罚，则有罪者益恣。故臣以为今日之事，朝廷则赏必当，罚必行。亲民之吏则各矢天良，封疆之臣则各守地界。削上下欺蒙之弊，除彼此推诿之情。如是而邪教不平，臣不信也。臣谨疏。

概括来看，洪亮吉的主张有如下四点：

1. "胁从宜贷"。许多参与叛乱的民众是在胁迫之下不得已而为之的，他们若能脱离叛乱，还请免罪。

2. "吏治宜肃"。要纠正地方官日常的不端及逃避责任等行为。

3. "责成宜专"。要明确参加平叛的文武官员的职责所在。

4. 要赏罚分明，纠正不公之处。

第一点神奇地与张问陶在《戊午二月九日出栈宿宝鸡县题壁十八首》第二首中"杀人敢恕民非盗"的想法暗合。第四点也和张问陶的第四首诗有异曲同工之妙。至于第二、三点，洪亮吉曾在献给为叛军所杀的王翼孙的神道表（《卷施阁文甲集》卷九）中，压抑着激愤说过"大吏不能御贼，而巡检（指王翼孙）御贼。大吏能迁延避贼,而巡检独当贼之冲,日夜杀贼,奋不顾身,乃力竭而为贼所杀"。前一年(嘉庆二年)三月的送别诗《送吴文学文桂旋里》(《卷施阁诗》卷十八)中,他也写过"二千石吏(汉代时郡的长官,相当于清代的知府)倘奉法,五斗米贼何难平"。由此,洪亮吉将上述的主张归结到"邪教"对策之中是自然而然的。这源自洪亮吉对风俗混乱从而秩序崩坏的社会现状所抱有的深刻的危机意识。 191

洪亮吉的这份答卷,因为有对地方政治及官僚的猛烈批判等过激内容,最终在大考中只被列为三等第二名(《年谱》)。

三月二日,洪亮吉在受皇上的接见后回家,却得知回到常州的弟弟霭吉已在正月十二日过世。他悲伤至极,痛哭不止,以至于数日茶饭不思。三月七日,洪亮吉为给弟弟服丧而辞官,二十五日在家人的陪同之下从北京归乡。在离开北京之际,他留下了一首辞别诗《湛怀园留别诸藩邸》(《卷施阁诗》卷十九)。

> 草玄亭外水粼粼,日晚轩车载酒频。自觉漫郎饶意味,
> 不妨要路绝依因。半春我约随归雁,一疏人传批逆鳞。讵敢
> 便寻忘世侣,报恩终拟剩闲身。

"草玄亭"和"日晚轩"应是湛怀园(是否澄怀园的笔误?)内的建筑物。"漫郎"是唐代的文人元结,他作有批判官场的《舂陵 192 行》。即便不再被"要路"(高官)所"依因"(利用),我(洪亮吉)也要效仿元结的"意味"(行为的目的)。"一疏"(《征邪教疏》)哪怕被说是触了逆鳞,"半春"时节(来年的春天二月)我也一定会随着北归的大雁一同回京。我不能像避世之人那样,置身度外。——洪亮吉在誓愿再度北上后,暂别京城。

回到常州后,洪亮吉的《征邪教疏》在京城名声大噪,人人竞

相手抄,甚至流传出有讹误的版本。①

一个月后,洪亮吉一行在四月二十五日抵达常州。他立马去了停放弟弟棺椁祭奠的场所。之后的五月,他去了苏州(吴县),到毕沅墓前祭拜,并作诗《灵岩谒毕尚书师墓》(《卷施阁诗》卷十九)。诗中这样写道:

> 奇勋久勒凌烟阁,遗爱犹留堕泪碑。公与古人争不朽,我思前事感无涯……

"凌烟阁"是唐太宗李世民表彰功臣、挂设其画像的建筑。"堕泪碑"为纪念晋代在襄阳去世的羊祜而立,传说中见此碑者无不落泪,故有此名。——此处是在赞叹毕沅的功绩可与古代名臣相媲美。

193　九月,弟弟的养母余氏过世,于是洪亮吉要操持两个人的葬礼。此时,长子饴孙②在江南乡试中考中举人,一同参考的舅父蒋蘅也因年过八旬,被赐予举人的身份(《年谱》)。

---

① 《卷施阁诗》卷二十。
② 洪饴孙(1773—1816),字孟慈,又字祐甫。后来担任湖北省东湖知县,嘉庆二十一年(1816)在任上去世,享年四十四岁。其学问与父亲洪亮吉相似,涉猎广泛,如历史地理学、小学等领域,然而其著作大多散佚。现存仅有《三国职官表》《青疃山人诗》。

第六章 《极言时政启》
——嘉庆四年

乾隆帝驾崩与嘉庆帝亲政

在洪亮吉离京期间,北京发生了翻天覆地的变化。嘉庆四年正月三日,乾隆帝驾崩。嘉庆帝虽然已经即位,可实权仍然把握在太上皇乾隆帝手中,因而无法在政治上施展拳脚。这时,为了掌握政治实权,他马上展开了行动。乾隆帝驾崩当天,嘉庆帝就让除总师傅刘墉以外的数名上书房师傅(负责教育)回归原职,任命蒙古科尔沁郡王索特纳木多布斋(嘉庆帝的三女儿下嫁于他)为御前行走,将自己的师傅、署安徽巡抚朱珪召回北京。做好这些人员布置后,四日,嘉庆帝剥夺了和珅的军机大臣、步军统领官衔,命令和珅与同在乾隆帝跟前争宠的户部尚书福长安一起,日夜守在乾隆帝的棺前,以监视他们的行动。①

当时,相当于皇帝与皇族的护卫暨宫中(紫禁城)警备部署的有八旗侍卫(约六百人)、亲军营(约一千七百人)以及前锋营(一千七百余人)、护军营(约一万五千人)等。还有负责包括北京内

---

① 《朝鲜李朝实录中的中国史料》第十二册,正宗二十三年(即嘉庆四年)三月戊子,书状官的报告。

城九门的警备在内的内外城全域警备与治安维持工作的步军营。步军营坐拥八旗步兵二万一千余人和绿营步兵一万余人的兵马,可谓禁卫军的中坚力量,其长官步军统领乃正二品官,由皇帝最

195 为信任的上三旗满洲大臣兼任。乾隆时期,鄂善[镶黄旗,在职时间为雍正十一年(1733)至乾隆六年(1741)]、舒赫德(正白旗,六年至十九年)、阿里衮(镶黄旗,十九年至三十四年)、福隆安(镶黄旗,福长安的哥哥,额驸,三十四年至四十一年)、丰升额(镶黄旗,阿里衮之子,四十一年至四十二年)相继担当步军统领,乾隆四十二年以后,由和珅充任。现在,和珅被拘禁起来,北京城全部的警备力量与情报都由嘉庆帝直接掌握,他还将和珅党羽的活动置于自己的监视之下。此时,步军统领由嘉庆帝的长兄(乾隆帝长子)永璜的嗣子定亲王绵恩担任(八日)。

嘉庆帝在正月五日发布上谕,表示要去除旧弊、澄清政治,并表示"九卿科道有奏事之责者,于用人行政一切事宜,皆得封章密奏"①,积极号召官员上书建言。在皇帝的鼓励之下,给事中王念孙②、御史广兴③等人弹劾和珅一伙,列举其各种罪状。于是八

---

① 《仁宗实录》卷三七,嘉庆四年正月甲子条。

② 王念孙(1744—1832),字怀祖,号石臞。江苏省高邮县人。乾隆三十年,乾隆帝南巡召试中被赐予举人身份。四度挑战会试未果,转入安徽学政朱筠的幕下。如前文所述,此时他与同为幕友的洪亮吉相识。后来,随朱筠一同上京,在四十年的会试中考中进士(二甲第七名)。曾经辞官归乡,四十五年再度上京任官。在工部任职后,五十三年升任御史,直到嘉庆四年。他擅长考据,尤其在训诂学、音韵学领域成就颇高。《广雅疏证》是其音韵学的成果,而校勘学的成果则收录在《读书杂志》中。

③ 广兴(1745—1808),满洲镶黄旗人。大学士高晋之子,嘉庆四年时吏部尚书书麟的弟弟。广兴因此次弹劾和珅,被提拔为副都御史,随后升任刑部侍郎。嘉庆十二年(1807),为调查司法问题,与左都御史周廷栋一同前往山东,索贿但被拒绝。或为此而弹劾按察使石韫玉(洪亮吉的同年)治狱不当。然而,嘉庆十四年(1809),其不端行为被揭发,处以斩刑,罚没家产(《清史稿》卷三百五十五)。其兄书麟不徇私情,批判遭到弹劾的弟弟,以及赞同尹壮图提出的地方亏损问题,并招致和珅忌恨等事迹可见于《清史稿》列传一百三十。

日,嘉庆帝解除和珅、福长安的一切职务,在拘禁之下送往刑部。十五日,罗列和珅以下罪状二十条[1]:

一、朕于乾隆六十年九月初三日,蒙皇考册封皇太子。尚未宣布谕旨。而和珅于初二日,即在朕前先递如意,漏洩机密。

二、上年正月。皇考在圆明园召见和珅,伊竟骑马直进左门,过正大光明殿。

三、又因腿疾,乘坐椅轿,台(抬)入大内(内廷),肩舆出入神武门,众目共睹。

四、将出宫女子取为次妻,罔顾廉耻。

五、年来剿办川楚教匪。皇考盼望军书,刻萦宵旰。乃和珅于各路军营递到奏报、任意延搁。有心欺蔽,以致军务日久未竣。

六、皇考圣躬不豫时,和珅毫无忧戚……谈笑如常。

七、昨冬皇考力疾披章。批谕字画,闲有未真之处。和珅胆敢口称不如撕去,竟另行拟旨。

八、令伊管理吏部刑部事务……兼理户部题奏报销事件,伊竟将户部事务一人把持,变更成例,不许部臣参议。

九、上年十二月内,奎舒奏报循化、贵德二厅贼番聚众千余……在青海肆劫一案,和珅竟将原奏驳回,隐匿不办。

十、皇考升遐后,朕谕令蒙古王公未出痘者不必来京。和珅不遵谕旨,令已未出痘者,俱不必来京,全不顾国家抚绥外藩之意。

十一、大学士苏凌阿,两耳重听,衰迈难堪,因系伊弟和琳姻亲,竟隐匿不奏;侍郎吴省兰、李潢,太仆寺卿李光云,皆曾在伊家

196

---

[1]《仁宗实录》卷三十七,嘉庆四年正月甲戌条。参见关文发:《嘉庆帝》,吉林文史出版社,1993年,第68—70页。

教读,并保列卿阶,兼任学政。

十二、军机处记名人员,和珅任意彻去。种种专擅,不可枚举。

十三、昨将和珅家产查抄,新盖楠木房屋,僭侈踰制,其多宝阁及隔断式样,皆仿照宁寿宫制度,其园寓点缀,竟与圆明园蓬岛、瑶台无异。

十四、蓟州坟茔居然设立享殿,开置隧道,附近居民有和陵之称。

十五、家内所藏珍宝,内珍珠手串,竟有二百余串,较之大内多至数倍,并有大珠,较御用冠顶尤大。

十六、又宝石顶并非伊应戴之物,所藏真宝石顶有数十余个,而整块大宝石不计其数。且有内府所无者。

十七、家内银两及衣服等件数逾千万。

十八、夹墙藏金二万六千余两,私库藏金六千余两,地窖内并有埋茂银两百余万。

十九、通州蓟州地方,均有当铺钱店。查计资本,又不下十余万。以首辅大臣,下与小民争利。

二十、伊家人刘全,不过下贱家奴。而查抄赀产,竟至二十余万,并有大珠及珍珠手串。若非纵令需索,何得如此丰饶。

上述的罪状浮现了和珅旁若无人的姿态,乾隆帝的独宠令他有恃无恐。

依据嘉庆帝罗列的二十条罪状,九卿会议(六部、都察院、通政使司、大理寺的堂官参与)奏请将和珅"照大逆律凌迟处死"。对此,嘉庆帝的妹妹、嫁给和珅之子丰绅殷德的和孝公主哭诉"肢体四散而死过于惨烈,好歹给留个全尸",大学士们也表示"虽说罪孽深重,到底也是先帝的大臣"。念及此,嘉庆帝最终赐予和珅

白绫,命其自尽(十八日)。① 另一方面,与和珅一同被拘禁的福
长安则被判处"斩监候,秋后处决",不过八月就被赦免,派往裕陵
(乾隆帝的陵寝)守陵,后来官复绿营提督。② 由此,可以说正月   198
五日的上谕是在号召众臣对和珅进行弹劾。嘉庆帝个人对和珅
很有意见,将其视为万恶之源。

此外,嘉庆帝还对和珅的党羽进行了处分。大学士苏凌阿辞
职。已经去世的和琳(和珅的弟弟)被剥夺公爵爵位,还撤去了专
祠。侍郎吴省兰(当时担任浙江学政)、李潢降格为翰林院编修。
左都御史吴省钦(吴省兰之弟)被解职。太仆寺卿李光云辞职。

当时,军机大臣在乾隆帝驾崩前后发生了如下的变化:

正月一日在任:和珅(满族)、福长安(满族、户部尚书)、沈初
(汉族、户部尚书)。

正月初八就任:成亲王永瑆(满族)、那彦成(满族、户部右侍
郎)、庆桂(满族、兵部尚书)、戴衢亨(汉族、户部右侍郎)、董诰(汉
族,东阁大学士)。

也就是说,正月一日在任的三位军机大臣在八日全部被解
职,并新任满族大臣三名、汉族大臣两名。新任的军机大臣中,成
亲王永瑆,如前所述是嘉庆帝的哥哥。那彦成(1763—1833),满
洲正白旗出身,是嘉庆二年为止一直担任军机大臣的阿桂的孙
子。乾隆五十四年进士,并成为翰林院庶吉士,当时翰林院的掌
院学士就是阿桂。五十九年升任内阁学士(兼任礼部侍郎)。此
时是他进士及第的第十年,便升任军机大臣,并充任翰林院掌院
学士。随后的八月,那彦成被任命为钦差大臣,前往陕西,指挥镇

---

① 《仁宗实录》卷三十八,嘉庆四年正月丁丑条。
② 《清史稿》列传八十八。嘉庆帝对和珅事件处理得不彻底。中山八郎:《关于清朝皇
  帝的权力——乾隆·嘉庆·道光时期》,《历史教育》1960 年第 8 卷第 12 号。

压白莲教起义。又于嘉庆五年转向四川，可是未有战果，便解任军机大臣，并降格为翰林院侍讲。庆桂（1737—1816），满洲镶黄旗出身，是雍正时期至乾隆二十年代活跃在地方官任上的尹继善的儿子，蒙恩荫而受官，乾隆三十六年被提拔为军机大臣，翌年转任驻防八旗的武职，历任吉林将军、福州将军、盛京将军，四十九年以后担任兵部尚书。戴衢亨（1755—1811），江西省大庚县人。乾隆四十三年状元，嘉庆二年一度短暂担任过军机大臣，这回是再任。董诰（1740—1818），浙江省富阳县人，乾隆二十九年进士，擅长书画。乾隆帝得知后，于三十六年将其调入南书房，担任内阁学士。又历任工部、户部侍郎，四十四年至嘉庆二年担任军机大臣，五十二年至嘉庆元年任户部尚书，嘉庆元年后转任东阁大学士。乾隆晚年给书画的题字多由董诰代笔，嘉庆帝自然也利用了董诰的这个才能。董诰的同年，此次被解任的军机大臣沈初亦长于绘画，凭借此才能侍奉在乾隆帝左右。——这次军机大臣的任命是新任两人包括宗室一人，留任三人。

嘉庆帝又让担任军机大臣的皇兄成亲王永瑆总理户部与三库（银库、缎匹库、颜料库），统辖财政，并让同是皇兄的仪亲王永璇管理吏部，掌握人事大权。还让庆桂接任苏凌阿刑部尚书的职位，令睿亲王淳颖掌管理藩院（理藩院尚书是惠龄），并于九日任命其为御前大臣。

从乾隆帝驾崩后的第二天正月四日开始，人事上发生了许多变动。其中，变化最大的当数北京的八旗。下文展示了正月里发生的包括兼职在内的人事变动，其中或有与前述相重合的部分（参见《仁宗实录》）。

五日

召唤乌鲁木齐都统书麟回京，充任吏部尚书。

令科布多参赞大臣富俊充任乌鲁木齐都统。

六日

正红旗汉军都统德明充任镶黄旗汉军都统。

荣郡王绵亿（已故皇兄永琪的第五子）充任正红旗汉军都统。

正黄旗蒙古副都统那彦成充任镶白旗满洲副都统。

参领恭阿拉充任正黄旗蒙古副都统。

头等侍卫富成充任镶黄旗蒙古副都统。

头等侍卫果勒敏色充任正白旗蒙古副都统。

八日

定亲王绵恩充任正白旗满洲都统。

兵部左侍郎布彦达赉、上驷院卿永来充任总管内务府大臣。

刑部尚书庆桂充任御前大臣。

仪亲王永璇充任镶黄旗领侍卫内大臣。

贝勒绵懿（已故皇兄永璋的养嗣子）充任正白旗领侍卫内大臣兼镶白旗满洲都统。

成亲王永瑆充任镶黄旗满洲都统。

礼部尚书德明充任镶蓝旗满洲都统。

武备院卿阿兰保充任正红旗护军统领。

乾清门行走喀喇沁公丹巴多尔济充任镶红旗护军统领。

兵部左侍郎布彦达赉充任管理銮仪卫库事。

九日

镶蓝旗蒙古都统富锐充任兵部尚书。

201

睿亲王淳颖充任御前大臣。

庆亲王永璘充任内廷行走。

正蓝旗满洲副都统绵佐充任正白旗汉军都统。

吏部尚书书麟兼任正红旗汉军都统。

镶红旗汉军副都统永玉充任正白旗护军统领。

十日

喀尔喀亲王固伦额附拉旺多尔济充任正白旗领侍卫内

大臣。

十一日

镶蓝旗满洲副都统斌宁充任镶黄旗汉军都统。

镶白旗蒙古副都统积拉堪充任镶蓝旗满洲副都统。

内阁学士文宁兼任镶白旗蒙古副都统。

不入八分公①绵志充任正白旗蒙古副都统。

銮仪卫銮仪使阿迪斯兼任正白旗汉军副都统。

---

① "不入八分公"是清朝授予宗室的爵位的专门用语。所谓清朝宗室是指太祖努尔哈
赤的父亲塔克世的直系子孙。太祖努尔哈赤时期由八家有力的"宗室"共同统治,
其权利、义务平分至八家,这就是"八分"的缘由。这八家的子孙区分为享有牛录
(佐领)和八家权利者,及不享有者。入关之后,军事行动减少,"八分"的意义也被
削弱,但被采用为封爵制度,即"入八分"和"不入八分"的称号。清朝宗室的爵位有
亲王、世子、郡王、长子、贝勒、贝子、镇国公、辅国公、镇国将军、辅国将军、奉国将军
及奉恩将军十二个等级。此外是闲散宗室。贝子以上为"八分",镇国公和辅国公
则有"入八分"和"不入八分"之区别。在第六等的贝子之下,是"(入八分)镇国公"
"(入八分)辅国公",其次就是"(不入八分)镇国公""(不入八分)辅国公"。所以,爵
位实际上有十四等。此处所谓的"不入八分公"指的是"不入八分镇国公"和"不入
八分辅国公"。"入八分"的宗室在大朝和常朝等典礼上与亲王、郡王、贝勒等一同
配置于左右翼("列班"),还会统率下属跟从皇帝("侍随")。第九等的"不入八分镇
国公"以下的"不入八分"宗室只能随着所属的旗行动。绵志是仪亲王永璇的长子,
后来被授予贝勒的爵位。

镶红旗汉军副都统缊布充任正蓝旗满洲副都统。

已革（之前被解职的）副都统扎郎阿充任镶红旗汉军副都统。

十五日

镶白旗满洲副都统绵标充任正蓝旗护军统领。

参领那敏泰充任正蓝旗汉军副都统。

二十一日

定亲王绵恩、正蓝旗护军统领永玮、右宗人晋昌、乌里雅 *202* 苏台将军永琨、礼部尚书德明充任内大臣。

二十三日

正黄旗汉军副都统恒杰充任镶白旗满洲副都统。

镶黄旗蒙古副都统富成充任正黄旗汉军副都统。

已革副都统齐里克齐充任镶黄旗蒙古副都统。

二十八日

正白旗蒙古副都统绵志充任镶红旗满洲副都统。

内阁学士达椿兼任正白旗蒙古副都统。

正蓝旗汉军副都统那敏泰充任乌里雅苏台参赞大臣。

可以明确的是二十四旗（固山）的都统及副都统的职务发生了许多变化，与其说是大幅度的改变，不如说是少数人才在进行频繁的调动。从侍卫和"不入八分"的宗室也被登用提拔这一点，也可以看出和珅的影响之大与人才之不足。除此以外，嘉庆四年中主要的人事变动还有如下几项(参见钱实甫编《清代职官年表》)。首先,表 4 从数据统计的角度观察了六部中长官与次官的变动。其中,吏部、礼部的满侍郎,礼部的汉侍郎,兵部的满汉侍郎等任上发生了五六人的交替。通常来说只会有两三人的变动,所以这可不算小数目了。这里面被解职、降格的只有和珅的党羽,还有不少像上述八旗职位的继任和调动的情况。其次,将军(驻防八旗)、提督(绿营)的变动仅限于与镇压叛乱相关的范围。再次,地方的总督、巡抚、布政使及按察使等职位仅限于省份间的变动,调动到中央的情况不多。

表 4　嘉庆四年中央主要部门长官、次官就职者数量

官署	长官		次官			
	满缺	汉缺	左满缺	右满缺	左汉缺	右汉缺
吏部	2	2	3	6	2	3
户部	3	3	5	6	3	1
礼部	1	1	1	4	6	6
兵部	3	1	5	5	5	5
刑部	3	2	4	5	2	3
工部	2	1	3	4	2	4
理藩院	2	0	?	?	0	0
都察院	4	4	2	3	2	1

依据钱实甫编:《清代职官年表》,中华书局,1980 年。
图表说明:
1. "满缺"由满洲或蒙古八旗出身者充任;"汉缺"由汉人(民籍)充任。
2. "1"表示正月时只有就任者本人,没有发生异动。
3. "0"表示没有这一职位。
4. "?"表示参考文献中未列有此项。

综上所述,在乾隆帝驾崩与嘉庆帝亲政的政权交接之际,嘉庆帝似乎没有进行大规模的解职与登用的"人事一新"。而对与和珅有来往的官员,就如下文中正月十九日的上谕所述,仅是要求"迁善改过"(改过向善),许多官员在没有接受任何查问的情况下被留职,事件就此告终了。宫中及京师八旗等皇帝近侧人员的配置是这次人事变动中变化最大的。结果就是,整体上来看多数要职为宗室所占据。宗室进入政治核心圈的状况,自雍正帝时期确立皇帝集权以来,就很少再出现了。然而,面对当时多数官员都与和珅有瓜葛的现状,嘉庆帝为了恢复皇帝集权的体制,只得将宗室作为值得信赖的臣下,安排到中央的各个要职。

和珅之死

正月十八日,和珅被赐予白绫,悬梁自尽而死,终年五十岁。[204]他在绝命诗里写道[①]:

> 五十年来梦幻真,今朝撒手谢红尘。他日水泛含龙日,认取香烟是后身。

这五十年的生涯是梦幻还是真的呢?今日自行绝命,永别"红尘"(人世)。终会有潮水上涨、含龙之日出现吧。从"香烟"(供在佛前的香飘出的烟雾)可以"认取"(认出)我的"后身"(转世)。"含龙"是和珅把自己看作河神,即龙的化身,或是说自己将

---

① 《朝鲜李朝实录中的中国史料》第十二册,嘉庆四年三月戊子,书状官的报告中可见和珅的诀别诗。此处可参见缪荃孙所辑《艺风堂杂钞》中《和致斋相国事辑》与冯佐哲的《和珅评传》第267页(依据孟森《清高宗内禅事证闻》),收录的诗在遣词造句上略有出入。

转生为龙。

下面介绍一首在和珅自尽当日张问陶所作的诗,题为《己未正月十八日纪事》,该诗收录在《船山诗草》卷十四中。

> 金穴铜山意悯然,痴羊入肆尚流连。九原添个寻常鬼,可惜黄扉十五年。

"金穴铜山"形容非常富裕,可这些东西现在也全生锈了。把愚蠢的羊儿牵到"肆"上(市场,即刑场),它"流连"着,落泪不止。不过是往"九原"(彼岸)送去一个普通的"鬼"(人类)罢了,只是可惜了十五年的"黄扉"(黄门,即权势)。——据说和珅死前一直呢喃"我是个痴人"云云,"痴羊"或是典出于此。

确认和珅死亡后的嘉庆帝,在十九日向内阁发布了一道谕文(《仁宗实录》卷三十八,嘉庆四年正月戊寅谕内阁):

> 昨经降旨将和珅罪状明白宣示。据大学士九卿等会同定拟具奏,已将和珅赐令自尽矣。和珅任事日久,专擅蒙蔽,以致下情不能上达。若不立除元恶,无以肃清庶政,整饬官方。今已明正其罪,此案业经办结。因思和珅所管衙门本多,由其保举升擢者,自必不少。而外省官员,奔走和珅门下,逢迎馈赂,皆所不免。若一一根究,连及多人,亦非罚不及众之义。且近来弊端百出,事难悉数。现在宣示和珅罪状,其最重各款,俱已晓然众著。傥臣工误会朕意,过事搜求。尚复攻击阴私,摘发细故。或指一二人一二事以实其言,则举之不胜其举,并恐启告讦报复之渐。是除一巨蠹,又不免流为党援门户陋习。殊非朕之本意也。朕所以重治和珅之罪者,实为其贻误军国重务。而种种贪黩营私,犹其罪之小者。是以立即办理,刻不容贷。此外初不肯别有株连,惟在儆戒将

来,不复追咎既往。凡大小臣工,无庸心存疑惧。况臣工内中材居多,若能迁善改过,皆可为国家出力之人。即有从前热中躁进,一时失足,但能洗心涤虑,痛改前非,仍可勉为端士,不至终身误陷匪人。特此再行明白宣谕,各宜凛遵砥砺⋯⋯

曾经加入和珅门下的人,只要表示悔改,宣誓参加"维新之 *206* 治",便可再度被登用。如是,人事变动暂时告一段落。一月底,嘉庆帝恢复了因和珅作梗而被解职的原御史曹锡宝、内阁学士尹壮图的名誉。① 三月以后,嘉庆帝允许道员级别的官员上书"密折封奏",广开言路,②展现了革新政治的积极姿态。

洪亮吉回京

等乾隆帝驾崩的消息传到常州的洪亮吉那儿的时候已经是二月了。急急忙忙做完上京的准备,洪亮吉在出发前写下了《北行》第一首(《卷施阁诗》卷二十)。

> 三月束装归,二月束装发。出门才十稔,抵家无百日。昨为弟丧归,今为国丧出。我劳何敢惮,我泪忽呜咽。挥泪北向行,程程冒风雪。

"出门"指离开故乡,此处说的是进士及第和任官之事。"呜咽"是抽抽搭搭地哭泣。"程程"形容遥远;"冒风雪"只是他的一种想象。——清朝入主北京后的第十年即顺治十年时,吴伟业在上京任官的途中,于山东临清遇到了反季节的大雪,写下了"白头

---

① 《仁宗实录》卷三十八,嘉庆四年正月丁亥条。
② 《仁宗实录》卷四十,嘉庆四年三月戊辰条。

风雪上长安"。吴伟业大抵只是单纯地描写风光,而对洪亮吉来说,那时的他或许已经下定某种"决意"了。

207　　三月二日,洪亮吉回到北京。仅仅离开一年,北京的气象已大不相同。如前所述,嘉庆帝意气风发地要革新政治,在大刀阔斧地对中央各部和八旗的人事进行大规模更换的同时,还解任了一批镇压白莲教不力的将军与地方官。并以四川总督勒保充任经略大臣,作为新任平乱作战的总司令官,将相关省份的总督、巡抚归于其统制之下,要求地方势力协同,采用"坚壁清野"的新作战策略(然而,勒保在八月就因平叛毫无进展,被问责并撤职)。

　　洪亮吉因为马上要去紫禁城北边景山观德殿的乾隆帝梓宫"随班哭临",所以先去了翰林院"销假"。据说此前,曾经是洪亮吉会试座师的吏部尚书朱珪邀请过他复归。四月,洪亮吉充任实录馆汉文纂修官,同时担任会试磨勘官及殿试受卷官,五月成为庶常馆教习(大臣级别的称"教习",洪亮吉等负责教育者称"小教习")。上京后,洪亮吉在位于铁厂的戴敦元(浙江省开化县人,乾隆五十八年进士)家暂住了一段时间,五月他搬到西华门南池子的关帝庙。这是洪亮吉京师生活中第一个也是最后一个在内城里的居所。八月,《高宗实录》第一分册成书,呈嘉庆帝御览后,工作告一段落。因为洪亮吉是在听说乾隆帝驾崩后急急忙忙赶来北京的,所以他的车马衣物等物件都没有准备,在这越来越冷的京城里,生活也愈发不便起来。于是,他再次告假。在九月二日"叩送"乾隆帝的棺木后,洪亮吉又一次归乡(《年谱》等)。

　　和珅的自尽也无法平息四川、陕西的白莲教起义。在了解到军队的派遣、军饷的调度以及相关官僚的动向之后,洪亮吉愈发焦虑起来。

　　若想知道三月到八月这六个月里洪亮吉的心境的话,那时他创作的诗歌(《卷施阁诗》卷二十)是相当重要的参考材料。回北京后的一个月,四月二日,洪亮吉在与法式善同游极乐寺时写下了一首长诗《四月二日法祭酒式善邀同人至极乐寺小憩分韵得月字》,其中这样说道:

> ……侧闻秦陇蜀,兵苦不得歇。至尊忧黎元,御殿每日 208
> 昃。时时思说论,何异饥与渴。开诚布条教,欲使黎庶活。
> 奈何诸大吏,敷告尚不实。民犹困科敛,吏不奉法律。文书
> 巧相抵,百变难致诘。居然贪欺成,不复畏斧锧。两湖全陕
> 地,事变可胪列。因循及弛废,百事待刚决。倒悬诚已久,水
> 火救宜切。我官非谏诤,讵敢肆笔舌? 幸多同志友,肝胆素
> 郁勃。能言固堪贵,尤在通治术。敷陈政之要,置彼事纤屑。
> 虽争焚谏草,道路有传说。吾侪究多幸,贮见荡平日。花前
> 时时来,一醉百忧豁。 209

据传秦(陕西)、陇(甘肃)、蜀(四川)的士兵苦于疲敝,不得休息。天子为民担忧,每天在殿上处理政务到很晚。有时听说了一些正确的言论,可是饥饿干渴的状况还是没有改变。颁布了正义之说的法令,想让人们打起精神来。可是不管怎样,官吏们都不会按布告的内容如实照办,人民依旧苦于租税和徭役的重担,小吏们更是连守法的打算都没有。公文里费尽心机蒙混搪塞,屡屡做些小动作,让人无法明确地问责。这些官吏欺瞒民众,贪图利益,甚至连处刑都不害怕。该好好清算一下两湖(湖北、湖南)、全陕(陕西)等地发生的这类事情。磨磨蹭蹭,拖延应对,待办的事件堆积成山。"倒悬"(痛苦的状态)着已经很久了,可灾难要尽早解决才是啊。我的工作并不是"谏诤"(指出皇帝的过错),想要谏言也不能用上谏的口吻。所幸我有很多同道中人,他们怀抱志

向,通晓治国的方法,还能言善道,十分值得尊敬。应当"陈政"
(论述政治)之要点,其他都不过是些小事。即便烧掉了"谏草"
(劝谏的文章),道路上依然有传说(即"道路以目"的典故,民众在
路上相会也不敢交谈,但是会通过眼神来表达对政治的不满)。
我等还是自求多福,等待战乱平定的那一天。时不时来到花前,
靠一醉来开解千愁万绪。——陕西、四川等地的叛乱猖獗依旧。
民众不仅苦于饥馑,还难逃被官吏压榨之苦。可从职责来看,我
是不该去谏言的,这叫人多么着急啊。

五月所作的《偶成二十首》(《卷施阁诗》卷二十)更是带上了
激烈的语气,流露出愤怒的情绪。

第二首

我昨谒达官,先有后堂客。思陈天下事,四坐皆简默。
移床前复却,日影去阶尺。宁惟言不省,反欲斥狂惑。朔风
吹横门,檐瓦响历历。中有挥尘人,丰貂饶菜色。

自注:近时士大夫蔬食者十有六七。

在高官面前慷慨陈词对天下问题的思考,可他们却无动
于衷。日影斜照在台阶上,拖得长长的有一尺。想要挪动一
下长椅,对方却退到了后面。他们不仅不理解我的言论,反而
想要斥责我狂妄迷惑。"朔风"(北风)狂吹着门户,屋檐上的
瓦片发出声响。房中那些高谈阔论的人,穿着华贵的貂皮,桌
上的菜色丰饶。——洪亮吉其实想说的是"这些家伙只是外
表光鲜,内心却很空虚"。

第五首

千金构亭台,百金施绘采。天公矜物力,不使成遽毁。
前门方逮讯,后户已迁赇。复壁不匿人,惟应穴金在。主人

176

虽已易,朱户仍不改。春半燕子来,啁啾旧时垒。

花了大价钱来构建庭园和假山,点缀以色彩(此处或是指和珅的宅邸)。天公爱惜可用的事物,不会马上毁坏。搜查的人前脚从屋子的玄关进去,贿赂的物品后脚就从后门出来了。双重的墙壁不是为了藏人的,是用来放金银财宝的。虽然屋主被解职了,但是房门上涂着的象征高门的朱色还没改。再到春半时节,燕子又会飞来此地,在和过去一样的地方鸣叫吧。——虽然和珅已不在,但是没发生任何改变。

第七首

承平百余载,风俗渐喜夸。物力苦不多,踵事而增华。我顷读风诗,颇愿删《木瓜》。苞苴之所兴,礼节日以奢。君子慎厥初,百事除萌芽。

过了百来年的和平时光,风俗渐渐被奢华扰乱。"物力"(物资)并没有那么多,却养成了这样的习惯,还愈发奢靡起来。我最近在读《诗经》,看到以木瓜的果实作为赠答的礼品,就想把《木瓜》这篇删去。若有"苞苴"(赠物)往来的话,礼节就会更加奢侈。君子若能在初期率先谨慎的话,便可掐灭扰乱风纪的萌芽。——表现其对嘉庆帝的亲政寄予期望,强调了万事开头最重要。

第十二首

师臣者三王,友臣者五伯。逮兹秦汉后,视下比厮役。长孺前正论,天子辄变色。惜哉公孙宏,其性本便辟。庸儒司国柄,何事足裨益。田蚡暨卫霍,半又起外戚。当日严惮人,庶几惟汲直。

"师臣者三王"是夏禹、商汤和周文王。"友臣者五伯"则是春秋时的齐桓公等人。秦汉之后，也有类比"厮役"(杂用的下仆)的人。从前，汉武帝时期的汲黯(字长孺)说了些正当的言论，天子马上就变了脸色。然而，同样是汉武帝时期的丞相"公孙宏"(即公孙弘，清朝时避讳)，据说有振兴儒学之功，但是本性"便辟"，只是作表面功夫，谄媚逢迎，长袖善舞罢了。让这样的"庸儒"(平庸的学者)来执掌国政，能有什么益处呢？"田蚡"，即汉景帝皇后之弟、武帝时期的丞相。"卫霍"，是汉武帝时期的武将，汉武帝皇后的弟弟卫青及其外甥霍去病，两人皆讨伐匈奴有功，被任命为大司马。三人皆为外戚。要尽量避免让他们这类人参与政治，还请圣上听取直言来行政。——洪亮吉担心刚刚亲政的嘉庆帝身边尽是外戚或光说好话的逢迎谄媚之人。

213

第十四首

孔明相巴蜀，贵在饬纲纪。断狱斩幼常，时时面流涕。古来真将军，亲爱法不废。所以百万师，常若身使臂。桓桓司马法，无事出奇计。恩多不能劝，用法乃始励。庄贾后即诛，庶乎知此意。

"孔明"即诸葛孔明，蜀国的宰相，他肃正纲纪，依法行政，因马谡(字幼常)违反命令擅自行动，而含泪将其斩首("挥泪斩马谡"的故事)。从前的真将军都遵守军规，指挥百万军队就如挥动自己胳膊一样自如。春秋时期齐国的将军，司马穰苴所编的兵法《司马法》中不只记载了奇计、奇策，还记录了军事行动的根本。庄贾和司马穰苴一同统帅军队，却因出阵迟缓，被按军法处置了。只要不沽名钓誉，严肃实行军规，就能激励团结士兵。——批评

178

平乱作战中军纪弛缓问题的洪亮吉尤其强调了军事作战中必须严格恪守军规。

去年（嘉庆三年）十一月，洪亮吉的同乡友人、激烈地批评和珅的管世铭突然去世。在《偶成二十首》之后，洪亮吉写下了悼念管世铭的《哭管侍御世铭》（《卷施阁诗》卷二十），自注中他说到"闻先生客秋欲上封事，属草已定遽卒。庄刺史炘尚及见之"，可 *214* 见洪亮吉自身上书的愿望也十分强烈。

后来，洪亮吉还赠给进士同年，时为四川省重庆知府，奋斗在镇压叛乱与安定民生第一线的石韫玉①《寄石太守韫玉》（《卷施阁诗》卷二十）诗一首：

> 闻说东川守，骑驴过百城。书仍寄旁午，地未塞夷庚。
> 启事人先悚，登坛众尽惊。巴渝兵火地，何以慰疲氓。

"东川"指四川省东部，"巴渝"是其中心地区，即重庆府一带。前两联说的是，东川地区"夷庚"（车马往来的道路）又通畅了，物资的流通也恢复了，可知四川情况已有所好转。"启"是向上位者报告时用的书简的形式。自注中补充道："君（石韫玉）以川匪曲折，作启事致成亲王，王即以上闻。"也就是说，石韫玉给成亲王的书简（《上成亲王书》）已经呈给嘉庆帝御览了。

---

① 石韫玉（1756—1837），字执如，江苏省吴县人，乾隆五十五年状元。在担任湖南省学政后，历任日讲起居注官、上书房行走，嘉庆三年成为四川省重庆知府，参与镇压白莲教。此时，石韫玉为了寻找打开难局的策略而上书。石韫玉在叛乱平定的十年后回到北京，历任陕西、山东的地方官。嘉庆十二年担任山东按察使时，因在处理广兴等问题时有漏洞而被问责解职。又因嘉庆帝的恩赏，被授予编修的职位，但以生病为由归乡，不再任官。在苏州紫阳书院讲学二十年，八十二岁时病逝。和洪亮吉一样，他对时政充满忧思，但与洪亮吉停留在论述的层面不同，他是作为牧民之官来实践"经世济民"之道的人物。

洪亮吉作过《遣兴》二首(《卷施阁诗》卷二十)。——杜甫曾经说过"遣兴莫过诗"(杜甫的诗《可惜》中有一句"宽心应是酒,遣兴莫过诗")。其中第一首写道:

215

千杯百杯皆已空,昨者醉梦殊怔忪。承天之高岂一柱,受地之命惟孤松。孤松流青柏流翠,冷眼看人百年内。当前何事尚营营,入后有人思溃溃。

"怔忪"即惶恐。第二句的意思是:受天地之命者难道只有我一人吗?"溃溃"是散乱的样子。——洪亮吉想要上书,可是到底该不该写下这封上书呢?不安之中,酩酊痛饮,犹是做了噩梦。孤身一人难耐重压,怎样才能破这个局呢?松树柏树郁郁青青,冷眼看这百年人间世,人人都忙忙碌碌,汲汲于守成,若有出头之人,其他人便要惊慌失措了吧。

大抵是在完成了上书之后,在《卷施阁诗》二十卷的最后一首诗《偶成》中,诗人坦白了当时的心境:

眼冷心空日,长安始易居。三更池阁上,眠对白芙渠。

"三更"是半夜,"芙渠"即芙蓉。寂静的夜里,洪亮吉的心平静而通透。

216

《极言时政启》

翰林院编修并不负责提出政治上的谏言,也没有上奏的权力。然而,难抑胸中之情的洪亮吉终于在八月二十四日将批判时政的八千余字的上书,即所谓的《极言时政启》递交给成亲王永瑆

（军机大臣）、朱珪（吏部尚书）及刘权之①（都察院左御史）三人，并请求他们将其呈送给嘉庆帝。在送出这几封信后，洪亮吉让长子饴孙（或是陪同洪亮吉一起上京）看了上书原稿，并告诉他自己已经做好被降罪的准备了。然后，在这段时间里，他搬到了外城法源寺附近宣南坊七井胡同的莲花寺，邀请诸位友人，向他们告别，但并未说明其中缘由（《年谱》）。

那么，让我们看一看洪亮吉究竟在想些什么吧。首先，在上书开头的部分，他说：

> 盖亮吉词臣也，本无言责，但自思通籍以来，不数年中，受国家逾格之恩者屡矣。夫受恩不酬，非国士也；有怀不尽，亦非人臣所敢出也。

他这样说，是想表明自己是在情难自禁之下行动的。

> 今天子求治之心急矣，天下望治之心亦孔迫矣，而机局尚未转者，推原其故，盖有数端。

尽管嘉庆帝大张旗鼓地宣布政治革新，可过了半年，却没有取得任何进展。察觉到这一点的洪亮吉，列举了还未革新（应当实施，但尚未实行）的问题"数端"，具体有如下六项：

> 一、励精图治，当一法祖宗初政之勤，而尚未尽法也。　217
>
> 二、用人行政，当一改权臣当国之时，而尚未尽改也。
>
> 三、风俗则日趋卑下。
>
> 四、赏罚则仍不严明。
>
> 五、言路则似通而未通。

---

① 刘权之(1739—1819)，湖南省长沙县人。乾隆二十五年进士。三十九年，洪亮吉参加江南乡试时，其为副考官。当时，洪亮吉仅名列副榜第一，未能成为举人。后来，刘权之担任安徽学政时（四十二、四十三年），将洪亮吉招募为幕友。

　　六、吏治则欲肃而未肃。

　　其中，第三项是洪亮吉长久以来的主张了。[①] 第四、六项的见解在嘉庆三年的《征邪教疏》中提出过。总之，洪亮吉的主张可以归纳为如下的几点：

　　（1）励精图治，效法先代皇帝在政治起步时期的做法。

　　（2）用人行政要使得其所。

　　（3）要一改风俗。

　　（4）要赏罚分明。

　　（5）要畅通言路。

　　（6）要肃正吏治。

　　对嘉庆帝亲政半年以来的政治，洪亮吉用了"而尚未……也"的句式来评价。第一、二、五这三项中，第一项的分量占了《极言时政启》全文的将近四成，可以说是洪亮吉想要批判的中心，接下来来看一看他针对第二、五项的批评：

218

　　　　何以言励精图治尚未尽法也？自三四月以来，视朝稍晏，又窃恐退朝之后，俳优近习之人荧惑圣听者不少。此皆亲臣大臣启沃君心者之责也。盖犯颜极谏，虽非亲臣大臣之事，然亦不可使国家无严惮之人……

　　　　一则处事太缓……

　　　　一则集思广益之法未备……

　　　　一则进贤退不肖似尚游移……吴省兰先为和珅教习之师，而后反称和珅为老师，以至竭力汲引，大考则第一矣，视学典试则不绝矣，岂吴省兰之才望学品足以致之乎？非和珅之力而谁力乎？如是而降官亦不足以蔽辜矣。是退而尚未退也。

─────────────

① 参见本书第二章的《服食论》《廉耻论》《寺庙论》。

面对想要去除旧弊、革新政治的嘉庆帝,洪亮吉点名现任的官僚,列举其具体事例,指出了他们对应迟缓、处置不彻底等问题。比如说,嘉庆帝在和珅罪状二十条的第十一条中亲自批判的吴省兰,正月刚被解除浙江学政的职务,从礼部侍郎(正二品)降格为翰林院编修(正七品),五月就升任为詹事府右春坊的中允(正六品),很快又转任湖南学政。然后,七月又当上了翰林院侍读(从五品),在仅仅四个月内东山再起。和珅自尽的翌日,正月十九日,嘉庆帝宣布即便过去是和珅的党羽,只要能改过自新,就能被任用,参与"维新之治",吴省兰就是个典型的例子。可是,洪亮吉反而用这个例子来说明,嘉庆帝亲政之后,在人事革新上不够彻底。此问题的源头是嘉庆帝,所以洪亮吉指责的矛头完全是对准了嘉庆帝本人。加之,文中说道"又窃恐退朝之后,俳优近习之人荧惑圣听者不少",更是批判了嘉庆帝的私德——当为世人典范的皇帝却出现了扰乱风纪的行为。

《极言时政启》在二十五日由成亲王呈递给嘉庆帝,结果就是洪亮吉被解职并拘禁在刑部——这无疑是触碰了皇上的逆鳞。

"奖励直言是权力的狡智。被此蒙蔽而秉笔直书是无知愚直的行为","如果害怕被触及逆鳞,那么一开始就不要广开言路。但是,对以立言于世的士大夫而言,又不能让他们闭口不言",①而洪亮吉的行动正可谓如此。可是,洪亮吉为什么要在这个时期如此大胆地上书呢? 或许有这样几个原因。第一,像他一直以来在诗文中吐露的那样,洪亮吉对风俗的混乱和社会秩序的崩坏抱有深深的危机意识。第二,乾隆帝与和珅已经不在,若在这个时期还不能进行政治革新的话,怕是再无改变的机会了。第三,长子饴孙已经考

① 小仓芳彦:《讽刺与避讳——"当局的忌讳"与历史记述》,收录于其著作《逆流与顺流——我的中国文化论》中,研文出版,1978 年,第 302 页。

中举人，可以继承洪家，自己上书也少了顾虑。

二十六日，军机大臣等人在都御史衙门对洪亮吉进行讯问，拟照大不敬律判处"斩立决"。二十七日，嘉庆帝告谕内阁，将洪亮吉的处分从死刑减轻一等，改为"发往伊犁"（流刑）。①

接下来看嘉庆帝对此事件的处理。② 在二十七日给内阁下达处罚洪亮吉的谕文中，嘉庆帝先是说"洪亮吉，以小臣妄测高深，意存轩轾，狂谬已极"，至于洪亮吉批评的各项，他表示乃"出自臆度""漫无确据""肆意妄言""有心诽谤"。尤其是两次否定了"恐有俳优近习，荧惑圣听等语"。因为这涉及皇帝私生活的问题，且不论事实究竟如何，但绝对是触了逆鳞。另外，洪亮吉以私书的形式提出之事也在上谕中提及了两次，"若洪亮吉以此等语言，手疏陈奏，即荒诞有甚于此者，朕必不加之罪责，更当加以自省，引为良规。今以无稽（没有根据）之言，向各处投札，是诚何心"。嘉庆帝斥责他将这样有问题的文书以非正式的形式提出，

220

---

① 《仁宗实录》卷五十，嘉庆四年八月癸丑条。《伊犁日记》所附的出塞纪闻中写道，在都门御史衙门的讯问结束后，听说嘉庆帝怒不可遏，刑吏在门屏之间观察状况。得知此事的亲友惊恐不已，在实录馆供职的苏玉等人已是泣不成声。这对洪亮吉来说反而是一种安慰，于是他念了一首诗（绝句），最后两句是"丈夫自信头颅好，须为朝廷吃一刀"，说的是"我自信我这个脑袋相当好，值得让朝廷一刀砍下来"，听了这首诗，流泪的人们便止住哭声，笑了起来。这段记载在其他书籍中未曾见过。北宋的政治家、诗人苏轼在神宗元丰二年（1079），因作诗诽谤朝政之罪被捕，关到了御史台。在苏轼接到召回京师的命令，准备出发之际，为了给悲伤哀叹的家人们打气，他说了一个故事：三代前真宗治下时，有个违背意愿被带到御前的隐士，在接受皇帝询问时，给皇帝吟了一首出发去京师前赠别妻子的诗："且休落拓贪杯酒，更莫猖狂爱咏诗。今日捉将官里去，这回断送老头皮。"听了这话，苏轼的夫人含泪笑出了声（林语堂著，合山究译：《苏东坡》上，讲谈社，1986 年，第 334—335 页）。或许洪亮吉正是想起了苏轼的话，才吟了这首诗。当年参加会试后留在北京的赵怀玉在给洪亮吉的《墓志铭》里记载道："虽勉以正谊，而生死未卜，泣不能忍。君则辞意慷慨，无可怜之色。"这一场景在谢楷树所作的传中有更为戏剧化的描写（均可参见《洪亮吉集附录》）。
② 关于这个问题，可以参见关文发：《嘉庆帝》，第 233 页之后。

还交给了三位大员。前者表明当时洪亮吉并没有上奏的立场,若看作一种代奏的方式,倒不会更成为问题。而后者若从"密折封奏"的角度来看,洪亮吉将上书递交给多人的行为十分严重。

上述的引文中有"引为良规"之语,在同一篇谕文中又有言"至原书三件,除成亲王呈进者,留以备览。虽所陈系毫无影响之事,朕必不因此含怒。以干太和之气,而阻敢言之风。且可随时披阅,藉以为始勤终怠(开始很勤快,最终却很懈怠)之儆",虽说嘉庆帝评价此事可作为日后的鞭策,可又说"近日风气,往往好为议论,造作无根之谈,或见诸诗文,自负通品,此则人心士习所关,不可不示以惩戒。岂可以本朝极盛之时,而辄蹈明末声气陋习哉",表明了对当下的议论陷入明末空谈担忧,因此要进行惩戒,换句话说就是有"以儆效尤"的必要。

所谓"近日风气,往往好为议论"的状况说的是,由于在乾隆后期,和珅专横,士大夫的言论被压抑,嘉庆帝亲政之后提倡政治革新,奖励直言,所以人们不断对皇帝的行政指手画脚,且这样的状况还在逐步升级。

嘉庆帝十分在意自己的形象,他在谕文中说:

> 但朕方冀闻谠论,岂转以言语罪人,亦断不肯为诛戮言 ²²¹臣,自蔽耳目之庸主(平庸的君王)。今因伊言,惟自省于心,有则改之,无则加勉而已。洪亮吉平日耽酒狂纵,放荡礼法之外,儒风士品,埽地无余。其讪上无礼,虽非谏诤之臣可比,亦岂肯科以死罪,俾伊窃取直(直言批判)名,致无识者流妄(胡乱)谓朕诛戮言事之人乎。

如此看来,嘉庆帝无非就是个只爱面子的人罢了。

另一方面,在日前(二十六日)给内阁的上谕中,嘉庆帝指责朱珪、刘权之二人未将洪亮吉的私书(《极言时政启》)上交,"此等书词,若系满洲人员投递,伊等未必不即时呈出"①。可见嘉庆帝将以汉族官僚为中心的对和珅(满族)的纠弹与对满洲皇帝政治的直言和要求混为一谈的姿态。

至于朱珪与刘权之的想法,或是由于洪亮吉的主张太过激,若是如实报告给嘉庆帝,怕会引起嘉庆帝对他们的不满,所以二人并未将此上交。对于担任过嘉庆帝的老师、熟知其性格的朱珪来说就更是如此了。

可正如嘉庆帝担心的那样,在公布对洪亮吉的严惩之后,政治革新、奖励直言的风气一变,官场又死气沉沉。不久后,嘉庆帝自己也切身感受到这一点。

222

法式善的"维新"论

在嘉庆帝对洪亮吉下达处分,又对没有递交《极言时政启》的朱珪、刘权之进行问责之后,仅仅相隔三个月,嘉庆四年十二月,又发生了嘉庆帝处分国子监祭酒法式善一事。通过对此次事件的介绍,能够更好地理解嘉庆帝的心态。

嘉庆四年十二月一日,嘉庆帝谕示内阁,斥责法式善,并将其由从四品的国子监祭酒降职为正七品的翰林院编修,原因是法式善在这一年春天(在洪亮吉上书之前)的一篇上奏。现在无法得知法式善上奏的全貌,但从嘉庆帝给内阁的上谕中可以窥见一端。谕文的内容如下(《仁宗实录》卷五十六,嘉庆四年十二月甲

---

① 《仁宗实录》卷五十,嘉庆四年八月壬子条。关于对朱珪、刘权之的处罚,在都察院、吏部的原案中记载是"降三级调用",而嘉庆帝的决定是"降三级留任"。

申朔条,笔者将法式善的主张附上编号):

> 本年春闲,国子监祭酒法式善条奏事件。(1)摺首即有亲政维新之语。试思朕以皇考(其父乾隆帝)之心为心,以皇考之政为政。率循旧章,恒恐不及,有何维新之处。(2)至折内称剿办教匪,请饬遣亲王重臣威望素著者一员,授为大将军节制诸军等语。其意不过见朕亲政之初,暂用仪亲王永璇、成亲王永瑆管理部务。而成亲王永瑆又在军机处行走,即谓亲王可用,此非趋向风气乎。国初可使王公领兵,太平之时,自不宜用。若亲王统兵,有功无以复加,有罪将何以处。议法伤天潢一脉(皇室血脉)之深恩,议亲废朝廷之法,所奏已属揣摩迎合,全不顾国家政体。(3)又据称口外西北一带,地广田肥。八旗闲散户丁,情愿耕种者,许报官自往耕种等语。若如所奏,岂非令京城一空,尤为荒谬之极。(4)至请申明定限,举行荫生孝廉方正博学鸿词各条,其事俱近沽名(卖名行为)。(5)惟停止督抚罚交养廉,其说近是,早经(早前)有旨通谕。(6)其所称尹壮图业经召用,郑澂亦令吏部调取引见。朕原不以人废言也。至从前法式善在祭酒任内,声名狼籍。其最著者,开馆取供事一事,赃私累累。此人朕素不识,然早闻其劣迹矣。今春本欲明发此旨,恐人误会,不敢陈言。原欲留伊俟京察时,再行宣露罢斥……

　　嘉庆帝对法式善的上奏先是作放置处理。甚至七月时还将他任命为总管内务府大臣之一(《仁宗实录》卷五十六,嘉庆四年十二月辛巳条)。不过,十一月十八日,丰绅济伦(其父为福康安的长兄福隆安,其母是乾隆帝之女和嘉公主)按嘉庆帝"密保(内推)深知之人"的旨意,以法式善"其人明白结实(聪明踏实),办事妥协"为由密保之，反而激怒了嘉庆帝，于是翻出了这篇少说也放了八个月以上的上奏，挑起了事端。嘉庆帝在上述的谕文中接着说道：

> 何况法式善只系廷臣保奏之人，既有劣迹，岂得缄默不语。若知而不言，又岂纯臣之居心乎？今法式善之名次，已应召见。若再不宣露，恐诸臣视朕为无知识之庸主，任人簸弄（玩弄）矣。法式善，著即解任。派大学士、军机大臣会同讯问。

然而，过了两天，军机大臣的报告还没出来，嘉庆帝又发布了这样的上谕（《仁宗实录》卷五十六，嘉庆四年十二月乙酉条）：

> 法式善所论旗人出外屯田一节，是其大咎。至于命亲王领兵一节，不过迎合揣度。而国子监一事，已属既往，姑不深究。若照议革职，转恐沮言路，殊有关系（关联）。加恩赏给编修，在实录馆效力行走。

对法式善的处理，就像高高举起的拳头，最后落下来只是轻轻一巴掌。慷慨陈词一番后，几经考虑，最后还是虎头蛇尾地谢幕了。由此可以看出嘉庆帝不过是个庸主罢了。

与洪亮吉的《极言时政启》比较，法式善的主张既没有针对皇帝政治，或者说对嘉庆帝本人的批判，也没有指名特定的人物。(1)中的"亲政维新"是以嘉庆帝在正月十九日的内阁谕文中所说的"维新之治"为依据的。嘉庆帝至此仍以乾隆帝的政治为模板，说他"因循旧章"，否定其"亲政维新"，或许是因为这一年里嘉庆帝处理各种事务过于繁忙，或许又如洪亮吉所指出的那样，是他未能进行人事上的革新，无法明示自己的政治方针的反映。(3)中的令旗人去西北屯田的提议，触及了清朝体制的基干，要求

224

改变其祖宗之法。加之在以镇压白莲教为头等要务的时期,要用屯田的方式来解决八旗问题,对嘉庆帝来说也是太强人所难了。不过,嘉庆帝对此上奏先是采取了搁置的处理,究竟是为什么呢?这就关系法式善的出身。法式善是蒙古族出身,属于内务府正黄旗,乾隆四十五年进士。乾隆帝偏爱其才能,将其改名为法式善,可见其是个颇受"期待"的人物。但是,他在乾隆五十六年的大考中未能合格,被降格为工部员外郎(从五品)。在阿桂的推举下,又重整旗鼓,在五十九年获得国子监祭酒(从四品)的职位。在如此短的时间内能够复起的原因,也不外乎他是内务府旗人、蒙古族的官僚。嘉庆帝考虑到要避免处分这样受"期待"的人物,想到此为密奏,所以上奏的内容并不为人所知,就打算不闻不问。然而,法式善得到了丰绅济纶的密保,这已经超出嘉庆帝忍受的界限了。

于是,便出现上谕中的"著即解任。派大学士、军机大臣会同讯问",翌日就进行了降格处分。正如嘉庆帝的自述"若照议革职,转恐沮言路",表明他已感到自洪亮吉上书事件之后,言路渐塞,政治革新上也无进展。因为不想重蹈覆辙,嘉庆帝一番思考的结果就是这样虎头蛇尾地结束此次事件。而且不用多说,法式善能够被从轻处罚,自然也是因为他是蒙古族的官僚。

在这个以满族为核心的政权中,蒙古族也参与到权力中枢。而且,增加支撑这个政权的人物在当时来说是十分必要的。即便曾经是和珅的党羽,只要能俯首认错、成为忠实的臣子,这样的官僚也是可以录用的。嘉庆帝是这么想的,前者的情况是法式善,后者的情况则有吴省兰。对嘉庆帝来说,这既不是"改革",也不是"维新",能维持在宫中的玉座上安然坐下的状态,就已经操碎了心。要统治如此广大的疆域和众多的人民,指挥监督组织与官僚,不得不说嘉庆帝的做法还是过于温和了。这不由得让人联想,在长寿的父亲乾隆帝的治世下,长期作为太子而隐忍的嘉庆帝,比起"帝王学"来说,是不是更多地沉浸于忠实子嗣的"皇子学"呢。①

乾隆帝即位以来,走过了六十四载风霜雨露。跨越天山、走过沙漠、攀登山岭、拼尽全力展开军事作战的八旗兵与八旗制度,遍及皇命能够到达全国各个角落的驿站制度,还有支撑皇帝体制的官僚制度与行政组织,就和青年乾隆变成八旬老翁一样,出现了制度上的疲敝,机能渐渐走向衰落。忧心王朝现状、具有改革志向的官员想要建言,可倾听他们诤言的制度却尚不完善,这成了尤为重要的致命伤。他们疾呼:绝对不能重蹈乾隆专宠和珅的覆辙! 然而,这种革新政治的声音无法传进深深的宫墙。

---

① 在朝鲜王朝使节向国王提交的报告中,不时能看到对乾隆帝诸位皇子的人物品评。比如,乾隆四十五年的冬至及感恩正使说道,"皇子质亲王永瑢素精数学,皇帝诸子中最信爱"。十年后的乾隆五十五年六月的别赍咨官还记述了皇六子质亲王永瑢薨逝后,乾隆帝悲叹的样子。五十七年三月的冬至书状官的报告中,对现存的皇子四人进行了评价,"第十一子永瑆,为人恺悌,最著仁孝,故甚见钟爱。第十五子嘉亲王永琰,聪明力学,颇有人望,皇帝属意在此两人中,而第十一子尤系人望"。在后来六十年闰二月的冬至书状官的报告中,还记有第十五子嘉亲王永琰"皇帝宠爱,朝野想望"(以上依据《朝鲜李朝实录中的中国史料》第十二册)。第十五子嘉亲王永琰即后来的嘉庆帝。

第七章　作为更生居士
——嘉庆四年至十四年

发配伊犁

处分下达后,洪亮吉被勒令立即前往流放地伊犁。可是,去伊犁的费用需要自己负担,而他在车马、衣装上是一点准备也没有。所幸,正巧在北京的崔景俨(举人时期的同年,其女与洪亮吉第三子符孙有婚约)、进士同年王苏(江阴县人),还有洪亮吉的同乡(阳湖县)庄曾贻等人为他准备了行装。那时,曾与洪亮吉一同担任实录馆纂修官、八旗满洲出身的户部主事成格①,还把自己的宅子抵押,换取白银三百两来援助洪亮吉。这样,洪亮吉总算备齐了出发的盘缠(《年谱》)。嘉庆四年八月二十八日,留置在刑部的洪亮吉被移交到兵部,从北京外城的西门广安门向伊犁出发。出发之时,他得到许多人的慰问,其中还有不少未曾相识之人,洪亮吉向他们一一致以

---

① 成格是满洲正黄旗人,嘉庆元年进士。后来,在地方任山西巡抚,在中央历任刑部、户部尚书等大员,但未见其传记。

谢意。① 五月时洪亮吉曾担任庶常馆小教习,负责过当年进士中的十三位庶吉士,这批庶吉士也赶来为他送行。在赠予他们的诗作中(《伊犁日记》附出塞纪闻),洪亮吉说道:

228

> 春明门外驻征轮,章绂同来唁逐臣。我视黄州已侥幸,缀行相送较情亲。

"春明门"是唐代都城长安城的城门之一,刘禹锡在《和令狐相公别牡丹》一诗中有"春明门外即天涯"之句。远在西域的伊犁,不就是"天涯"了么。城门外停驻着即将前去伊犁的"征轮"(去往远方的人所乘坐的车)。戴着章绂(表示官员等级的有颜色的绶带。在《更生斋诗》卷一中为"簪笏")的新科进士一道来给成了"逐臣"的我送行。我能与"黄州"(位于湖北省,此处指左迁的王禹偁)相提并论,是何等有幸啊。"缀行相送"即一路相随送行;"情亲"是发自内心的亲切与情感。王禹偁(954—1001)被问罪而左迁黄州,在离开都城的那一天,担心无人为他送行的苏易简向真宗请求"禹偁禁林宿儒,累为迁客,漂泊可念,臣欲令榜下诸生罢期集,缀马送于郊",真宗准许。于是,王禹偁以"缀行相送我何荣"起头,赠给孙、何等人诗一首。洪亮吉在记述了这个故事后,写下了上文的那首诗。十三位庶吉士前来相送,令他万分欣慰。

崔景俨、庄曾贻以及洪亮吉指导过的十三位庶吉士中的一

---

① 赵怀玉在其年谱(《收庵居士自叙年谱略》卷下)中记载道,"上宥其死,改发伊犁。余第一日慰之于都虞司,第二日探之于刑部狱,第三日送之广宁门外,典衣为赠焉"。另外,孙星衍在给洪亮吉的《墓志铭》中写道"⋯⋯奉旨发伊犁。当是时,满汉大小官无知与不知,皆慕君敢直言,送行者接轸都门外"(《洪亮吉集》附录)。洪亮吉听说"发配伊犁",八月二十八日即作了《八月二十七日请室中始闻遣戍伊犁之命出狱纪恩二首》,其中写道"从此余年号更生"(《更生斋诗》卷一)。

位,同时也是他同乡的张惠言①等三人一起送洪亮吉直到卢沟桥
(即所谓"追送"),他们彻夜长谈,直至天明,在第二天分别。王念
孙、法式善、汪端光、张问陶等人据说是没有赶上"追送"洪亮吉。
九月一日,在从良乡县出发的时候,洪亮吉命令同行的长子饴孙　*229*
回常州照顾家人。从此,洪亮吉便和轿车一台、大车一台及下仆
二人、车夫一人相伴,继续前行。可是,洪亮吉的旅费并不够用,
不时捉襟见肘。每到这种时候,都得靠着旧交②的援助,才能把
旅程继续下去。

　　十月八日,洪亮吉抵达西安,十一月四日到达兰州,十二月一
日到达肃州,六日出嘉峪关,终于进入新疆。诗集《更生斋诗》卷
一被命名为《万里荷戈集》,收录了自北京出发一路上以及在伊犁
的作品数十首,但是自北京所作《八月二十七日请室中始闻遣戍
伊犁之命出狱纪恩二首》及上述的寄庶吉士的诗之后,直到出嘉
峪关为止,他一首诗也没写。那是因为嘉庆帝向伊犁将军下达了
禁止洪亮吉作诗、饮酒的指令,得知此事的洪亮吉在出嘉峪关以
前的三个月里都不敢轻举妄动。但出关以后,人烟稀少,加上眼
前出现的天山山脉,使得洪亮吉情不自禁地拿起了笔,开始作起
了诗。(《伊犁日记》附出塞纪闻)

　　接着,洪亮吉在十二月二十三日经过哈密,在镇西府(巴里
坤)迎来了嘉庆五年的新年。正月十日经过奇台,十六日到达都
统驻守的乌鲁木齐城。在那里,他遇到了举人时期的同年徐午。

---

① 张惠言(1761—1802),幼年父亲早逝,在母亲的勉励之下苦学,早年境遇与洪亮吉
相似。在经学方面著有《周易虞世义》《仪礼图》,在词文方面则有《茗柯文编》《词
选》等。
②《伊犁日记》中记有直隶、山西省的李景梅、蒋荣昌、陈日寿,陕西省的庄炘、费睿、钱
坫,甘肃省的杨芳灿、杨揆、姜开阳、唐以增、周能珂等人的姓名,其中多为洪亮吉的
旧识。

徐午也是因被问罪而流放到了乌鲁木齐。说是因为纳赎(即捐赎,通过缴纳金钱来赎罪),所以很快就可以回籍了。此外,同为举人同年的那灵阿也在当地担任迪化知州。这三个人中,一个是当地的官僚;一个是现在过着流放生活,但即将归乡的原知县;还有一个是五个月前在同年崔景俨的送行下,仍在前往流放地伊犁途中的洪亮吉。这三个人都是乾隆四十五年顺天乡试的同年,此次是阔别二十年的再会。十八日,洪亮吉与徐午、那灵阿共进早餐,同席的还有同样是流放之身的熊言孔、顾揆。这一时期,洪亮吉留下了一卷旅行日记,即《伊犁日记》①。其中,除与举人、进士时期的同年再会的记录外,还有不少被流放的官员的姓名。洪亮吉离开乌鲁木齐,在寒风与积雪之中气喘吁吁地继续西行,二月十日终于抵达伊犁惠远城。从北京出发,他历经一百六十一天,

230 走过六千八百余里的漫漫长路,终于抵达流放地。

此前,嘉庆帝对洪亮吉的处分是"发往伊犁,交与将军保宁严行管束"。伊犁将军保宁臆测嘉庆帝的意图,上奏道"该员如蹈故辙,即一面正法,一面入奏"。对此,嘉庆帝在朱批中表示"此等迂腐之人,不必与之计较",于是保宁就放弃了这个计划(《年谱》)。②

---

① 又名《遣戍伊犁日记》。本节中的叙述若无特别标注,多参见《伊犁日记》。另外,《伊犁日记》和《年谱》中记载的时间若有出入,则以《伊犁日记》为准。

② 孙星衍在洪亮吉的《传》及《墓志铭》中对此事特别记了一笔,"某将军妄测圣意,奏请俟君至,毙以法",批评了伊犁将军保宁的行动。此外,在赵怀玉作的墓志铭中还有"未抵戍所,将军奏'该员如蹈故辙,当以事置之法。'有旨申饬以免"等语(均见于《洪亮吉集》附录。亦可参看徐珂:《清稗类钞》;关文发:《嘉庆帝》,第 247 页)。另外,洪亮吉在释放归还的途中,似乎得知了此事,五月二十日在乌鲁木齐的诗作自注中记载保宁以"清字"为由,密奏上请(《更生斋诗》卷二)。

在伊犁的洪亮吉

洪亮吉在伊犁将军衙门报到后,被分配了住宿。那里四周为高高的柳树所环绕,阳光几乎照不进来。

流放到伊犁的文武官僚都会被配置到伊犁将军衙门的某个下属部门,以分担一些业务。依据洪亮吉流放伊犁期间的见闻录《天山客话》,当时伊犁将军衙门的组织结构如下所示:

印房:又称"机速之所"。

册房:又称"图书之所",与印房一同承担吏、礼方面的事务。

粮饷处:相当于内地地方衙门的户房,总督、巡抚、布政使、按察使等被流放的高官配置于此。

营务处:相当于兵房,提督、总兵等配置于此。

驼马处:相当于工房。

功过处:相当于都察院的稽查六部。

东厅、西厅:配置同知一员,负责司法。当时与满族相关的事件由东厅负责,与汉族相关的事件由西厅负责。

此外,还有军器库、船工处、屯工处、铜厂等设施。

在印房中,还设置有作为分司的折房(管理"国书"和奏折)和督催处(处理各处的滞压事件)。在各部门中,若配置到印房,可以说是最为幸运的事情了。相对地,发配到军器处、船工处、屯工处和铜厂的尽是老弱病残和贫苦人士。洪亮吉最开始被分配到督催处,不过很快又转到册房。但实际上也没有特别的工作安排,不过是每天在住处读书作诗罢了。

洪亮吉将在伊犁的心境记录在《伊犁纪事诗四十二首》(《更生斋诗》卷一)中,下文介绍其中的几首。

231

> 城西乞得暂勾留,何止逃喧亦避仇。只觉医方有奇效,
> 闭门先学陆忠州。

终于来到伊犁,还给分配了惠远城西的住处,没有特别要做的事情,就效仿陆忠州,成为一个对人民有益的人吧。——陆忠州,即唐代的陆贽。因为时不时给当时的皇帝德宗进谏,而遭谗言所害,被流放到了四川忠州,他为苦于疫病的当地人编写了中药方集《陆氏集验方》。

232

> 到日先传领督催,无端堂帖复追回。闲心检点流人册,
> 枨触西川御史台。

刚到伊犁的时候,我(洪亮吉)先被分配到督催处,但很快就被移到"堂帖"(册房),也不知是什么原因。现在,我在册房里翻看流放者的名册,有一本里出现了西川御史台李玉鸣的名字。——李玉鸣是福建省安溪县人,乾隆元年进士,官至御史,因对乾隆三十一年皇后的丧仪有异议,被流放到伊犁。洪亮吉因李玉鸣的行为,心中颇感"枨触"(触动内心的事情)。

上面的两首诗都是说他自己的事情,下面这首则描述了流谪人士的形象。

> 坐来八尺马如龙,演武堂高夹路松。谪吏一边三十六,
> 尽排长戟壮军容。

该诗自注中写道:"四月一日,随将军演武场角射,时废员(流谪的官员,即谪吏)共七十二人。"流放贬谪的官僚在将军面前有作为武官携带武器的义务,还要分成两列来让将军检阅。"长戟"是一种武器,长柄的尖端装有戈。下图洪亮吉的肖像兴许就是描绘了他在伊犁的样子,那肩上担着的可能就是"长戟"吧。

图3　洪亮吉肖像（《清史国典》第八册）

谁跨明驼天半回，传呼布鲁特人来。牛羊十万鞭驱至， 234
三日城西路不开。

　　伊犁原来是准噶尔部的大本营，是游牧民族生活的地方。所
以，位于伊犁中心的惠远城经常能见到牧民和牲畜。要是看到
"明驼"（脚程很快的骆驼）走过，就知道是"布鲁特人"（清代对柯
尔克孜族的称谓）来了，多达十万的牛羊将经过城内，这三天里谁
也别想从城西过。——这一描写多少有夸张的成分。不过对生
长在江南的洪亮吉来说，这种新鲜的光景足以让他赞叹。《伊犁
纪事诗四十二首》里连缀着洪亮吉惊奇的目光，他的《天山客话》
与《伊犁日记》对当时中国内地的人们来说，是较早让他们了解到
西域情况的著作。①

---

① 梁启超认为洪亮吉的这一系列著作是新疆研究的发端。参见梁启超：《中国近三百
　年学术史》，复旦大学出版社，1985 年，第 464 页。

流放百日后的释放

嘉庆五年的北京出现异常的天气,过了立夏却迟迟没有降雨。担心农作物会因此受灾,嘉庆帝于四月六日在天坛的圆丘祈雨。① 十四日命令礼部设祭坛祈祷,并命刑部整理点检刑罚、诉讼事件,准备恩赦。② 十七日,更是派官员至天神、地祇、太岁三坛祈祷。若七日内仍不下雨,就亲自前往社稷坛祈祷。③ 由于仍未下雨,二十四日,嘉庆帝由午门步行至社稷坛祈雨。④

可是,雨还是没有到来。闰四月二日,嘉庆帝以没有降雨为由,令刑部报告长期监禁的以及发配新疆永不得归还的罪犯名单,并批准释放这批人。⑤ 三日,嘉庆帝发布了如下的上谕(《仁宗实录》卷六十五,嘉庆五年闰四月乙卯条):

235

> 从来听言为郅治(善政)之本,拒谏实失德之大。朕从不敢自作聪明,饰非文过。采择群言,折中而用,兼听并观,惟求一是而已。去年编修洪亮吉,既有欲言之事,不自具折陈奏,转向成亲王及尚书朱珪、刘权之,私宅呈送,原属违例妄为。经成亲王等先后呈进原书,朕详加披阅,实无违碍之句,仍有爱君之诚。惟言视朝稍晏及小人荧惑等句,未免过激。令王大臣讯问,定以重辟,施恩改发伊犁。然自此以后,言事者日见其少。即有言者,皆论官吏之常事。而于君德民隐休

---

① 《仁宗实录》卷六十三,嘉庆五年四月戊子条。
② 《仁宗实录》卷六十三,嘉庆五年四月丙申条。
③ 《仁宗实录》卷六十四,嘉庆五年四月己亥条。
④ 《仁宗实录》卷六十四,嘉庆五年四月丙午条。
⑤ 《仁宗实录》卷六十五,嘉庆五年闰四月甲寅条。和洪亮吉一同被恩赦释放,从新疆回到内地的罪人共有数百名(《晓读书斋初录》卷下)。

戚相关之实，绝无言者。岂非因洪亮吉获咎，钳口结舌，不敢
复言。以致朕不闻过，下情仍壅，为害甚钜。洪亮吉所论，实
足启沃朕心，故置诸座右，时常观览。若实有悖逆，亦不能坏
法沽名。不过违例奔竞，取巧营求之咎，况皆属子虚，何须置
辩。而勤政远佞，更足警省朕衷。今特明白宣谕王大臣，并
洪亮吉原书，使内外诸臣，知朕非拒谏饰非之主，为可与言之
君。诸臣幸遇可与言之君而不与之言，大失致君之道，负朕
求治之苦心矣。王大臣公看此谕，先行回奏，仍各殚心竭思，
随时密奏。军机大臣即传谕署伊犁将军大学士保宁，将洪亮
吉释放回籍。仍行知岳起，留心查看，不准出境。

嘉庆帝认为洪亮吉以私信的形式上交成亲王"原属违例妄
为"，而且"小人荧惑等句，未免过激"，这些内容和处分洪亮吉时 236
的上谕是一致的。但是"违例奔竞，取巧营求之咎，况皆属子虚"
"洪亮吉所论，实足启沃朕心"，所以"置诸座右，时常观览"。说此
番话的背景是"岂非因洪亮吉获咎，钳口结舌，不敢复言。以致朕
不闻过，下情仍壅，为害甚巨"。处罚洪亮吉的结果是各级官僚失
去了上奏的胆量，以致生出政治沉滞等诸种弊端。这可以说是嘉
庆帝的失败。意识到这一点的嘉庆帝，发出了率直的声明，想一
扫这沉郁的状况。①

可是，嘉庆帝应对得并不好。为什么这么说呢，因为他给出
的解决方案是"释放，回籍"，而不是立即让他复职、再任。嘉庆帝

---

① 从前章至此叙述的洪亮吉上书事件的始末在木下铁矢《"清朝考据学"及其时代》一
书第241—249页有很好的整理，本文也有相应的参考。在该书包含这一部分的
"第四章　旅的天空"（第207—249页）中，描写了和珅专权之下的社会状况，以及
官僚（尹壮图、曹锡宝）和士大夫（钱大昕）对此的批判行动。由此可知，在乾隆末
期、嘉庆初期时，与政治相关的言论（"经世学"）从考据学中兴起（复活）。

放洪亮吉归乡,但"仍行知岳起,留心查看,不准出境",即要求江苏巡抚岳起监督回到故乡江苏常州的洪亮吉,不许他出江苏省一步。所以,释放洪亮吉并不是因为认可了他的主张(洪亮吉的主张一条也没有被实行),而是嘉庆帝想通过释放洪亮吉,一改政治沉寂的状况。——皇帝的判断、决定体现了他极力想改变当前的状况,可是又一次失败了。

当日,嘉庆帝在上述的谕文上画下朱批,交给军机大臣,令其颁布后,天空颜色一变,阴云密布,下起雨来。嘉庆帝为此写下了四首诗①,下面是其中的第三首:

237
　　赦人之罪思予咎,内省薄德谋勿臧。川陕邪教终未净,裹胁黎庶肆猖狂。怨毒鼓煽劫运重,奚能感否天降祥。自愧才力实未逮,痛念我考呼穹苍。人穷反本必昭格,闰夏三日甘霖滂。夜半始降遂达旦,疏密相间倾神浆。玉墀积水愈数寸,郊圻想像渥泽汪。

"薄德"即不德,"黎庶"即庶民,"猖狂"是乖张的行为。"怨毒"是深深的怨恨,"劫运"是劫难,"穹苍"即天空,"格"说的是品格。"甘霖"形容久旱以后新下的降雨。"相间"即相互交错。"渥泽"指水洼,又指上天的恩泽。——开头前两句的意思是"赦免犯人之罪,思考我的过错,反省我的不德",说的是因为降罪于洪亮吉而惹怒了上天,所以不再降雨。可以理解为这是我的失德导致的,所以深刻反省,赦免了洪亮吉。

此诗还附有如下的自注:

---

① 《御制得雨敬述诗》(收录于《洪北江先生杂著四种》)。还可参考徐珂的《清稗类钞》及光绪《武进阳湖县志》卷二十三。另外,记录下这首诗的人是洪亮吉的同年黄钺。

纳言克己,乃为民请命之大端。因亲书论旨将去年违例 ²³⁸ 上书发往新疆之编修洪亮吉立予释回,宣谕中外,并将其原书装潢成卷,常置座右,以作良规。正在颁发,是夜子时,甘霖大沛,连宵达昼。旋报,近郊入土三寸有余,保定一带亦皆深透。天鉴中诚,捷于呼吸,可感益可畏也。

不得不承认嘉庆帝是一个率直的皇帝。乾隆帝是个有诗癖的人,可以说不论事情巨细,他都要作诗一首,其诗作据说共有五万首之多。他大部分的作品当然是依据事实来创作的,甚至可以说乾隆帝能够自信满满地让"事实"来配合他的诗作。较其父而言,作为儿子的嘉庆帝的诗作即如上文所示,对自然也好,对政治也好,都有率直、认真的描述。通过皇帝的诗作,能窥探出王朝命运的兴衰,多少有些不可思议。

闰四月二十七日,洪亮吉在伊犁将军衙门的庭院拜听圣旨,五月三日出发返回常州。他在伊犁的时间只有短短百日,汉族官僚在这么短的时间内就被赦免,可以说是史无前例的。出发之时,洪亮吉将带来的书籍数十种留给了不得不继续流放生活的同辈们。对此,流放者之一的黄聘三(福建省闽县人)赠予他下面这首送别诗(《更生斋诗》卷一),其中列举了同样有左迁经历的汉代贾谊和唐代韩愈,不断表示对洪亮吉能在如此短的时间里就被赦免的惊叹之情。

忠言谠论壮朝班,能得君心忽解颜。臣罪当诛宽斧锧, ²³⁹ 圣恩过厚赐刀环。贾生犹待三年召,韩愈何曾百日还。青简留题光奕奕,明良声问重如山。

"谠论"即正论,"斧锧"指处刑,"刀环"说的是被释放归还。"青简"即书籍,"留题"是将想法作为题字留下。"奕奕"是光芒闪耀的样子。"明良"指贤明的君主和忠良的臣下，"声问"即名声。

《更生斋诗》的第二卷名为"百日赐环集"，收录了从伊犁回常州路上的作品。从伊犁出发的时候，洪亮吉写下了给黄聘三等人的留别诗（《将发伊犁留别诸同人》的第二首）。

240

> 严鼓三声晓漏收，将军营外引累囚。此生不料能归骨，万死无言只叩头。常拟带刀同佩犊，何曾投笔学封侯。浑河桥畔春波阔，一辈羁人望未休。

"严鼓"是用于报急的鼓声，"晓漏"用来告知天亮。"累囚"是在牢狱中的犯人，指被流放贬谪之人。伊犁将军保宁每天早上都会带着流放人员来到伊犁河边。"此生"即今生，指活着的时候，"归骨"指被赦免归还。"带刀同佩犊"说的是带着武器，喂养耕作用的家畜（牛犊）。流放到伊犁的人都要跟着伊犁将军当武人，还要参与开荒的事业。"浑河"指伊犁河，"春波"是春天的河水。"羁人"即旅人。——这里想说的是让黄聘三等人不要放弃归乡的希望。

此外，他在题为《别惠远城》的诗作中描绘了自己留恋不舍之情，其中的第一首写道：

> 下马步出城，百步屡驻脚。长刀短后衣，未忍即抛却。

"长刀"指的是长戟，"短后衣"是士兵的服装。后两句说道，虽说被允许归乡了，可短时间内也不舍得丢掉做武人时佩戴的"长刀"和身穿的"短后衣"。

在途经乌鲁木齐来到奇台时，洪亮吉写下了《奇台访同里张县尉潮海》。

241

> 一刺字半灭，长须方呦呦。县尉赤足来，窥门忽呼号。前月流人来，今月流人返……

被处以流刑的罪人要在脸上和手腕上刺青,即所谓的刺字,但是不确定洪亮吉有没有被刺字。"呶呶"是胡子乱蓬蓬的样子。——四个月前西去的罪人,现在已经被赦免,又准备入关了。诗中既传达了张潮海的震惊之情,又表现了洪亮吉欣喜的心情。

接下来,通过嘉峪关进入甘肃省后,来到了凉州,就再也看不见天山了。洪亮吉在此回首天山,所作的诗歌《凉州城南与天山别放歌》(《更生斋诗》卷二)充满了天山的形象。下文列举其中的一部分。

> 昨年荷戈来,行自天山头。天山送我出关去,直至瀚海道尽黄河流。今年赐敕回,发自天山尾。天山送我复入关,却驻姑臧城南白云里。

"姑臧"是三国时代的地名,即凉州。"瀚海"指戈壁滩。

已经回到内地,不在边疆了。去年在北京送别他的、其女与三子符孙有婚约的乡试同年崔景俨也在兰州。《客岁在请室中崔大令景俨频入问讯就道时又送我独远今岁余奉恩命释回大令适官兰州先飞札道中急待把晤因率占一律以寄》(《更生斋诗》卷二)一诗是在与崔景俨相会时创作的。

> ……含辛客路奔驰速,旁午军情措置艰。为我急沽桑落 242
> 酒,与君先话祝期山。

如奔走般地快速行进的"含辛"(忍耐辛苦)旅途,从"旁午"(四面八方)传来的军事情报让空气里飘浮着紧张感,把这些事务都妥帖地处理好很难。可友人还是为了我,买来了知名的美酒"桑落酒"。就让我们来谈一谈"祝期山"吧(新疆吐鲁番,即《西游记》中知名的火焰山)。

然而,白莲教的起义活动依然在内地不断,友人忙于镇压的事务。与自己个人的喜悦相对的是现实的严酷,这样的场景再度映入洪亮吉的眼帘。

洪亮吉从新疆出发时满载了一车"巨瓜",即所谓的"哈密瓜",自兰州出发向南急行的途中,瓜终于吃到了最后一只,和仆童、车夫一起分而食之,瓜皮则喂了马。洪亮吉还作《十五日过车道岭时尚留一巨瓜因分饷僮仆及同行伴侣并以瓜皮饲马》二首(《更生斋诗》卷二)来描写此情此景。下文介绍其中的第一首,他咀嚼着在西域苦楚的记忆,大口吞食着瓜。①

> 西域余一瓜,剖饷及童驭。瓜皮兼饲马,人畜皆悦豫。

到了甘肃省东南部的静宁州,白莲教叛军已经兵临城下,到处充斥着紧张的氛围。在知州的照顾下,洪亮吉配了护卫兵,才得以顺利通行。后来,在梦中他吟诗一首(《天山客话》),其中一个片段这样说道:

243

> 隔岸射人坡尽赤,乱流饮马水全红。

在战斗中敌我不分,牺牲者无数。可以看到洪亮吉从流放之身渐渐被拉回现实之中的样子。

从伊犁到西安、潼关的道路,与来路相反,洪亮吉由潼关东进至开封,然后南下。历时四月余,在九月七日(从北京出发,到此时花了一年多时间)到达常州府城,回到了自己的家。他用题为《抵家》(《更生斋诗》卷二)的一首五言诗和一首七言诗表达了心中的喜悦之情。

---

① 自伊犁生还后的作品《北江诗话》中有一篇论食物排名的文章,其中将哈密瓜推为水果的第一位。他回想道:"果以哈密瓜为上。即古之敦煌瓜也。然必届时至其地食乃佳。若贡京师者,则皆豫摘,色香味多未全,非其至也。"想必这个水果深深印刻在他的脑海和舌尖。

邻舍墙头望,亲朋户外呼。生还亦何乐,聊足慰妻孥。

雪窖冰天归戍客,琼楼玉宇谪仙人。生还检点从前事,五十年如梦里身。

"墙头"即土墙,"妻孥"指妻子儿女。这首五言诗描写了妻子、亲人和朋友乃至左邻右舍都在为洪亮吉的归来而欢欣鼓舞。从冰天雪窖中生还的流放者就像在仙界的宫殿中被捉到的仙人一样。七言诗中,他讲述五十年光阴犹如梦境一般,可以切身感到受死里逃生后的欢欣。

244

更生居士

回到常州以后,洪亮吉自称"更生居士"。他遵从"释放回籍"的上谕,闭门不出,专心著书立说。《答友人问近状三首》(《更生斋诗》卷二)中的第一首写道:

自从伊江归,闭户不敢出。惜无先世田,可以给晨夕。中年一哀乐,并力事撰述。茅庐枕江氾,日起扫一室。萧闲无客至,时复理卷帙。庶几能佣书,八口仰以活。

"伊江"指伊犁,"茅庐"是用茅草修葺的粗陋的房子,"江氾"指水边。——从伊犁回来之后,闭门不出,断绝了交际。既然没有来客,能做的事也就是打扫房间、整理书籍,然后写文章了。祖上没有留下田地,只好通过做些文书工作,来换取全家的口粮。

洪亮吉归乡之后,最开始的著作有前述记录伊犁流放生活的《伊犁日记》一卷、《天山客话》一卷,还有浓缩了对幼时在外家生活的追忆的《外家纪闻》一卷。

245　　在临近年关的"小除夕"（除夕的前天），女儿纺孙（乾隆四十四年生）嫁给了江阴县的缪梓。不过，缪梓是以入赘的形式和他们一起生活的。

　　进入新的一年，在嘉庆六年（1801）的正月里，洪亮吉终于出门了。他先是步行去了前桥村的洪家墓地扫墓。然后去拜访住在墓地附近的长姐，并写下了《辛酉正月二日步至前桥村上冢兼至大姊宅久憩》（《更生斋诗》卷三）的诗作。

> 我行八九里，筋力喜尚强。前抵松柏林，连尘眺层冈。步紧不敢舒，先世之所藏。何意俯仰间，爱弟亦在旁。攀条泫然悲，我鬓久已苍。地下骨肉多，会面庶久长。半里谒姊居，迎门庆扶将。亦有容黍居，阖户罗酒浆。三田昨大收，已縠一岁粮……

　　这是洪亮吉死里逃生之后第一次出远门。值得庆幸的是脚力还未衰退，步行了八九里也全然不觉有任何不适。穿过松林，眺望连绵的山丘，那里是先祖的埋骨地。弟弟也已长眠于此，见此情景，眼泪止不住要落下。去拜访了附近的长姐。姐姐出门相迎，二人紧紧相拥，喜不自胜。姐姐还准备了好酒好菜来招待。

246　去年粮食丰收，收获了够用一年的谷米。

　　嘉庆六年九月三日，洪亮吉迎来了劫后余生的第一个生日（五十六岁）。早晨，推开柴扉，亲戚朋友纷纷前来道贺。洪亮吉惊喜万分，更是放言"更五年，阿翁刚六十"（《生日自述》，《更生斋诗》卷四）。

　　不过，从伊犁返回后洪亮吉靠什么来支撑一家人生活呢？在嘉庆十三年（1808）八月所作《答友人问近状》（《更生斋诗续集》卷九)一诗中,他说"全家三十口,都仗卖文钱。近觉丰碑少,应知歉岁连"。可见洪亮吉是靠卖文来度日了。此外,后文中提及的在洋川书院做主讲,能拿到一笔谢金,地方志的编纂工作也能带来一些收入。

回乡后的洪亮吉虽然在经济上不甚宽裕,但精神上的生活十分丰富。在内作诗立著,在外游览江苏各地的名胜。一面与文人、官僚交游,一面指导后学。此外,以更生居士为号的洪亮吉将诗文收录至《更生斋文集》《更生斋诗》及《更生斋诗续集》中。至嘉庆十四年(1809)为止的十年间,洪亮吉共创作了诗歌二千四百余首,占其一生诗作的一半。

这一时期,他还有以下几部著作:

嘉庆八年,《乾隆府厅州县图志》五十卷、《比雅》十二卷;

嘉庆十一年,《六书转注录》十卷、《泾县志》三十二卷;

嘉庆十二年,《春秋左传诂》二十卷、《宁国府志》五十卷。

洪亮吉过世之后刊行的有《更生斋诗余》、《北江诗话》六卷、读书劄记《晓读书斋杂录》八卷等。

247

【交友——赵翼】

在回到常州的十年间,洪亮吉不但与住在江南的许多士大夫故友重温旧好,还拓展了新的人脉。王昶、钱大昕、钱维乔、伊秉绶(扬州知府)、凌廷堪(宁国府学教授)以及京口焦山定慧寺的僧人巨超等人都是他的好友,《更生斋诗》《更生斋诗续集》中收录了不少他们之间交情的作品。其中,与他关系最为密切的是赵翼。赵翼(1727—1814),乾隆二十六年一甲第三名(探花),在历经仅十年的官僚生涯后,就回到了常州,此后的四十年里一直过着著书作诗的悠然自适的生活。其代表作是《廿二史劄记》和《陔余丛考》,另外,赵翼还著有关于清朝军事作战的《皇朝武功纪盛》。①
得知洪亮吉被释放,赵翼也十分高兴。下面介绍一首赵翼听说洪
亮吉被释放归还的消息后,欣喜之下创作的《洪稚存编修以言事
遣戍伊犁蒙恩赦回志喜》(《瓯北集》卷四十一)。

> 九死投荒得赐环,德音一道万人欢。遄归不待乌头白,
> 起废行迁鹤顶丹。骨炼冰霜逾劲节,诗添沙漠有奇观。直声
> 已震难回枉,成就先生作好官。

经历九死一生,发配往"荒"地的洪亮吉被赦免归乡了。这道
"德音"(天子的话语)一发布,众人便十分喜悦。不足百日就能归
还,不用等到"乌头"(黑发的脑袋)都变白了。若能得到"起废"
(再度启用受罚的官僚),就能戴上鹤顶般丹红的顶戴(帽子顶上
的装饰),也就是"冠二品以上红珊瑚顶戴"(自注)了吧。在"冰
霜"(冰与霜)里锻炼得一副好"骨"(身体),其"节"(节操)亦越发
强韧,在沙漠里的经验也注入诗歌中,显得别有趣味。他的"直
声"(正直的发言)已为天下人所知,担忧着"回枉"(被冤枉的罪)。
若能实现,他一定能够成为"好官"。

然而,赵翼预言中的"起废"并没有实现。正如上文的分析,
嘉庆帝压根就没有这样的打算。另一方面,洪亮吉在从伊犁回乡
的途中所作诗《道中无事偶作论诗截句二十首》(《更生斋诗》卷
二)第一首里也说过这样的话:

> 偶然落墨并天真,前有宁人后野人。金石气同姜桂气,

---

① 关于赵翼,可参见杜维运:《赵翼传》,时报出版公司,1983 年;片冈一忠:《清朝的
"方略"编纂与〈皇朝武功纪盛〉中所见的赵翼的清朝观》,《历史人类》2009 年第 37
号。关于洪亮吉生还后与赵翼的交往可参见陈金陵:《洪亮吉评传》,中国人民大学
出版社,1995 年,第 273 页以后。

始知天壤两遗民。

偶然的动笔，流露出"天真"（天然的本性）。说到有天然本性的人，前有"宁人"，后有"野人"。"宁人"是顾炎武的字，"野人"是吴嘉纪的号，二人不愿侍奉清朝，以明朝遗民的身份度过余生。二人之"气"（气节）如金石般坚硬，同生姜与肉桂的气息一般经年不衰。① 至此方才知道顾炎武与吴嘉纪为天地之间的遗民。此处的"知"是知道、理解的意思。洪亮吉注目于顾炎武、吴嘉纪的"气节"（坚持信念、超越困难的意志），他也想和这二人一样，与清朝毫无瓜葛地度过余生。

在经历了"道路以目"的阶段后，出现了一批颇有主张的民众，与此同时，直言之士敲响了警钟，而皇帝还不醒悟，多数士大夫还沉醉在太平盛世的美梦中。洪亮吉在嘉庆七年（1802）所作的《偶成》（《更生斋诗》卷六）中说道：

> 俗儒不知古，亦复不识今。喜作经世书，何异聋与瘖。圣人旨昭昭，不向六籍寻。沉埋语录中，痼疾既已深。事故纷叠来，随俗而浮沉。仍然嗤老庄，又复哂向歆。一册挟《兔园》，更诩工咏吟。退哉钟子期，何可托赏音。

"六籍"即六经。"语录"是儒者的言行录、问答集，譬如孔子的《论语》、朱子的《语类》等。"老庄"即老子、庄子；"向歆"指刘向、刘歆父子，汉代人物，确立了目录学。"兔园"即《兔园册封》《兔园册府》，是唐代应对科举考试的书籍，后来作为学习文章的教科书，被广泛用于私塾教育，也可以看作一种通俗童蒙读物。"钟子期"是春秋时期楚国音乐家，能够理解伯牙的琴声，与之心

① 《北江诗话》卷四中有"顾宁人诗有金石气，吴野人诗有姜桂气"之句。

250 心相通。"赏音"是精通音乐之人,即钟子期那样的人物。——普通著作对儒者而言,既无法博古,也不能通今。于是,我自告奋勇撰写了经世之书,可他们就如聋哑一般地不闻不问。圣人的思想"昭昭"(明晰),不基于儒家经典,尽是"沉埋"于语录之中,以其为凭据,可以说是一个"痼疾"了。意想不到的事情接连发生,我向来都用同一个方式应对。仍然嗤笑老子、庄子,责难确立目录学的刘向、刘歆。另一方面,通俗童蒙读物被奉为宝典,作诗也专门工巧。就不能有像钟子期这样精通音乐的人物出现吗,真的没有精通这些事物的人了吗?

【洋川书院主讲】

晚年的洪亮吉不仅对生活在常州府城的后生进行指导,还会激励在江南各地遇见的有志向学之士。接受过他指导的人据说有上百之多,黄乙生(黄景仁之子)、瞿溶[字仁甫,嘉庆十九年(1814)进士]、陆继辂(字祁孙)、刘嗣绾[字醇甫,嘉庆十三年(1808)进士]等人皆名列其中(《戒子书》《年谱》)。此外,洪亮吉还在书院担任主讲。洋川书院(正式名称是洋川毓文书院)①由安徽省旌德县商人覃廷柱(字子文)在其故乡洋川县创建。嘉庆三年,因弟弟过世而归乡的洪亮吉曾收到覃廷柱的邀请,让他做书院主讲。不过,从上文可知,这件事并没有成行。嘉庆七年,再度受邀的洪亮吉决定接受聘任。在到嘉庆九年(1804)为止的三年里,不时前往洋川书院讲学。在洪亮吉的描述中(《抵洋川书院》第三首,《更生斋诗》卷五),书院是这个样子的:

251 生徒十数人,曙即揽衣起。周廊听书声,都穿白云里。与谈前世事,一一尽色喜。所愧学业荒,款门来不已。

---

① 参见《洋川毓文书院碑记》,《更生斋文甲集》卷四。

嘉庆七年,洪亮吉在洋川书院讲学的题目是《春秋十论》。洪亮吉曾在早年的著作《玉尘集》(乾隆三十五年作)中说过"余最喜读左氏春秋",他还为左传做过注,即《春秋左传诂》。可见《春秋》确实令洪亮吉手不释卷。收录在《更生斋文甲集》卷二中的《春秋十论》选取了下列十个《春秋》中的课题,罗列了包括《左传》《史记》《汉书》《说文解字》等书中相关的记载:

第一,春秋时以大邑为县始于楚论

第二,春秋不讳娶同姓论

第三,春秋时晋大夫皆以采邑为氏论

第四,春秋惟秦不用同姓而喜用别国人论

第五,春秋晋比楚少恩论

第六,春秋时君臣上下同名不甚避讳论

第七,春秋时楚国人文最盛论

第八,春秋时谥法详略及美恶论 *252*

第九,春秋时以隐疾为名论

第十,春秋时仲尼弟子皆忠于鲁国并善守师法论

这篇文章类似于书院上课用的讲义,并未对提出的问题展开自己的论述,所以不算是成体系的对《春秋》的讨论。不过,实际讲课的内容应该会更有深度。

除了洋川书院,洪亮吉还接受了扬州梅花书院的邀请去短暂讲学。在洋川书院做主讲的三年里,洪亮吉再次参与了在毕沅幕下时期曾经从事过的地方志的编纂工作,即安徽省的《泾县志》与《宁国府志》。嘉庆十年、十一年,他曾数次前往实地考察。长子饴孙也作为助手参与编纂工作中,继承了父亲在历史地理学研究领域的衣钵。

地方社会的指导者

　　成为地方社会的指导者也是洪亮吉扮演的角色之一。特别值得一书的是他在嘉庆十二年常州遭遇旱灾时的行动,当年,江苏、浙江两省深受旱灾所害,淮安、扬州、常州、镇江四府受害尤其严重,到了秋天禾苗难以成活,米价高腾,饥民遍布街巷。① 洪亮吉创作了《悯灾》(《更生斋诗续集》卷七):

　　　　三十四州内,奇荒只数州。此方当孔道,民气独含愁。
　　　　静觉萍蓬转,贫无籽粒收。自惭难补救,空抱杞人忧。

　　江苏、浙江两省的三十四州府之中,遭遇"奇荒"(大灾害)的仅有几个州(淮安、扬州、常州、镇江四府)。然而,受灾的州(府)253 都位于"孔道"(干道)上,人民十分发愁。"萍蓬",萍即浮草,蓬是菊科的一年生草,冬季时枯萎,根断后被风吹成球状在地上滚来滚去。两者用来形容民众彷徨的样子。稻谷也颗粒无收,我(洪亮吉)想要帮助他们,却又无可奈何,仅仅是杞人忧天罢了。——洪亮吉在最后一句说"杞人忧",又冠以"空抱",可见他对自己的无能为力深感惭愧。

　　另外,他还在《冬日寓兴》(《更生斋诗续集》卷七)的第四首中写道:

　　　　今年岁序荒,赤地乃逾半。澄江一条水,涸出南北岸。

————————

① 嘉庆十二年常州(武进县、阳湖县)的自然灾害如下所记。道光《武进阳湖县合志》卷十一载,(嘉庆十二年)夏至后四十日,无雨,禾苗多不能莳,已莳当吐花时为雾所伤,秋成大歉。光绪《武进阳湖县志》卷二十九载,嘉庆十二年月霾。夏大旱,饥。米石三千。

蝗虫灾复继,何止夏秋旱。哀鸣感蜚鸿,太甚咏云汉。贫家柴一束,价已至无算。稍喜落叶多,堪供夜吟案。

"岁序"是四季轮转,此处指的是一年的初始。"澄江"是澄澈的河水。"蝗虫"是啃食稻子等谷物茎芯的髓虫。"蜚鸿"是一种蚊虫,即糠蚊,会吸食人畜的血。"云汉"指天河,比喻酷暑和干旱。"夜吟"是在夜里吟咏。"案"是桌子,或是食器。——从今年年初开始一直没有降雨,半数以上的耕地都裸露出干涸的地表。澄澈的河川只剩涓涓细流,两岸都暴露出来。蝗虫的灾害要是继续下去的话,让人受苦的可就不只是夏秋的旱灾了。蚊虫细微的鸣叫声在控诉着这带来干旱的天河。一束薪柴的价格对穷苦人家来说已经高得无法想象了。还好能找到些落叶,暂且充当一下燃料吧。

洪亮吉以士绅代表的身份,向时任常州知府蒋荣昌①及武 ²⁵⁴进、阳湖两县的知县申请,在营田庙设局②,号召"捐资施赈"(捐献金钱进行施舍),并得到许可。作为赈局事务总辖的洪亮吉率先捐出了三百两银以作示范,以鼓励城内外的商人、富农尽自己的一分力,捐一点义金。③

嘉庆九年时,洪亮吉在前往洋川书院的途中,曾经目睹过卖女儿的灾民和打骂他的民众。在极度的悲愤之下,洪亮吉写下了《卖儿行》与《土豪行》(《更生斋诗续集》卷一)。

---

① 据《伊犁日记》记载,嘉庆四年时蒋荣昌是山西省霍州知州。
② 所谓"局",是应地方社会的秩序维持、福祉教育和附加税的征收等各种事务的需要,在州县官的委托下,由地方士绅所主持执行的机构。
③ 这是过去句容县知县林光照曾实践过的方法。关于常州地区灾害救济事业的研究见仓桥圭子:《19世纪江南的善举及其承担者——以江苏省常州地区为例》,《茶水史学》2002年第46号。

卖儿女,供耶娘。人价低,谷价昂。耶娘饭未足,几处抛骨肉。

"耶娘"指父亲母亲。可米价太高了,即便卖了孩子,也买不起米。要是连饭都吃不起了,父母这回要把亲骨肉扔到哪里去呢? ——直面民众绝望的境况,洪亮吉愈发感到无可奈何。

255

为土豪,传两代,忽值歉年粮价贵。粮价贵,竞攘粮,攘粮共向豪家藏。君不见,豪不攘粮粮满屋,攘者出门豪入狱。为世指名先就戮,得祸亦奇冤亦酷。

"攘粮"指抢夺粮食,"就戮"指处刑。困于饥馑,因米价高腾而吃不上饭的人民,想要袭击富豪之家,抢夺粮食。可是,偷盗者要被捕入狱、处刑。这世上没有穷人的伙伴了吗? ——三言、五言又与六言、七言交织,较之按规章形式作的诗,古体诗的长短句中充满情感的碰撞。

这般惨状绝不可在常州发生,思及此,洪亮吉马上着手救济事业,早早就参与局中工作,指导救灾。十二月到翌年四月的四个月里,共筹得义银一万八千两,钱约十万六千。这批钱分四回(一个月一次)"放赈"(给予受灾者金钱、分配食物),拯救了将近二十万五千人的饥民(《年谱》)。在四回的"放赈"中,洪亮吉留下了以下的诗作(《更生斋诗续集》卷七、卷八)。

(嘉庆十二年十二月)二十六日文昌阁偕县侯放赈诗

凌晨入庙门,香炉尚未冷。伊谁相晤对,植立一银杏。经旬三次雨,民已万千幸。县宰迟未来,饥民久延颈。虚疲纵阑入,何忍更施梃。泥涂及流潦,老弱尽扶缍。提携尫及病,衣败不获整。因兹天谴厚,戒谕各修警。日午入始阑,虚堂逗晴景。却忍半日饥,吾心亦先省。

256

"尫"是弓着背、矮小的人。"修警"指谨慎注意。——民众一早就到了,香的残火还留有一丝余温。十天里下了三次雨真是万幸。明明大家都在等待着"放赈"(洪亮吉也在等着出席),知县却迟迟不来。等累了的灾民想要冲进庙里,也不能用棍棒殴打,把他们驱赶出去。在泥泞的水洼里,老老少少都提着水桶,叫人无可奈何。即便相互帮助,弱者若是生了病,也无力去缝补破烂的衣服了。这或许是天谴吧,需要静下心来多加注意。到了正午,大家都忍了半天饿了,知县才姗姗来迟,庙里总算有了好光景。

(嘉庆十三年二月)初六日西庙偕县侯放赈诗

晴暾射堂皇,四牖倏已开。鹑衣百结人,户外先裴回。朝饥实难支,闻赈肯后来。所喜麦气青,原田亦每每。郊圻十里间,菜甲先抽苔。纵乏涧底薪,已长门前苔。虬松虽髡钳,燕笋先胚胎。庶几三日霖,更震百里雷。平原春气苏,余事观桃梅。

"晴暾"是明朗的朝阳。"堂皇"是宏大的殿堂,此处指的是西庙。"鹑衣"是破破烂烂的衣服。"百结"是用破布缝补起来的衣裳,即粗陋的衣物。"裴回"即徘徊。"每每"形容青草茂盛的样子。"郊圻"指郊外,"菜甲"是野菜柔软的嫩叶。"涧"是山谷间的流水。"虬松"是盘根错节的松树。"髡钳"是切掉的意思。"燕笋"即竹笋,因其在江南地区燕子飞来时生长而得名。——明晃晃的太阳照射在将要举行救济的西庙,庙堂的窗户已然开启,准备工作陆续进行着。身着破衣烂衫的人们已经聚集在外等待,听说有救济要展开的人们也随后赶来。伴随着春天的到来,麦子、菜甲、燕笋、桃、梅等也都生长起来,交织出充满希望的画卷。

(三月)十六日武庙偕新县宰马绍援放赈即呈县宰

215

饥民厌长饥,日日诣官府。为敛万钱众,拯兹一方苦。
清晨庙门辟,十十兼五五。僧有香火缘,官真粥饭主。军营
武堪慢,胥吏文不侮。灾黎所余资,兼以分恤户。宰官新政
肃,观者植如堵。所欣原麦茂,藉以代愁黍。日午官长归,舆
前颂声普。

"十十兼五五"可以理解为增加了五成来放赈。所谓"军营武
堪慢,胥吏文不侮",说的是官兵控制着不用武力来威胁民众,胥
吏之类的小官员也不随便用文书困扰民众。与此前十二月"放
赈"诗中对迟到知县的批判相反,在这首诗的最后,洪亮吉称赞了
新任的知县。

四月十八日展放半赈即呈县宰马绍援

青黄不接时,竭力展半赈。朝四而暮三,狙公恐生愠。
所欣期会日,麦陇早苏润。荆襄籼米集,稍觉舒困顿。丁多
生计拙,频致贤宰问。殷勤稽簿籍,虑或有牵溷。哀多益寡
中,兴情觉宁顺。濛濛时雨细,云复布朝阵。屈指鼓腹期,当
于月之闰。

"半赈"指至今为止已提供了赈济款项的一半。"狙公"是养
猴、耍猴的人。第二联中用了"朝三暮四"的比喻。三月的时候,
放赈的份额增加一半,四月则只提供"半赈"。"期会日"即放赈的
日子,"麦陇"是麦田。"荆襄"是湖北省产米的地区,即荆州和襄
阳。"困顿"指生活困苦。第三、四联意为气候正常起来,农作物
也开始生长,生产活动变得顺利起来。"牵溷"指的是不正确的记
录错综复杂。第七联中,"哀多益寡"出自《易经》的"君子以哀多
益寡,称物平施"。这样一来,便人人"宁顺"(顺服)。最后一联描
述了人们心满意足地数着指头,算着日子,接下来的五月还有个

闰月(五月之后是闰五月)。

上文介绍了洪亮吉描写四次"放赈"的诗歌。从中我们可以了解到民众的惨状以及他对不同知县的态度。在这个事例里,可以看到作为地方社会指导者的洪亮吉富有责任感的姿态。

洪亮吉致力于帮助地方社会恢复秩序,关于他的行动,赵怀玉记载"丁卯(嘉庆十二年),吾乡岁祲,(洪亮吉)首请当事设局赈济,而自捐金为倡,主其事颇力,乡人赖以就苏(复苏)"(《皇清奉直大夫翰林院编修洪君墓志铭》,《洪亮吉集》附录),赵翼也评论"卖文钱尚赈饥民""救得苍生反殒身"(《哭洪稚存编修》第四首,《瓯北集》卷五一)。

妻子之死

在洪亮吉从伊犁返乡的两年后,嘉庆七年十月十九日,妻子蒋氏去世。① 洪亮吉为她所作的哀悼诗《悼亡八首》收录在《更生斋诗》卷六中。而在此前,他从未给蒋氏写过诗。这时的洪亮吉 260 开始作诗怀念蒋氏:"蒋宜人亡已匝月,心绪恶劣,不能握管。昨赴吊吴门,舟次无事,勉成八律,聊寄哀思云尔。"洪亮吉在诗中充满了对含辛茹苦的妻子的歉意与谢意。下文介绍其中的第一、六和八首。

---

① 《年谱》中记有"十旋月里,十九日蒋宜人卒",然而从诗中来看,"霜降前二日"洪亮吉在洋川书院收到蒋氏危笃的书信,所以有可能蒋氏临终时他并不在身边。

第一首

> 四壁都无百事非，依然佐读忍朝饥。穷年累日埋头惯，月地花天携手稀。质钏记供除夜馔，购书先鬻嫁时衣。贵来只忆居贫候，宦海频频劝息机。

嫁到这个什么都没有的家里来，一直忍耐着贫苦的生活。已经习惯了每年都要低声下气地去借钱的日子。能一起去赏花、赏月的时间也屈指可数。"钏记"（手镯）和嫁衣都拿去典当了，用来换过年的伙食，还给我买想要的书。你嫁入我家的回忆大概就只有贫困吧。"宦海"（官场）沉浮不定，你还会劝我干脆离开这人心险恶的官场。

第六首

> 常将家计一身支，甘苦谁人得尽知。慈母羹汤调隔日，儿曹衣履制随时。输官不待催租吏，扫室先延课读师。可惜了无情绪在，谱他遗事入哀辞。

"输官"是给政府纳税。"了无"是一点也没有。——你啊，支撑了我一家老小的生活。给母亲准备三餐，给孩子们缝补衣裳，还要管交税和孩子的教育，样样都做得很好。可至今为止，我一次感谢的话都没说过，只能当作遗事来写了。

第八首

> 一种伤心谱不成，画眉窗外缞帷横。何堪枕冷衾寒夜，重听儿啼女哭声。只影更谁怜后死，遗言先已订他生。无眠转羡长眠者，数尽疏钟到五更。

"画眉"就是用眉墨来描眉。汉代有张敞为妻子画眉的故事，以此比喻夫妻关系融洽。"缞帷"是设置在灵柩前的薄薄的布

帘。——想写写你的事,可是太过伤心,无从下笔。至少也让我
为你画一次眉吧,可是棺木前已垂下布帘。一人入睡,又冷又寂
寞。听到孩子们的哭声,心中又添几分悲凉。看见我这"只影"
(孤单的影子,形容寂寞),谁都会可怜"后死"(被留下来的人)的
人吧。你留下了遗言,约定我们来世还要做夫妻。心中酸楚,辗
转反侧,倒是羡慕起长眠的人来。数着断断续续的钟声,不觉已
至天明。

后来,在蒋氏过世百日时,洪亮吉又作了《蒋宜人亡已百日感
赋一首》(《更生斋诗》卷六)。

> 生离每经年,死别又百日。感此泉下人,时添鬓边雪。
> 薄帷风乍举,暗牖灯自灭。如何伤心泪,先作冰柱结。椒浆
> 聊此奠,时物为卿设。笑言犹在耳,音响已终绝。明明称共
> 命,惘惘冀同穴。行筑土一坏〔抔〕,衰年愿方毕。

"生离"(活着的时候别离)的事常有,说的是洪亮吉在做幕友 263
的时候,过着夫妻分离的生活。而如今"死别"也有百日了。我所
思所想尽是"泉下人"(踏上黄泉路的妻子),不知不觉中"鬓"(络
腮胡)已如添雪般地变白了。风吹动幔帐,熄灭了灯火。悲伤得
心痛不已,泪流不止。设下祭坛,供上瓜果饮品。你的笑声如今
还犹在耳畔?不是说要命运与共吗?可现在也没了指望,只能乞
求死后同穴而眠了。

孕育了三男一女的蒋氏,在与洪亮吉共同度过的三十四年
里,大部分的时光都生活在穷困之中。她代替在外的丈夫守护家
庭,还一手承担起教育子女的责任。在清朝,虽说能够出人头地,
或在学术领域取得业绩的是男性,可实际上拼力支撑家庭的是这
些有教养的女性。不管在什么年代,我们都应该记着在沐浴着聚

光灯的男性的背后,还有如支柱般撑起家庭的妻子和母亲。翻看洪亮吉诗集中的五千首诗,包括上述的几首在内,歌咏妻子蒋氏的诗作也不过寥寥九首。可要是没有这位含辛茹苦的妻子,洪亮吉就无法离开常州,也无法考取进士,更不要说成为翰林院编修,当上贵州学政,还写出三十余种著作了。

洪亮吉给妻子写下了悼亡诗数首,但是没有为她作行状。下文则介绍洪亮吉去世后,友人孙星衍给洪亮吉作的墓志铭中涉及蒋氏的部分(《洪亮吉集》附录)。

> 妻蒋宜人,廿三岁归君(洪亮吉),亲操作,以事寡姑,进以甘旨(美食),自啖糠籺(粗食),不耻恶衣食,归宁与三姊居,姊所嫁皆素封,金珠耀首,视之泊如(心静)也。佐君之官,善经理家政,自奉俭约,周恤(布施)戚(亲戚)党,无倦色(厌倦的表情)。方君远戍,子辈匿不以告,将归,乃言之,宜人惊悸成疾,久之始安,以嘉庆七年十月十九日先君卒,得年五十有七。

尽管沉浸于悲痛之中,洪亮吉依然像前文描述的那样,作为地方士大夫代表积极指导后进,率先参与灾害的救济活动中。然而,时间的流逝带走了他身边一个个亲近的人,洪亮吉成了孑然一身。前述中他寄予希望的后辈张惠言去世了(嘉庆七年),钱大昕(嘉庆九年)、王昶(嘉庆十一年)、钱维乔(嘉庆十一年)也接连离世。嘉庆十二年六月二十二日,洪亮吉更是痛失了在两天前诞下女儿的侍妾郑氏,她才年仅二十九岁。

从家书中得知郑氏讣闻的洪亮吉在诗《得家书知侍姬郑氏亡耗》四首(《更生斋诗续集》卷七)中说道,从贵州远到北京,又回到常州,一直跟随着他,侍奉在他左右的郑氏的行为是"谁识路七千,哀哀此愚孝"(第一首),"事我十五年,无时怠巾栉"(第三首)。第四首中写道"黔越本异乡,谁能识衷曲",表达了悼念之情。在郑氏一年忌时,洪亮吉为她画了一幅肖像画,以怀念这个离乡背井、客死他乡的薄命人儿(《郑姬亡已一周小儿女展其遗像以奠感赋》,《更生斋诗续集》卷九)。不过其中只有对侍奉过自己的女性的哀怜,并无给妻子蒋氏的诗那样痛切哀叹。

郑氏的一年忌还没过多久,洪亮吉的长姐又去世了。听说讣告后,他写下《闻伯姊讣二首》(《更生斋诗续集》卷九),对在父亲去世后,帮助贫苦的母亲支撑起家庭的姐姐表示感谢的同时,还流露出在二姐、弟弟之后,又失去了长姐,骨肉同胞只剩下三姐的悲寂。其中第二首写道:

> 仲姊四十逝,鬓发不及苍。弱弟甫遂初,半道惊摧伤。[265]
> 同生只五人,半已罹咎殃。姊行奉华严,跬步亦致祥。神明
> 久不衰,庶几寿而康。如何奄忽期,不逮介寿觞?……

二姐四十岁就去世了,头发还是乌黑的。弟弟刚刚"遂初"就职,便在"半道"(中途)"摧伤"(死亡)了。我们兄弟姐妹明明有五人,可一半都遭了"咎殃"(灾难,即死亡)。三姐信仰华严宗,虽然是微小的"跬步",但一定能到极乐净土吧。祈祷"神明"(精神)不衰,健康长寿。"奄忽"(死亡)这件事啊,让我们再难举起"寿觞"(祝寿的酒杯)。

接连遭遇妻子、侍妾和亲人的死别,老年的洪亮吉为寂寞所萦绕。但他还能亲眼看着幼子[侍妾郑氏生下的两个男孩胙孙(嘉庆二年八月生)和麟孙(嘉庆九年五月生)]成长。这首创作于嘉庆十三年的四言诗描写了洪亮吉看到二人勤勉向学时欣喜的样子(《更生斋诗续集》卷九)。

266
龄孙入塾,梅开一枝。胙孙报我,其喜可知。我喜云何,嗟两孤儿。庶承世泽,以慰母慈。梅开于春,亦荣于冬。归燕绕花,飞西复东。胙孙读书,龄孙识字。以酒酹花,自今伊始。

洪亮吉之死及其评价

嘉庆十年,六十岁的洪亮吉写下了《戒子书》,将其自我实践的素质与尽诚的生活方式作为教训以示后人(《更生斋文乙集》卷三),这也可以看作他的遗言。下文介绍其中一部分：

余以年迫迟暮,不复能佣力于外,又念女曹渐已成长;回忆毕生之事,冀弛日暮之肩。郭外有薄田二顷,城东老屋三十间,使四子一嗣孙分守之……女曹能勤苦自持,当衣食粗足耳。

267
又余本中材,不敢以大贤上哲祈女。惟早承先训,门有素风。易衣而出,并日而食,叠遭家难,粗识世情。"忍饿读书",先大夫之遗语也:"财不歆非义,福不歆非分,处则孝于家,出则忠于国",太宜人晨夕之面命(面对面的教谕)也。慎之哉! 惟俭可以立身,惟恕可以持己。俭则无求于人,恕则无忤于物,况以单门(贫穷的家庭)而处侈俗,凉德而承世业乎? 无眤宴朋,无染薄俗,无是古而非今,无陟前而忘后。毋爱尺璧(好的诗文)而不爱修名(名声),无畏疾雷而不畏清议……

饴孙年过三十,处世尚不克平心,是女之短也。惟编校故书,尚知条理,他日或当传吾记诵之学耳……今符孙弱冠已过,涉笔便讹又更历十师,难成一技;学之不修,亦已焉哉!

其余幼子弱孙,则尚争梨栗,无辨菽麦……他日兄率其弟,父课其子,庶几寒宗,毋坠先绪。

夫功名之士,以身殉时(当今);勤学之儒,以身殉古。各有所好,强之不能,在立志何如耳……

洪亮吉将自伊犁生还以来至嘉庆八年为止的诗作收录到八卷的《更生斋诗》中。以嘉庆九年为再出发,他每年都会在元日和九月三日的诞辰各作诗一首,以示纪念。嘉庆十四年的元日是洪亮吉度过的最后一个元日,这天他写作了一首《己巳元日》(《更生斋诗续集》卷十),诗里说道:

八字桥敧百渎荒,里中忽现小沧桑。半生苦乏忘形友,[268] 一卷先成救世方。属国舟船归海道,护提官吏急河防。稍欣蟹稻村村熟,且与居人庆阜康。

“八字桥”是架在常州府城内运河上的桥。第一联中说道,因为去年发大水,常州城内流淌的许多“渎”(水路)都溢出了,转瞬的功夫就出现了小小的“沧桑”(大海)。这描写了浸泡在水中的常州的状况。第二联中则写道,他找不到“忘形友”,即没有不计较地位、身份而真心相交的朋友,其中还回顾了写下《极言时政启》的半生记忆。在第三联的自注中,他记录“英吉利国忽领兵至广东互市,近始遁归”,涉及去年英军占据澳门海口炮台之事,强调海防为当务之急。接下来的第四联中,他讴歌了渔业、农业的丰收,与人们一同喜迎正月,欢歌庆贺。——虽然只是注释,但这是唯一一次在洪亮吉的诗作中看到西洋国家的名称,由此可以发现时代发生了大的转变。诗中他使用了“沧桑”一词,沧海一朝会变成桑田,世间的急剧变化叫作沧桑之变。想必洪亮吉也感受到了自身所处的时代在发生着变化。

初二日,洪亮吉去祖宗墓地扫墓。扫墓这个行为是在洪亮吉十一岁的时候开始的,只要他在常州,一定会在正月初二先去给祖宗扫墓,然后去附近的长姐家拜年。姐姐还健在的时候,会亲手烹制大餐来款待洪亮吉,姐弟二人在谈笑中度过了美好的时光。而如今,姐姐已经不在了,回忆起来,心中反而难过,便一刻不停地赶回家去了。(《是日至前桥展墓感赋》,《更生斋诗续集》卷十)

那年春天,洪亮吉前往苏州,又去焦山游玩。四月,他有些腹痛,随后卧床不起,渐次饮食减少。五月十二日,洪亮吉在家人们的守护之下去世,享年六十四岁。

回顾洪亮吉波澜壮阔的一生,对他的人物评价如下文所示。

首先,算是他发小的赵怀玉评价道:"君厚于天禀(天赋),性情过人,然明好恶,别是非,无所回护,议论激昂,忼爽(爽朗)有古直(有古风,而无雕饰之气)者之风。"孙星衍也记述道:"忼爽有志节,自称性褊急,不能容物,好古人偏奇之行,每恶胡广(东汉人,被誉为'天下中庸有胡公',为朝廷器重),不悦孔光、张禹(均为西汉成帝时期的官僚)之为人。"(《洪亮吉集》附录)

那么,后辈对他又是如何评价的呢? 江藩(1761—1830)曾与洪亮吉进行过历史地理学问题上的讨论。在他的记载中,洪亮吉不厌其烦地证明自己的学说没有偏颇(《国朝汉学师承记》卷四)。毕沅的幕友之一钱泳(1759—1844)在其笔记《履园丛话》中记述了对他认识的人物的评价,可对洪亮吉只字不提。据赵怀玉所说,两人的关系因洪亮吉"别是非,无所回护"的言行而僵化。

在上述人物评价中,体现出洪亮吉不明辨是非曲直不罢休的性格。他的友人不仅能够理解他的性格,还对他的古道热肠抱有好感,与他相交。反倒是与洪亮吉不相熟的人,对他的评价颇为严苛。比如,宗室昭梿(1780—1830)就对洪亮吉旁若无人的样子特别记了一笔,说他"性狂妄,嗜纵饮"(《洪稚存》,《啸亭杂录》卷 _270_ 七),这种印象或许源自嘉庆帝的谕文。

另外,同为阳湖县出身,与晚年的洪亮吉相识的李兆洛(1769—1841)在《常州府志·人物传·洪亮吉传》①中记载"亮吉性刚急,好古人偏奇之行",或许也是依据上述与他同时代人的评价。他还写道:"亮吉既殁,朝廷诏旨犹时及之,有直言陈大计者称美,谓有洪亮吉风。举朝唯阿,则激励之,今何无洪亮吉其人。其名在朝廷如此。"可见洪亮吉过世后,政治社会状况一如既往地没有改善,人们期待着像洪亮吉那样的人物能够登场,带来一些让事情出现转机的提案(且不论是否有效),尽管这样的主张并不会被接受。

因评价者的活动范围、信息来源以及与洪亮吉关系的亲疏远近各有差异,所以他们对洪亮吉的评价也有所不同,但是从其直线型的行为、直接的表现中可以知道,洪亮吉是一个不管什么事都要较真到愚直程度的人。——一方面是对乾隆时期以来大为转变的风气及社会秩序的崩坏报以深深的危机感,另一方面是对因驿站衰落而失业以及受困于水旱等自然灾害的民众报以深刻的同情。不少士大夫都或多或少以某种形式在诗文中讨论过类似的情况。可是,没有多少士大夫能像洪亮吉这样去直面这些问题,且长期保持关注。从乾隆四十年的《廉耻论》开始,洪亮吉便直视着当时的社会状况,对风俗的溃乱报以忧思,呼吁恢复社会的秩序,展现出下一个时代的经世思想家的先驱姿态。②

---

① 收录于《洪北江先生杂著四种》。另外,同书的《常州府志·人物传》几乎全文收录了《极言时政启》,但在《洪亮吉集》和《年谱》中收录的该人物志将抄录的部分删除了。
② 陈运营:《论嘉道时期经世思潮的兴起》,《明清论丛》第四辑,紫禁城出版社,2002年,第281—282页。

终章　生活在清中期的士大夫

　　洪亮吉的一生横跨了从乾隆十一年至嘉庆十四年的六十四年。大致上来看,他出生在清朝入主中原的百年后,而在他去世后的百年,清朝覆灭。所以,可以说洪亮吉是正好生活在清朝中期的人物。洪亮吉的学问既有代表乾隆盛世的考据学学者的一面[①],也有嘉庆、道光时期兴起的经世思想家的一面。虽然,洪亮吉作为官僚参与的政治实践并不多,但他对革新政治倾注了强烈的情感,其悲愤的心情烙印在诗文中。那么,通过介绍他的作品来描述一个士大夫的成长,来观察这个时代,未尝不是个好尝试。

　　在洪亮吉多种多样的活动中,本书仅选取了他部分诗歌和关于政治、社会的讨论,几乎没有涉及他在经学、历史地理学、小学等领域的成就。而且,对于自己能否正确把握其诗作的内涵,也多少有些不安。这只是笔者个人的主观想法,相信能够通过诗歌

---

① 嘉庆、道光时人夏炘(1795—1846)在《乾隆以后诸君学术论》一文(《夏仲子集》卷一)中批判乾隆时期的考据学,并将洪亮吉的音韵学成果《汉魏音》当作靶子,说其是"掇拾前人所唾弃"。洪亮吉留下了不少考据学的成果,不知对常州学派有多大的影响。不过其历史地理学(《乾隆府厅州县图志》《补三国疆域志》《东晋疆域志》等)和春秋学(《春秋左传诂》)的成果受到大家好评。对其小学领域的成果《汉魏音》《传经表》《通经表》等评价则各不相同。参见陈登原:《国史旧闻》第三分册;以及大谷敏夫:《清代政治思想研究》,汲古书院,1991年,第281—283、322—323页。

的世界来描写一个清朝士大夫的生活方式，并探寻其中的意义。然而，本书或许过分关注乾隆后期北京的政治文化，且对洪亮吉政治批判的主张先入为主，似乎有些过于强调洪亮吉作为正义直言之士的形象了。虽然有诸多不足，但下文尝试归纳总结本书的要义。

洪亮吉生活在乾隆帝与嘉庆帝的治世下，首先要明确的是这是一个繁荣的时代。安定的政治、生产的向上与流通经济的发展带来了灿烂的都市文化，这般的富饶也润泽了乡村。在这片繁华之下，士大夫家庭中不仅是男性，女性也得到了良好的学问教养。在被称为科举社会的清朝，负责子女教育的不只有父亲，还有守护着家庭的母亲。即便是在父亲早亡的家庭中，在母亲严格的教育下，也能养育出一批像洪亮吉、黄景仁、汪中及张惠言这样的士大夫。或许正是出于此，他们才会积极地书写在这一时代中拼命生存的女性的行状。

洪亮吉在对科举发起挑战的过程中，为了生计担任过不少人的幕友。尤其是在安徽学政朱筠和历任陕西巡抚、湖广总督的毕沅幕下时，他结交了同为幕友的学者、文人，借此拓宽了自己学问的领域，也加深了学识。虽说幕友的报酬不甚安定，但也足以支持洪亮吉一家的生活。这要得益于社会持续的繁荣。①

以江南为中心的中国东部地区的繁荣，贯穿了整个乾隆时

① 士大夫也是要生存的。只靠信条、信念是无法过活的，对有妻有子的人来说就更是如此。像甘肃布政使王亶望和山东巡抚国泰那样，不端行为被揭发并处刑后，作为他们的幕友被招募的士大夫（项某、毛大瀛）想必不是没有听说过社会上对他们的风言风语，但还是选择去辅佐这些"腐败"的官僚（洪亮吉《跋简州知州毛大瀛所致书及纪事诗后》，《更生斋文甲集》卷四）。洪亮吉侍奉过的毕沅在死后也被罚没了家产，想必在他生前也有过类似的流言。然而，洪亮吉还是在毕沅幕下待了将近十年。从那个时期开始，他的诗作中不再有对贫困的哭诉了，所以可以推测洪亮吉一家过上了安定的生活。

期,可在乾隆后期却开始悄悄罩上阴霾。江南的水旱灾害以及黄河下游治水事业的不彻底,令民众的生活难以安定。伴随人口的增加,土地不足的现象出现了,于是汉族从东部地区迁移到西部地区,结果是激化了西部地区少数民族与汉族之间的对立矛盾。在移民群体中扩大的民间宗教及其组织接连地引发政治问题。然而,地方上交的错漏百出的报告,使得中央政府失去了寻求妥善对策的时机。最为严重的是,京城里追求享乐的皇帝,竟将大权委以一介青年,过起了醉生梦死的生活。洪亮吉上京的乾隆四十四年,正是和珅作为军机大臣开始掌握政治大权、对乾隆帝政治造成巨大影响的时期。如此一来,洪亮吉切身体验到的北京以及此地的政治文化可以说都是由和珅一手创造出来的。

273　　皇帝集权的体制越是牢固,当权者就会越发恣意妄为。在乾隆帝默许之下掌权的和珅,可以轻易把握官员的意志与民众的行动,这样的权力行使可算不上正面意义上的"宽容"。和珅不达目的,誓不罢休。结果就是,官僚也好,民众也罢,都深感阻塞。乾隆五十五年,好不容易考中进士的黄钺在年末便辞官归乡,恐怕就是因为难耐乾隆帝与和珅掌控下的北京城中笼罩着的闭塞感。

　　洪亮吉亲身体验了乾隆帝治世下的繁荣与潜藏着的矛盾,预感到清朝的衰微。自幼丧父,在慈母的鼓励之下,洪亮吉屡屡挑战科举考试,创作诗文。其多达五千首的诗作,像日记一样记录着每一天的喜怒哀乐,连缀着对眼前现实的描写,刻画着心情的变化。由此可知洪亮吉对社会问题的关注逐步转移到政治上。进士及第之后,洪亮吉成为翰林院编修,步入官场,深感其中的险恶。所以,他想在新皇帝的治下敲响在乾隆时期被封印了的警钟。可是,他的声音并没有被重视。

　　六十四年来,行使着绝对权力的独裁者(乾隆帝)去世后,后继者(嘉庆帝)成功上演了一场皇位交接的戏码,激动的同时,也意识到自己还没有明确的抱负和"改革方案"。当时,大胆提出"改革方案"(洪亮吉、尹壮图及法式善等人的上书),会给体制内的后继者极大的刺激,亦恐会伤及己身。

改革与革命不同,往往会陷入不彻底之中。在嘉庆帝的政治革新中,连"维新"(法式善)这样的说法都十分忌惮,采取了否定的态度。这并不是由于嘉庆帝的性格优柔寡断,而是因为统治中原已有一百六十年之久的清朝已经没有能量来实行当时提出的那些"改革方案"了,也没有允许流血牺牲的能量了。加上皇帝在摸索着满族政权的回归,这一点心思却成了决定性的因素。乾隆²⁷⁴帝驳回了御史杭世骏因"满洲人总督、巡抚过多"①而提出的改善意见,同样地嘉庆帝对上述的"改革方案"也是一条没有采用。虽然他可能听进去了一部分,但那连所谓"止血"措施都算不上,只不过是场面上的应急之举。结果就是,嘉庆在亲政初期应该实行的,诸如对乾隆帝六十四年来的治理下堆积尘垢的清洗,对制度疲劳部分的修理等改革,也一项都没有施行。——只有导致机能低下的"因循旧章",什么改革也没发生。即便忙于镇压白莲教起义,也一样可以进行政治上的革新和人才的登用吧。可对从云南送来的尹壮图的提议,嘉庆帝置若罔闻。② 不得不说嘉庆帝一开始就没有侧耳倾听谏言的姿态。

说到底,那是因为嘉庆帝长期以来都全身心投入和其他皇子竞

---

① 洪亮吉:《书杭检讨遗事》,《更生斋文集》卷四;《清史列传》卷七十一。
②《仁宗实录》卷四十二,嘉庆四年四月乙未谕。《尹楚珍先生年谱》,嘉庆四年、八年项,参见陈金陵:《乾嘉名士政治思想简论——兼评白莲教起义与士林风气》,《中国古代史论丛》1982年第1辑,第167页。嘉庆帝立马拒绝了尹壮图在四年的密奏中"清查各省陋规"的提议,表示"实不可行"。对八年的"中央政治机构改革案"也以"尚是留朕览"为由无视了,还加强了对尹壮图的监视。

争下一任皇帝的候选上，比起帝王学，他学习了更多的皇子学。也就是说，他的目标不是学习成为一个有威严的皇帝，而是去扮演一个顺从的皇子的形象。所以，在嘉庆登上帝位时，他并没有做好任何成为皇帝的准备，其可取之处不过是率直、认真罢了。

说到洪亮吉的《极言时政启》这篇文章，其意图并不在于否定皇帝的统治，而是出于他对乾隆后期松散的社会与腐败的政治抱有的危机感，想要敲响警钟，令人意识到强化改革的必要性。在乾隆时期的考据学影响之下成长的洪亮吉，在对价值观变化、风俗溃乱和社会秩序崩坏的危机感中，形成了经世济民的思想。

与洪亮吉同一时代的士大夫，特别是这批被称为考据学者的人物中，也有不少人在私下留下批判清朝皇帝政治的言论（比如钱大昕、赵翼）。然而，他们的文章都采用了婉转迂回的表现，或用过去的历史来影射的手法，并没有直言的批判。从这一点来看，洪亮吉踏出了第一步。当时的人们、士大夫们都感受到了同样的状况，而洪亮吉向皇帝提出了解决这一问题的方案。这可以说是用来试探成为清朝掌舵人的嘉庆帝的意见的试金石。然而，嘉庆帝并没有察觉到时代已经和其父乾隆帝的盛世大不相同，他仅仅针对个人行为被批判的部分，做出了感情用事的反应，即对洪亮吉严加处罚，导致官场气氛降至冰点。终于了解到事情严重性的嘉庆帝，急急忙忙赦免了洪亮吉，将他释放回原籍。可在这如冰封一般的官场中，官僚们的心结仍然无法开解。如序章中所言，康熙帝和雍正帝都是考虑着全盘影响来采取战略性对策的，而与之完全相反的感情用事的结果，就是导致从此以后官场言路的堵塞。可以说只有靠着健全的谏言机制才能平稳有效的皇帝政治至此已几近死灭。

死里逃生回到常州，自号为更生居士的洪亮吉，不再有政治上

275

的发言，而是耽于作诗与著述，以及游历江南各地名胜。在与以赵翼为首的士大夫再续前缘的同时，他还将晚年的十年生涯奉献给了对后进的指导与维持地方秩序的稳定。

洪亮吉去世之后，清代中国踏上了充满苦难的旅途。而本文在此搁笔，不再详加探讨。洪亮吉在贵州写下《意言》的乾隆五十八年，为了扩张英国商人的对华贸易而出使中国的英国使节乔治·马戛尔尼在承德的避暑山庄谒见了乾隆帝。然而，他的请求一条也没有实现。于是，他们从大运河南下，经由广州、澳门踏上了归国之路。在马戛尔尼离开广州前的日记里，有这样一节：

> 中华帝国好比是一艘破烂不堪的头等战舰，它之所以在过去一百五十年中没有沉没，仅仅是由于一班幸运、能干而警觉的军官们的支撑，而她胜过邻船的地方，只在她的体积和外表。但是，一旦一个没有才干的人在甲板上指挥，那就不会再有纪律和安全了。这艘舰船并不会马上沉没，还能像遇难船似的漂流一阵，然而终究会撞到岸上粉身碎骨。①

现实中的清代中国踏上了什么样的道路呢？在乾隆帝之后 *276* 即位的是嘉庆帝，然后是道光帝，在这对父子治下的五十年里（嘉庆四年至道光三十年），出现了一批像陶澍、林则徐那样标榜着经世济民的士大夫，即所谓的经世官僚，他们摸索着改革的道路。可是在鸦片战争中，道光帝将林则徐的提议当作一派胡言而舍弃不用，从而签订了《南京条约》。维持满洲政权至上的意图，与国土意识背道而驰。后继的皇帝更是连在"甲板"上都站不住了。

---

① 马戛尔尼著，坂野正高译：《中国访问使节日记》，平凡社，1975年（东洋文库），第220—221页；并木赖寿、井上裕正：《中华帝国的危机》，中央公论社，1997年，第14页；稻叶君山：《最新中国史讲话——近世之部》，第293—294页。

英法联军侵华中圆明园燃起的火光、以太平天国为首的民众蜂起，经历了这一切，怀抱幼帝（同治帝）的皇太后（慈禧太后）不得不去依靠曾国藩、李鸿章、左宗棠等汉族官僚的政治、军事势力，并容许对体制的部分修补。即便如此，后来的中国人还是不得不去经历一段风雨飘摇的岁月。

附录一 《极言时政启》

乞假将归留别成亲王极言时政启(《卷施阁文甲集》续卷)

编修洪亮吉顿首肃启成亲王府中下执事：日侍三天，追随匝岁。嗣以疾病旋里，伏影闾门，正月恭读高宗纯皇帝(乾隆帝)遗诏，自以曾值内廷，受恩不次，闻信，星夜奔赴入都，得望殿庐随班哭泣，蝼蚁下诚，藉以稍慰。到日，又蒙派修实录，因假寓萧寺百五十日，今第一分稿本业已进呈。亮吉只身而来者也，无车马无御寒之具，不获久留，叩送梓宫之次日，即请假遄回，已得请于院长矣。然区区之心有不能自已者，上则不胜犬马恋主之诚，下则不敢忘师友赠言之义。盖亮吉词臣也，本无言责，但自思通籍以来，不数年中，受国家逾格之恩者屡矣。夫受恩不酬，非国士也；有怀不尽，亦非人臣所敢出也。今谨择其尤要者陈之左右，备执事造膝沃心(侍奉皇帝左右，辅弼)之一助焉。

今天子求治之心急矣，天下望治之心亦孔迫矣，而机局尚未转者，推原其故，盖有数端。亮吉以为励精图治，当一法祖宗初政之勤，而尚未尽法也。用人行政，当一改权臣当国之时，而尚未尽改也。风俗则日趋卑下，赏罚则仍不严明，言路则似通而未通，吏治则欲肃而未肃。何以言励精图治尚未尽法也？自三四月以来，视朝稍晏，又窃恐退朝之后，俳优近习之人荧惑圣听者不少。此皆亲臣大臣启沃君心者之责也。盖犯颜极谏，虽非亲臣大臣之事，然亦不可使国家无严惮之人。乾隆初年，纯皇帝宵旰不遑，勤求至治，其时大臣如鄂文端（鄂尔泰）、朱文端（朱轼）、张文和（张廷玉）、孙文定（孙嘉淦）等，皆侃侃以老成师傅自居。亮吉恭修实录，见自雍正十三年八九月亲政之日起，以迄乾隆初年一日中朱笔细书，折成方寸，或询张、鄂，或询孙、朱，曰某人贤否，某事当否，日或十余次，而诸臣中亦皆随时随事奏片，质语直陈，是上下无隐情。又侧闻京师耆老人言，乾隆初，村里童妪进城，皆北向叩首曰："圣人出矣！菩萨出矣！"乾隆初政所以克绍圣祖（康熙帝）、世宗（雍正帝），度越百王，而使亿兆倾心如此者，纯皇帝固圣不可及，而亦众正盈朝，前后左右皆严惮之人故也。

一则处事太缓。夫四海九州之事，日不知凡几矣。又自乾隆五十五年以后，八年之中，权私蒙蔽，事之不得其平者，又不知凡几矣。千百万中无有一二能上达者，即能上达矣，未必即能见之施行也。乃有赫然出于睿断必欲平反，如江南洋盗一案者，参将杨天相有功骈首，洋盗某漏网安居，皆由署总督苏陵〔凌〕阿昏聩糊涂，贪赃玩法，举世知其冤，至今海上之人言之痛心切齿，而洋盗则公然上岸无所顾忌，皆此一事酿成。况苏陵〔凌〕阿又系权相私人，朝廷必无所顾惜，而至今尚坐拥巨资，厚自颐养。而江南查办此案，始则转辗宕延，有心为承审官开释，继则并闻以不冤覆奏。夫杨天相之罹法，即云特奉明旨，然何以坐为诬良为盗，并云生事海疆，情罪可恶，不得不从重办理乎？则杨天相之命，仍须苏陵〔凌〕阿及承审官偿之矣。夫以圣天子赫然独断，欲平反一案而尚如此，则此外沉冤更何自而雪乎？

一则集思广益之法未备。自古以来，虽尧、舜之主，亦必询四

234

岳，询群牧。盖恐一人之聪明有限，必博收众采，庶可无失事。请自今凡召见大小臣工，必询问人材，询问利弊。如所言可采，则存档册以记之。倘所保非人，所言失实，则治其失言之罪。然寄耳目于左右近习，不可也；询人之功过于其党类，亦不可也。盖人材至今日消磨殆尽矣。数十年来，以模棱为晓事，以软弱为良图，以钻营为进取之阶，以苟且为服官之计。由此道者，无不各得其所欲而去，以是衣钵相承，牢结而不可解。夫此模棱、软弱、钻营、苟且之人，国家无事，以之备班列可也；适有缓急，而以牢结不可解之大习，欲望其奋身为国，不顾利害，不计夷险，不赡徇情面，不顾惜身家，不可得也。至于利弊之不讲，又非一日。在内部院诸臣，事本不多，而常若猝猝不暇，急急顾影，皆云多一事不如少一事。在外督抚诸臣，其贤者斤斤自守，不肖者亟亟营私。国计民生，非所计也，救目前而已；官方吏治，非所急也，保本任而已。故虑久远者，以为过忧，事兴革者，以为生事。此又岂国家求治之本意乎？

一则进贤退不肖似尚游移。夫邪教垒起，由于激变。原任达州知州戴如煌之罪不容逭矣。幸有一众口交誉之署知州刘清，不特百姓服之，即教匪亦服之。此时正资熟手，正当用明效大验之人。闻刘清今尚为州牧，仅得从司道（清朝时隶属于巡抚的专设机构）之后随同办事，似不足尽其长矣。某以为川省正在多事，经略纵极严明，剿贼匪用之，抚难民用之，整饬官方用之，办理地方公事又用之，此不能分身者也。何如择此方贤能之吏，百姓素所服习，如刘清等，崇其官爵，假以事权，使之一意招徕抚绥，以分督抚之权，以藏国家之事。有明中叶以来，郧阳（现湖北省西北部）多事，则别设郧阳巡抚；偏沅（由湖南省西南部的辰州府到贵阳东部的镇远府一带）多事，则别设偏沅巡抚。事竣则撤之，此不可拘

311

312

拘于成例也。夫设官之意,以待贤能,人果贤能,似不必过循资格。如刘清者,则进而尚未能进也。戴如煌虽以别案解任,然尚挈家安处川中,反得超然事外。闻教匪甘心欲食其肉,知其所在,即极力焚劫。是以数月必移一处,而教匪亦必随所迹之。近知全家尚在川东与一道员联姻,故恃以无恐。是救一有罪之人而反致杀千百无罪之人也,其情理尚可恕乎?纯皇帝大事(乾隆帝驾崩)之时,即明发谕旨数和珅之罪,并一一指其私人(党羽),天下方为快心。乃未几而又起吴省兰矣,召见之时,又闻其为吴省钦辨冤矣。夫二吴(吴省钦、吴省兰兄弟)之为和珅私人,与之交关通贿,人人所知。故曹锡宝之纠和珅家人刘全也,以同乡素好,先以折稿示二吴,二吴即袖其稿走权门(和珅),藉以为进身之地,亦人所共知。今二吴可雪,不几与褒赠曹锡宝之明旨相戾(相悖)乎?夫吴省钦之倾险(横行)以及掌文衡、尹京兆(顺天府尹),无不声名狼藉,则革职不足以蔽辜矣。吴省兰先为和珅教习之师,而后反称和珅为老师,以至竭力汲引,大考(每十年举行一次的以翰林院、詹事府为对象的考试)则第一矣,视学(学政)典试(科举的考官,即乡试的正副考官)则不绝矣,岂吴省兰之才望学品足以致之乎?非和珅之力而谁力乎?如是而降官亦不足以蔽辜矣。是退而尚未退也。

何以云用人行政尚未尽改也?盖其人虽已致法,而[和珅]十余年来,其更变祖宗之成例,汲引一己之私人,犹未尝平心讨论。内阁、六部各衙门庶务,谁为国家之成法,谁为和珅所更张,内阁、六部以及各衙门之人,谁为国家所自用之人,谁为和珅所引进,以及随同受贿随同舞弊之人,皇上纵极仁慈,纵欲宽胁从,又因人数甚广,亦不能一切屏除。然窃以为实有真知灼见者,即不究其从前,亦当籍其姓名,于升迁调补(升任、左迁、转任、补充)之时,微示以善恶劝惩之法,使人人明知圣天子虽不为已甚,而是非邪正之辨,未尝不洞悉,未尝不区别。如是而夙昔之为[和珅]私人者,尚可革面革心而为国家之人。否则,朝廷常若今日清明可也,设万一他日复有效权臣所为者,而诸臣又群起而集其门矣。

何以言风俗则日趋卑下也?士大夫渐不顾廉耻,百姓则不顾纲常。然此不当责之百姓,仍当责之士大夫也。以亮吉所见,十余年以来,有尚书、侍郎甘为宰相屈膝者矣;有大学士、七卿①之长,且年长以倍,而求拜门生,求为私人者矣;有交及宰相之僮隶,并乐与僮隶抗礼(违反礼仪)者矣。太学三馆,风气之所由出也。今则有昏夜乞怜,以求署祭酒(国子监的长官)者矣;有人前长跪以求讲官(国子监的教官)者矣。翰林大考,国家所据以升黜词臣也。今则有先走军机章京之门,求认师生,以探取御制(皇帝所作的)诗韵者矣;行贿于门阃(官署门口)侍卫(皇帝身边的护卫),以求传递倩代(请求代为传送文书),藏卷(藏有官方文书或考试用纸)而出,制就(收到皇帝的诗文)而入者矣。及人人各得所欲,则居然自以为得计。夫大考如此,何以责乡会试之怀挟(带小抄)替代(替考)?士大夫之行如此,何以责小民之夸诈夤缘(巴结权贵、谋取出世)?辇毂(天子的乘车)之下(京师,即北京)如此,何以责四海九州(全国各地)之营私舞弊?纯皇帝因内阁学士(乾隆五年)许玉猷为同姓石工护丧,曾谕廷臣曰:"诸臣纵不自爱,其如国体何?"是知国体之尊,在诸臣之各知廉耻。夫下之化上,犹影响也。士气必待在上者振作之,风节必待在上者奖成之。举一廉朴(清廉纯朴)之吏,则贪欺(贪婪欺瞒)者庶可自悔矣;进一恬退(不

①七卿是中央主要部门的长官,即六部尚书和督察院左都御史的总称。九卿在此基础上加上通政使司通政使和大理寺卿。

237

求名利，与世无争)之流，则奔竞(竞相谋求官职利益)者庶可稍改矣；拔一特立独行、敦品励节之士，则如脂如韦，依附朋比之风或可渐革矣。而亮吉尤所虑者，前之所言，皆士大夫之不务名节者耳。幸有矫矫自好者，类皆惑于因果，遁入虚无，以蔬食为家规，以谈禅为国政。一二人倡于前，千百人和于后。甚有出则官服，入则僧衣。惑智惊愚(迷惑智者，惊吓愚者)，骇人观听。亮吉前在内廷，执事曾告之曰："某等亲王十人，持斋戒杀生者已十居六七，羊豕鹅鸭皆不准入门。"此非细故也。及此回入都，而士大夫之持斋戒杀生者又十居六七矣。深恐西晋祖尚元虚(即玄虚，老庄的理论)之习复见于今，则所关于世道人心者非小也。

何以言赏罚仍不严明也？自征苗匪、教匪以来，福康安、和琳、孙士毅则蒙蔽欺妄于前，宜绵、惠龄、福宁则丧师失律于后，而又益以景安、秦承恩之因循畏葸，而川、陕、楚、豫之民，其遭劫者不知几百万矣。其已死诸臣姑置勿论，其现在者未尝不议罪也。然重者不过新疆换班，轻者不过大营转饷(回到后方支援)；甚至拿解来京之秦承恩，则又给还家产，有意复用矣；屡奉严旨之惠龄，则又起补侍郎矣。夫蒙蔽欺妄之杀人，与丧师失律以及因循畏葸之杀人无异也；杀数百千万之人，而犹能邀国家之宽典，朝廷之异数，则亦从前所未有也。故近日以来，经略以下、领队以上，类皆不以贼匪之多寡、地方之蹂躏挂怀。彼其心未始不自计曰："即使万不可解，而新疆换班，大营转饷，亦尚有成例可援，退步可守。"则国法之宽，及诸臣之不畏国法，未有如今日之甚者。试思高宗纯皇帝之时，用兵金川、用兵缅甸，讷亲偾事，则杀讷亲；额尔登额偾事，则杀额尔登额；以迄将军、提、镇之类，伏失律之诛者，不知凡几。是以万里之外，奉一严旨，得一廷寄，皆震慄失色(害怕得面无血色)，则驭军之道得也。今日乙卯(乾隆六十年)以迄

238

己未(嘉庆四年),首尾五年,偾事者屡矣。提、镇、副都统、偏裨之将,有一膺失律之诛者乎?而欲诸臣之不玩寇(消极应对,即没有对贼匪展开积极的军事行动)、不殃民得乎?夫以纯皇帝之圣武,又岂见不及此?而此次办理军务,独与金川、缅甸异者,圣意(纯皇帝的想法)盖以归政在即,欲留待皇上(嘉庆帝)莅政之初,神武独断,一新天下之耳目耳。倘荡平尚无期日,而国帑日见消磨,万一支绌偶形,司农(户部尚书)告匮。一念及此,可为寒心,此尤宜急加之意者也。

何以言言路则似通而未通也?九卿、台谏之臣,类皆毛举细故,不切政要。否则发人之阴私(私人的事情),否则快己之恩怨。即十件之中,幸有一二可行者,发部议矣,而部臣与建言诸臣,又皆各存意见,无有不议驳(提出异议),并无有不通驳(否认),则又岂国家询及刍荛(割草砍柴之人,即身份低微的人)、询及瞽史(乐官与史官)之初意乎?然或因其所言琐碎,或轻重失伦,或虚实不审,而一概留中(上奏文一概留在禁中,不加处理),则又不可。其法莫如随阅随发(阅览后马上给出命令指示),或面谕廷臣,或特颁谕旨,皆随其事之可行不可行,而明白晓示之。即或有弹劾不避权贵者,在诸臣一心为国,本不必更避嫌怨。且即以近事而论,钱沣、初彭龄皆常弹及大僚矣,未闻大僚敢与之为仇也。若其不知国体,不识政要,冒昧立言,并或敢攻发人之阴私,则亦不妨使众共知之,以著其非而惩其后。盖诸臣既敢挟私而不为国,则更可无烦君上之迥护矣。

何以言吏治则欲肃而未肃也?吏治一日不肃,则民一日不聊生,民一日不聊生,而欲天下之臻于至治不可得。夫欲吏治之肃,则督、抚、藩、臬其标准矣。试思十余年以来,督、抚、藩、臬之贪欺(贪婪受贿,欺诈人民)害政,比比皆是。幸而皇上(嘉庆帝)亲政以来,李奉翰则已自毙,郑元璹则已被纠,富纲则已遭忧,江兰则已内改。此外,官大省、据方面(地方)者如故也,出巡则有站规(路上的种种对应)、有门包(给守门的赏钱),常时则有节礼、有生日礼,按年则又有帮费(钱粮漕米的运输费用)。升迁调补之私相馈谢者,尚未在此数也。以上诸项,又宁增无减,宁备无缺,无不取之于州县,而州县则无不取之于民。钱粮漕米,前数年尚不过加倍,近则加倍不止。督、抚、藩、臬以及所属之道、府,无不明知故纵,否则门包、站规、节礼、生日礼、帮费无所出也。而州县亦藉是明言于人曰:"我之所以加倍加数倍者,实层层衙门用度,日甚一日,年甚一年。"究之州县,亦恃此督、抚、藩、臬、道、府之威势,以取于民,上司得其半,州县之入己者亦半。初行之,尚或有所畏忌,至一年二年,则已成为旧例,牢不可破矣。诉之督、抚、藩、臬、司、道,皆不问(虽然被当作问题但不被查问)也。千万人中,亦或有不甘冤抑,赴京上控者,然不过发督、抚审究而已,派钦差就询而已。执事试思百姓告官之案,千百中有一二得直(直诉)者乎?即钦差上司稍有良心者,亦不过设为调停之法,使两无所大损而已。若钦差一出,则又必派及通省,派及百姓,必使之满载而归而心始安,而可以无后患。是以州府亦熟知百姓之技俩不过如此,百姓亦习知上控必不能自直,是以往往至于激变。湖北之当阳,四川之达州,皆其明效大验也。亮吉以为今日皇上当先法宪皇帝(雍正帝)之严明,使吏治肃而民乐生,然后法仁皇帝(康熙帝)之宽仁,以转移风俗,则文武一张一弛之道也。

　　亮吉不敏,自接侍(作为上书房行走侍奉左右)以来,未尝敢以一事干求,即此回入都,亦未敢一诣执事之门,此皆不能逃执事之察识,况今日已请假归里,又岂反有所干求于执事乎?而必欲一贡其狂愚者,受恩深重,实望一日即抵荡平,庶与海内士大夫共食成平之福耳。执事见之(这封来自洪亮吉的书简),或蒙采其刍荛(割草砍柴之人,对自己的诗文表示谦逊),于沃心造膝(作为皇帝的辅弼在旁)之时,随时随事进说,则鄙人之上愿也。如以为无可采而置之,亦其次也。或竟欲罪其狂惑,则区区晋国魏绛尚不逃刑,况亮吉之早闻教于君子乎?且自去(嘉庆三年)春大考陈疏(《征邪教疏》)以后,自分当得不测之诛,蒙圣天子知其愚,而宽其罪,则亮吉已受再生之德,又何敢知而不言,负覆载之生成乎?

亮吉顿首顿首,死罪死罪。①

321

【相关人物略传】

322

洪亮吉在上书(《极言时政启》)中点名批评了十八名官员。下文略记和珅及上述十八名官员的经历。和珅的家仆刘全将在和珅的部分提及。直接参考的史料附记于各人物略传的文末。在《国朝耆献类征初编》和《清史列传》中均有传记者,仅列举后者。

和珅(1750—1799),满洲正红旗人。生员出身,就学于咸安宫官学(八旗子弟学习满汉文及骑射技术的教育机构,由内务府管辖)。吴省兰是当时的教习之一。乾隆三十四年继承三等轻车都尉的世职。三十七年任三等侍卫,因被乾隆帝留意到,四十年提拔为乾清门御前侍卫(乾清门是作为皇帝主要政治场所的乾清宫的正门),由此开启了平步青云的生涯。翌年的乾隆四十一年,升任户部右侍郎(至四十五年),并被提拔为军机大臣,时年仅二十七岁。后来,又兼任总管内务府大臣,官位一品,并从正红旗被

---

① 顿首和死罪都是书信的结尾词。顿首表示敬意,死罪表示惶恐。

241

抬旗到皇帝直属的上三旗之一的正黄旗。乾隆帝还将小女儿下嫁给和珅的儿子丰绅殷德，可见对其宠爱有加。在此后的二十年里，和珅一直稳坐军机大臣之位，并任户部尚书、崇文门监督等职，一手掌握人事、财政、军事之大权，羽翼丰满，形成党派，掌控乾隆后期的政局。因此，谋求职位与权力的官员都得登门送礼。刘全是和珅最为信任的家仆，负责运作和珅不法获得的资产（土地、租屋、当铺、高利贷、各种店铺的经营）。（《清史列传》卷三十五）

苏凌阿（1716—1799），满洲正白旗人。翻译举人。乾隆五十一年正月任吏部左侍郎，三月任工部右侍郎，九月转任总督仓场户部右侍郎。乾隆五十七年任刑部尚书（至嘉庆四年）。嘉庆元年署两江总督，三年为刑部尚书兼任东阁大学士。与和珅的弟弟和琳有姻亲关系。四年正月被命令去职，不久后去世。（《国朝耆献类征初编》卷二十九）

323 　　戴如煌，山东省人。曾任四川省达州知州，其他信息不明。

吴省钦（1729—1803），江苏省南汇县人。在乾隆二十二年南巡的召试中被赐予举人身份，后授予内阁中书之职。二十八年考中进士（二甲第三十名），进入翰林院。三十一年成为编修，继续留在翰林院。三十三年的大考获一等，晋升为侍读。此后，充任贵州、广西、湖北、浙江等地乡试的正考官，其间数次担任会试的同考官，以及四川、湖北的学政。四十九年被提拔为光禄寺卿，五十年任上书房行走。同年十一月任顺天府尹。五十六年之后，历任礼部、工部、吏部的侍郎。其间也参与会试、乡试、学政的相关工作，嘉庆三年转任都察院左都御史。嘉庆四年之时，受和珅案牵连，被解职回籍。（《清史列传》卷二十八）

吴省兰（？—1810），江苏省南汇县人，吴省钦之弟。乾隆二十八年考取举人,并担任咸安宫官学教习,和珅是当时的学生之一。之后,在国子监及四库全书馆工作,三十九年以举人的身份充任顺天乡试的同考官。四十三年,虽然在会试中并未合格,但因特别敕谕,获得二甲第三名进士。(在此之前,乾隆四十一年的时候,和珅当上了军机大臣)后来,与其兄省钦一样,历任乡试、会试的考官和学政。在五十六年的大考中获取一等,此事亦可见于洪亮吉的文章。在乾隆五十六年到嘉庆二年的七年中,与其兄前后担任顺天学政之职。嘉庆四年正月,因是和珅引荐之人,从浙江学政任上解职,被降格为编修。然而,五月又升任詹事府右中允,并担任日讲起居注官,不久后又被任命为湖南学政。七月恢复侍讲的身份,在短短四个月里重整旗鼓。之后获得嘉庆帝的信任,升职为侍讲学士。嘉庆九年,因年老致仕,十五年去世。其传记附于上述其兄省钦传后。

福康安(1754—1796),满洲镶黄旗人。大学士傅恒之子。其弟是与和珅一同被嘉庆帝点名批评而卸任的福长安。乾隆三十三年,由云骑尉受任三等侍卫。后任乾清门行走,侍奉于乾隆帝左右。三十六年,荣升户部右侍郎,兼任镶蓝旗蒙古副都统。担任户部右侍郎至四十一年,其继任者是和珅。三十七年至四十年参与讨伐金川的战役,因战功显赫而受到乾隆褒奖,先后担任镶白旗蒙古都统、正白旗满洲都统、吉林将军、盛京将军等职,四十五年成为云贵总督。之后,参与平定甘肃田五的叛乱及台湾天地会林爽文之乱。五十七年,被任命为大将军远征廓尔喀(尼泊尔)并凯旋而归。六十年贵州、湖南出现苗乱,在嘉庆元年的平乱中病逝。(《清史列传》卷二十六)

和琳(1754—1796),满洲正红旗人,和珅之弟。在和珅担任军机大臣后的乾隆四十二年,和琳由生员补为吏部笔帖式,随后

324

升任吏部给事中。五十六年被提拔为内阁学士,接下来的五十七年随同福康安参与廓尔喀远征。五十九年,继福康安之职,赴任四川总督。六十年奉命镇压贵州、湖南的苗乱,在四川展开作战。嘉庆元年,在福康安战死后,继任全军统帅,后于五月死于军中。(《清史列传》卷二十九)

孙士毅(1720—1796),浙江省仁和县人,乾隆二十六年进士(二甲第四名),翌年任内阁中书。后历任贵州学政、广西布政使、云南巡抚,五十一年升任两广总督。当时的越南由黎氏王朝统治,但阮文惠图谋权势,赶走了国王,抢占政权。因此,黎氏一族向清朝求援,乾隆帝命孙士毅远征。孙士毅曾一度恢复黎氏王朝的统治,但又被阮文惠军击败,无可奈何之下只得于五十四年撤退。不过,并未受到乾隆帝的责罚。孙士毅以兵部尚书、军机大臣的身份,深受皇帝信任,后又被命为四川总督,支援廓尔喀战役,与福康安、和琳一同指挥前线。后来,三人又一起参加了对贵州、湖南苗乱的镇压,军功赫赫,最终一同死于军中。(《清史列传》卷二十六)

宜绵(?—1812),原名尚安,满洲正白旗人。乾隆二十八年,由生员补为兵部笔帖式。四十四年充任陕西布政使,四十六年在镇压甘肃苏四十三的战斗中立功,四十七年被提拔为广东巡抚。然而,四十九年因受牵连被解职。为戴罪立功,作为吐鲁番领队大臣,前往新疆。后因阻拦甘肃田五之乱向西扩散而立功。五十二年到六十年,担任乌鲁木齐都统,因其功绩,被乾隆帝赐名宜绵而改名。六十年,受任陕甘总督,因年末发生的走私玉石事件处理不当而被问罪,受到降二级留任的处分。嘉庆帝时期湖北发生白莲教起义,与陕西巡抚秦承恩一同前往镇压,但是自己并不亲自领兵上阵,因放任叛乱长期化且扩大化被弹劾。嘉庆四年正

325

月,被召回北京,五年被流放伊犁。七年时,因年满七十,被赦免回旗。十七年去世。(《清史列传》卷三十)

惠龄(? —1804),蒙古正白旗人。父亲是理藩院尚书讷廷泰。自乾隆二十一年任翻书房翻译官以来,历经曲折,几度遭遇解职。五十五年任山东巡抚,第二年被提拔为四川总督,与福康安一同参与了廓尔喀远征。五十八年、五十九年,短期担任山东、湖北、安徽巡抚等职。六十年受任户部右侍郎,但因为福康安正在镇压苗乱,所以留在湖北当后援。随后,参与镇压白莲教,嘉庆四年三月因母亲去世而回旗。因其在与叛军的长期作战中表现不佳,而被洪亮吉责难。九年去世。(《清史列传》卷三十)

福宁,满洲贝子永固的包衣(家仆),由兵部笔帖式转任工部郎中。乾隆三十三年,任甘肃平庆道台。四十六年起,历任甘肃、河南、湖南按察使,五十年任甘肃布政使,五十四年任陕西布政使,五十五年升任湖北巡抚。同时,被抬旗入满洲镶蓝旗。五十八年转任山东巡抚,继任湖北巡抚的正是惠龄。在山东时负责黄河的治水事业。五十九年任湖广总督,六十年任两江总督。嘉庆元年六月,因原四川总督孙士毅病故,转任四川总督,参与平乱事业,但是作战中屡屡失误,翌年便遭解职。交纳罚银四万两,获得赦免,作为副都统继续参与平乱战事。四年起,担任西藏驻防,但是依旧滥用军中银两。因此,被流放伊犁。后作为驻藏大臣重回官场。致仕之后,由于此前的不端行为曝光而下狱,不久后去世。(《国朝耆献类征初编》卷一八八)

景安(? —1822),满洲镶红旗人。据传是和珅的族孙。乾隆二十七年由官学生补用为内阁中书。数度就任京官之后,四十八年出任山西河东道台,历任多省按察使、布政使。五十八年被提拔为工部右侍郎。六十年任河南巡抚。嘉庆元年白莲教起义，为平乱及调度军饷，于三年升任湖广总督。然而，实际上未能采取有效的措施，只是追在叛军后面，并不进行正面交锋，还向中央提交了虚假的报告。四年三月被解职，并流放伊犁。后经赦免，回到北京。八年，再度被任命，荣升内阁学士，加太子少保衔。道光三年去世。(《清史列传》卷三十)

秦承恩(?—1809)，江苏省江宁县人，乾隆二十六年进士(二甲第十一名)，与上述孙士毅是同年。由翰林院侍讲出任江西广饶九南道台，历任多省按察使、布政使，五十四年被提拔为陕西巡抚。其在任期内与白莲教长期作战，虽然设下层层防守阻止叛军进入汉中地区，但叛军最终还是经汉中进入河南。嘉庆四年，在嘉庆帝亲政后马上被解职，回籍为母亲服丧，五年丧期满后，被流放伊犁。七年，刑期终了后再度被任用，历任江西巡抚、刑部尚书。(《清史列传》卷三十)

讷亲(?—1749)，满洲镶黄旗人，其父是领侍卫内大臣(正一品官)尹德。雍正五年，袭公爵之位，授予散秩大臣，担任乾清门行走。十一年任军机处行走。十三年，雍正帝驾崩，乾隆帝即位后，充任领侍卫内大臣。后被任命为镶黄旗满洲都统、兵部尚书，并负责管理圆明园(皇帝的离宫)和户部三库的事务，且不时被派遣到地方进行事件调查。四川发生金川之乱，他于乾隆十三年被任命为经略四川军务，指挥平叛。可是陷入长期苦战，不见战果，从而惹怒乾隆帝，被判决当众处斩(实际行刑在别处)。(《清史列传》卷二二)

额尔登额，经历不明。乾隆三十三年远征缅甸时，任参赞大臣。将军明瑞率军展开攻势，额尔登额带兵行进缓慢，未给予明瑞后援，导致明瑞军队孤立无援。在敌人包围之下，以明瑞为首的多数将士

战死。为此,乾隆帝处决了额尔登额。(《清史列传》卷二二)

李奉翰(?—1799),汉军正蓝旗人。乾隆二十二年,以监生身份捐纳,获得县丞的身份,随后官位步步上升,虽曾被解任,但乾隆四十四年开始担任其父李宏于三十年至三十六年间曾任的江南河道总督一职。翌年,转任河东河道总督,四十六年又回到江南河道总督的位置。五十四年起,改任河东河道总督,继续专攻河务,嘉庆二年成为两江总督,兼管南河。嘉庆四年二月,在任上过世。按洪亮吉的说法,他是自杀的,但是传记中的记载是"卒"。虽然前后就任地点不同,但是在和珅专权的年代,占据管理巨额河工经费的河道总督之职长达二十年,其与和珅应有较多瓜葛。(《国朝耆献类征初编》卷一百七十八、《清史稿》卷一一二)

郑元璹,经历不明。

富纲(1737—1800),满洲正蓝旗人。乾隆三十八年任陕西布政使,四十四年任福建巡抚,四十六年以后任云贵总督(其间一度短暂担任闽浙总督)。五十九年转任两江总督,六十年降职为吏部右侍郎。嘉庆元年任漕运总督,三年任云贵总督,四年因服丧回旗。

江兰(?—1807),安徽省歙县人。传为扬州商人出身,由贡生捐纳获得主事的资格,乾隆三十三年被补为兵部武选司主事。^328 三十八年充任鸿胪寺卿,兼任兵部行走。在平定大小金川之乱中,从侧面有所贡献,被赐予顶戴花翎,转任大理寺少卿,又任太仆寺卿。四十四年出任河南布政使,因母亲去世服丧,四十九年复职。五十三年因服父丧回籍,其继任者是景安。五十五年复官,任山东布政使,后于五十九年充任云南巡抚。嘉庆四年作为兵部侍郎回到北京,翌年被解职。后来,被任用为兵部员外郎,十二年去世。(《国朝耆献类征初编》卷九十九)

附录二　洪亮吉略年谱

乾隆十一年(1746)一岁　九月三日出生于江苏省常州府城内兴隆里的一处租屋中,名为莲。父亲是洪翘(国子监生),母亲是蒋氏。

乾隆十四年(1749)四岁　长姐教识字。

乾隆十五年(1750)五岁　在洪家的家塾中,跟从叔父(洪翱)学习《礼记》《中庸》。弟弟霭吉出生。

乾隆十六年(1751)六岁　七月二十四日,父亲洪翘去世。

乾隆十七年(1752)七岁　同母亲、三个姐姐及弟弟移居外家(母亲的娘家,蒋家)。

乾隆十八年(1753)八岁　在外家的家塾中,跟从恽铭学习《孟子》。

乾隆二十一年(1756)十一岁　返回兴隆里的租屋。长姐嫁与前桥村的芮光照。

乾隆二十三年(1758)十三岁　二姐嫁给兴隆里的汪德渭。

乾隆二十六年(1762)十六岁　三月,初次参加童试,以失败告终。

乾隆二十八年(1763)十八岁　罹患流行病,传染母亲与祖父母。洪亮吉及母亲恢复健康,但祖父母相继亡故。秋天,移居至外家。

乾隆三十年(1765) 二十岁　在外家教授表兄弟。

乾隆三十一年(1766) 二十一岁　六月,参加童试失败,开始 *330*
与黄景仁交往。

乾隆三十二年(1767) 二十二岁　六月,参加童试,再度失
败。十月,外祖母龚氏去世。返回兴隆里的租屋。

乾隆三十三年(1768) 二十三岁　九月十六日,与蒋树诚(其
母之兄)之女结婚。

乾隆三十四年(1769) 二十四岁　正月,三姐嫁与兴隆里的
史德孚。五月,童试合格,成为阳湖县的附生(生员)。

乾隆三十五年(1770) 二十五岁　七月,与黄景仁共赴江宁,
参加江南乡试,以失败告终。结识袁枚;编成《玉尘集》;改名
礼吉。

乾隆三十六年(1771) 二十六岁　五月,参加岁试,名列一等
第四名,成为增广生(增生)。七月,应考江南乡试,又失败。开始
与汪中交往。十二月,成为安徽学政朱筠的幕友。

乾隆三十七年(1772) 二十七岁　担任朱筠的幕友。赴扬
州,访问蒋士铨。

乾隆三十八年(1773) 二十八岁　担任朱筠的幕友。闰三月
十六日,长子饴孙出生。冬,移居白马三司徒里的租屋。

乾隆三十九年(1774) 二十九岁　正月,参加科试,名列一等
第三名。成为扬州安定书院的"肄业生"。七月,参加江南乡试,
名列副榜第一(副贡生)。开始与孙星衍交往。

乾隆四十年(1775) 三十岁　成为江宁知府陶易的幕友(至
四月)。九月,受句容知县林光照邀请,前往句容县衙门(停留至
十二月)。十二月十日,次子盼孙出生。

乾隆四十一年(1776) 三十一岁　担任林光照的幕友。七

月,成为浙江学政王杰的幕友。十月二十六日,母亲蒋氏故去(六十三岁)。

乾隆四十二年(1777)三十二岁 在常州服丧。十一月,成为安徽学政刘权之的幕友。

乾隆四十三年(1778)三十三岁 担任安徽学政刘权之的幕友。

331 乾隆四十四年(1779)三十四岁 与弟一同上京,与黄景仁再会。八月,参加顺天乡试,以失败告终。住在孙溶的宅邸,参与《四库全书》的书籍校订工作。并参加翁方纲等人的诗会。九月一日,女儿纺孙出生。

乾隆四十五年(1780)三十五岁 正月,将弟送回常州。八月,参加顺天乡试,考中举人。改名亮吉。

乾隆四十六年(1781)三十六岁 三月,应会试失败。五月,入陕西省西安毕沅幕下。同月,二姐亡故。十二月,《四库全书》告成。

乾隆四十七年(1782)三十七岁 担任毕沅的幕友。四月至六月,与孙星衍一同,不时去拜访来到西安的黄景仁。

乾隆四十八年(1783)三十八岁 担任毕沅的幕友。五月,黄景仁于安邑病逝(三十五岁)。驾驿马奔驰四昼夜至安邑,护送黄景仁棺木回常州。八月,归乡主持黄景仁的葬礼。十月,于常州府城内花端里购置自己的宅邸。十二月,与赵怀玉一同前往北京。

乾隆四十九年(1784)三十九岁 正月上京。三月,参加会试,但失败。五月,入陕西省西安毕沅幕下。五月十九日,第三子符孙出生。

乾隆五十年(1785)四十岁 跟从转任河南巡抚的毕沅,移居开封。十一月,归乡。

乾隆五十一年(1786)四十一岁　赴开封,成为毕沅入幕之宾。

乾隆五十二年(1787)四十二岁　正月上京。三月,会试失败,随后归乡。十一月赴开封,入幕毕沅。

乾隆五十三年(1788)四十三岁　七月,跟随转任湖广总督的毕沅,移居武昌。

乾隆五十四年(1789)四十四岁　上京。三月参加会试但失败,随后归乡。

乾隆五十五年(1790)四十五岁　上京。三月参加会试,进士及第(榜眼),任翰林院编修。开始与张问陶交往;加入法式善主持的诗会。 *332*

乾隆五十六年(1791)四十六岁　陪同妻子蒋氏及家人上京。

乾隆五十七年(1792)四十七岁　八月,担任顺天乡试同考官,不久转任贵州学政。九月十六日,次子盼孙去世(十八岁)。十一月,到达贵阳(贵州省府)。

乾隆五十八年(1793)四十八岁　作为贵州学政巡回省内。

乾隆五十九年(1794)四十九岁　作为贵州学政巡回省内。五月十三日,嫡孙谷曾(饴孙之子)出生。

乾隆六十年(1795)五十岁　作为贵州学政巡回省内。《附鲒轩集》《卷施阁集》刊行。十一月离开贵阳,十二月在湖南辰州与毕沅相会。

嘉庆元年(1796)五十一岁　正月二十八日到达北京,二十九日受嘉庆帝召见。四月,在散馆考试中名列一等,留在了翰林院。七月,充任咸安宫官学总裁。参加由法式善主持的诗会。

嘉庆二年(1797)五十二岁　三月,任上书房行走。五月,蒋氏随同家属上京。八月一日,第四子胙孙出生,其母为侍妾郑氏。

嘉庆三年(1798)五十三岁　二月,大考中作《征邪教疏》。三月二日,收到弟弟去世(正月时)的消息。辞职归乡。九月,长子饴孙考中举人(江南乡试)。

嘉庆四年(1799)五十四岁　三月上京。五月,负责当年庶吉士的教育(小教习)。八月二十四日,以《极言时政启》上书成亲王等。以大不敬之罪被判斩立决,后免除死刑,流放伊犁,二十八日由北京向伊犁出发。

333　嘉庆五年(1800)五十五岁　二月十日到达伊犁。闰四月三日受恩赦,释放回原籍。五月一日从伊犁出发,九月七日,得以回到常州。同年,作《外家纪闻》。

嘉庆六年(1801)五十六岁　正月二日,回常州后首次外出,祭拜先祖墓地。

嘉庆七年(1802)五十七岁　二月至四月,赴洋川书院,讲授《春秋十论》。十月十九日,妻子蒋氏故去(五十七岁)。

嘉庆八年(1803)五十八岁　二月,受扬州梅花书院聘请。四月至六月、八月至十一月,在洋川书院讲学。

嘉庆九年(1804)五十九岁　四月至五月,在洋川书院讲学。五月七日,第五子龋孙出生。

嘉庆十年(1805)六十岁　作《戒子书》。

嘉庆十一年(1806)六十一岁　刊行《乾隆府厅州县图志》。

嘉庆十二年(1807)六十二岁　六月二十二日,两天前诞下女儿的郑氏逝去(二十九岁)。十二月,参与常州受灾民众的救济工作(至翌年四月)。

嘉庆十三年(1808)六十三岁　长姐故去。

嘉庆十四年(1809)　六十四岁　　五月十二日,在常州府城内的自家宅邸故去。十二月二十四日,葬于常州府城郊外前桥的墓地。

（参见吕培撰《洪北江先生年谱》等）

参考文献

洪亮吉的著作(除地方志)

洪亮吉的著作除了在其生前和逝后单独出版,还曾四度编为全集刊行。

(1)乾隆、嘉庆年间刊行的《北江遗书》(别名《洪北江全集》《北江全集》)十二种。(2)道光年间刊行的《续刻北江遗书》七种,由其曾孙洪用勤编纂。(3)《洪北江全集》(别名《授经堂遗集》)二十六种(光绪三年至五年授经堂重刊)。(4)全部刊本《洪北江先生遗集》(光绪十五年湖北官书处重刊)。在(3)(4)上进行了充实,后附上了(3)中所收录的书名。并且如果仔细看各个刊本,《北江遗书》收录的《卷施阁文甲集》十卷、《卷施阁文乙集》八卷及《卷施阁诗》二十卷的刊行信息为"乾隆六十年贵阳节署刊",但是该书中又有嘉庆年间的诗文,或可推测至少嘉庆元年以后的诗文(比如《卷施阁诗》卷十五至二十及文章)是之后重刊时增补的。另外,《更生斋文集》虽说是嘉庆七年刊行的,但就其收录的诗文来看,应该是嘉庆九年以后才刊行的。

《洪北江先生杂著四种》咸丰年间刊,二册(关西大学附属图书馆内藤文库所藏)

＊嘉庆帝的《御制导言纳谏谕》(《仁宗实录》嘉庆四年闰四月乙卯上谕)及《御制得雨敬述诗》用朱色印刷。并附有恽敬所作的《洪亮吉传》,及李兆洛的《常州府人物传·洪亮吉传》,其后收录有《塞外纪闻》《外家纪闻》《伊犁日记》等。另外,《塞外纪闻》与后述全集(3)中《晓读书斋三录》卷下《塞外录》几乎完全一致。

1.《卷施阁墨余》咸丰年间刊,二册(神户市立中央图书馆吉川文库所藏)。＊前书的异名本

2.《洪北江全集》,洪用懃编,光绪三年至五年授经堂重刊,八十四册。
＊全集(3)

3.《洪北江先生年谱》一卷(吕培撰)

4.《卷施阁文甲集》十卷、续一卷、补遗一卷,《卷施阁文乙集》八卷、续编一卷

5.《卷施阁诗》二十卷

6.《更生斋文甲集》四卷、《更生斋文乙集》四卷、《更生斋文续集》二卷

7.《附鲒轩诗》八卷

8.《更生斋诗》余二卷

9.《拟两晋南北府史乐府》二卷

10.《附鲒轩外集唐宋小乐府》一卷

11.《北江诗话》六卷

12.《晓读书斋杂录初录》二卷、《晓读书斋二录》二卷、《晓读书斋三录》二卷、《晓读书斋四录》二卷

13.《通经表》二卷

14.《六书转注录》十卷

15.《弟子职笺释》十卷   336

16.《史目表》一卷(男洪饴孙撰)

17.《春秋左传诂》二十卷

18.《汉魏音》四卷

19.《比雅》十卷

20.《乾隆府厅州县图志》五十卷

21.《补三国疆域志》二卷

22.《东晋疆域志》四卷

23.《十六国疆域志》十六卷

24.《遣戍伊犁日记》一卷

25.《天山客话》一卷

26.《外家纪闻》一卷

《四史发伏》十卷,光绪八年小石山房刊

《毛诗天文考》一卷,光绪十五年广雅书局刊

《玉尘集》二卷,光绪十六年刊(粟香室丛书所收)＊乾隆三十五年成书

《历朝史案》二十卷,光绪三十一年刊

影印本

《洪北江诗文集》(四部丛刊初编)

＊《北江遗书》的影印本,收录了全集(3)中的 1 至 8(但不含诗、文的续集和补遗)

《六书转注录》(丛书集成新编)

《更生斋集》(四部备要 集部),台湾中华书局,1965 年。＊收录全集(3)中的 4、5、7(不含续集)

《卷施阁集》(四部备要 集部),台湾中华书局,1965 年。＊收录全集(3)中的 1、2、3(不含续集)

《洪北江(亮吉)先生遗集》,华文书局,1969 年,十八册。＊全集(3)的影印本

活字本

《东晋疆域志》(丛书集成新编)

《十六国疆域志》(丛书集成新编)

《补三国疆域志》(丛书集成新编)

《比雅》(丛书集成新编)

《清名家词》(五),太平书局,1963 年。＊收录全集(3)的 7

《洪亮吉年谱》,吕培撰,崇文书店,1973 年(中国近三百年学术史参考资料)

《北江诗话》,陈迩东校点,人民文学出版社,1983 年

《古西行记选注》,杨建新等编著,宁夏人民出版社,1987 年。＊收录全集(3)中的 24(但欠缺卷末的《出塞纪闻》)和 25

《春秋左传诂》,李解民校点,中华书局,1987 年,二册(十三经清人注疏)

《历朝史案》,杜道生点校,巴蜀书社,1992 年

《洪亮吉集》,刘德权点校,中华书局,2001 年,五册(中国古典文学基本丛书)。＊收录全集(3)中 1 至 10。但对(3)的文字有几处未经说明的改动,参考时需要注意

《近世散文集》,本田济、都留春雄(中国文明选 10)朝日新闻社,1971 年

＊《生死篇》(《意言》第二)、《城东酒庐记》的翻译

渡边义一郎编译《中国历代西域纪行选》,1997 年。＊翻译全集(3)的 24

洪亮吉研究论著(按发表时间顺序,中文论著仅罗列主要的)

张荫麟:《洪亮吉及其人口论》,《东方杂志》第 23 卷第 2 号,1926 年

陈柱:《洪北江(亮吉)之哲学》,《东方杂志》第 24 卷第 9 号,1927 年

尉之嘉:《清代学者洪亮吉之社会思想》,《新社会科学季刊》第 1 卷第 1 期,1934 年

吴希庸:《专论:清代洪亮吉的人口思想》,《正风》第 2 卷第 6 期,1936 年

丁蕴琴:《洪亮吉评传》,《东方杂志》第 41 卷第 20 期,1945 年

奥野信太郎:《北平时期的洪北江》,《桃源》第 2 号,1947 年

＊《北平时期的洪北江》经改题与改订,重刊于《芸文随笔》(平凡社,1992 年东洋文库),等等

铃木中正:《近代中国的人口论》,《爱知大学文学部论丛》第 1 号,1949 年

佐藤震二:《洪亮吉的思想性格》,《学术界》第 9 号,1955 年

Siberman, Leo, "Hung LiangChi : a Chinese Malthus," *Population Studies* Vol. 3No. 3,1969

Jones, Susan Louis Mann, "Hung LiangChi（1746 – 1809）: The Perception and Articulation of Political problems in Late Eighteenth Century China," Ph. D. diss, Stanford University, 1975

谢忠梁:《洪亮吉的人口理论及其产生的时代条件述略》,《贵阳师院学报》1979 年第 3 期

林逸:《洪亮吉(北江)及其人口论》,台湾商务印书馆,1979 年(人文文库)

周源和:《洪亮吉的人口学思想》,《复旦学报》1980 年第 1 期

胡一雅:《洪亮吉人口学说述评》,《东北师大学报(哲学社会科学版)》,1980 年第 3 期

林逸编:《清洪北江先生亮吉年谱》,台湾商务印书馆,1981 年

杉山宽行:《关于洪亮吉〈意言〉(上)》,《名古屋大学文学部研究论集》文学篇 28,1982 年

王家俭:《洪北江的忧患意识》,"中央研究院"近代史研究所编《近世中国经世思想研讨会论文集》,1984 年收录

王英志:《洪亮吉的试论管见》,《文艺论丛》第 12 辑,1985 年

泷野邦雄:《洪亮吉与儒家传统》,《中国研究集刊》第 3 号,1986 年

宋叙五:《洪亮吉的人口思想》,《陶希圣先生九秩荣庆祝寿论文集 国史释论》上册,1987 年收录

王卫平:《洪亮吉的方志学思想》,《史学史研究》1988 年第 1 期

金春峰:《洪亮吉的批判精神》,陈鼓应、辛冠洁、葛荣晋主编《明清实学思潮史》下卷(齐鲁书社,1989 年)收录

339

片冈一忠：《洪亮吉的政治社会论——以乾隆四十年的三篇论文为中心》，《史境》第 23 号，1991 年

片冈一忠：《洪亮吉传（初稿）》，《历史人类》第 20 号（1992 年）、第 21 号（1993 年）、第 22 号（1994 年）、第 24 号（1996 年）

严明：《洪亮吉评传》，文津出版社，1993 年

陈金陵：《洪亮吉评传》，中国人民大学出版社，1995 年

郭鹏飞：《洪亮吉〈左传诂〉斠正》，香港商务印书馆，1996 年

片冈一忠：《清朝中国知识分子的政治批判——以洪亮吉人口论的背景为中心》，《自然·人类·文化——作为场域的历史人类学》（筑波大学大学院历史人类学研究科，1997 年）收录

340　菊池道树：《被称为"中国的马尔萨斯"的洪亮吉的人口论》，《经济史林》第 66 卷第 3、4 号，1999 年

曹虹：《从〈北江诗话〉看洪亮吉对妇女德艺的评章》，张宏生编《明清文学与性别研究》（江苏古籍出版社，2002 年）收录

Fong, Grace S., "Inscribing a Sense of Self in Mother's Family：Hong Liangji's（1746—1809）Memoir and Portry of Remembrance ," *Chinese Literature：Essays, Article, Reviews*, Vol. 27(2004)

吴德玲：《洪亮吉〈意言〉研究》，花木兰文化出版社，2006 年。＊未见

陈明镐：《洪亮吉诗论的小学与考据特色》，《经学研究论丛》第 15 辑，2008 年

蔡长林：《洪亮吉的情感世界》，钟彩钧主编《明清文学与思想中之情·理·欲——学术思想篇》［"中央研究院"中国文哲研究所，2009 年（中国文哲专刊 38）］收录

史料

同时代人的年谱

《收庵居士自叙年谱》二卷，赵怀玉撰＊赵怀玉的年谱

《黄仲则年谱考略》，徐隽超著，上海古籍出版社，2008 年。＊黄景仁的年谱

《容甫先生年谱》，汪喜孙撰，《新编汪中集》附录一。＊汪中的年谱

《蒋心馀先生年谱》，陈述撰，《师大月刊》六期，1933 年。＊蒋士铨的年谱

《朱笥年谱》，姚名达编，商务印书馆，1933 年

《邵二云先生年谱》，黄云眉编，金陵大学中国文化研究所，1932 年。＊邵晋涵的年谱

《弇山毕工公年谱》一卷,史善长撰。＊毕沅的年谱

341

《张问陶年谱》,胡传淮著,巴蜀书社,2005 年

《石韫玉年谱》,眭骏编著,光明日报出版社,2009 年

《王芑孙年谱》,眭骏著,华东师范大学出版社,2010 年

《赵翼年谱》,李君明编著,兰州大学出版社,2004 年

《尹楚珍先生年谱》一卷(云南丛书)。＊尹壮图的年谱

同时代人的著作

《小仓山房诗文集》,袁枚撰,周本淳标校,上海古籍出版社,2006 年二刷,四册(中国古典文学丛书)

《两当轩集》,黄景仁撰,李国章校点,上海古籍出版社,2008 年(中国古典文学丛书)

《新编汪中集》,汪中著,田汉云点校,广陵书社,2005 年

《船山诗草》,张问陶撰,中华书局,2000 年二刷,二册(中国古典文学基本丛书)

《船山诗草全注》,张问陶撰,巴蜀书社,2010 年,四册

《清秘述闻三种》,法式善等撰,张伟点校,中华书局,1982 年,三册(清代史料笔记丛刊)

《槐厅载笔》,法式善撰,嘉庆四年序刊本,文海出版社影印(近代中国史料丛刊)

《陶庐杂录》,法式善撰,中华书局,1984 年(清代史料笔记丛刊)

《梧门诗话合校》,法式善撰,张寅彭、张迪艺编校,凤凰出版社,2005 年

《壹斋集》,黄钺撰,陈育德、凰文学校点,黄山书社,1994 年

《瓯北集》,赵翼著,李学颖、曹光甫校点,上海古籍出版社,1997 年,二册(中国古典文学丛书)

《履园丛话》,钱泳撰,中华书局,1979 年(清代史料笔记丛刊)

《国朝汉学师承记》,江藩撰,中华书局,1983 年

《扬州画舫录》,李斗撰,汪北平、涂雨公点校,中华书局,1997 年二刷 342
(清代史料笔记丛刊)

清朝相关文献、人物传

《大清历朝实录》高宗实录、仁宗实录(华文书局影印)

《(光绪)大清会典事例》,光绪二十五年敕撰,宣统元年刊

《朝鲜李朝实录中的中国史料》,吴晗辑,中华书局,1980 年,十二册

《锡金识小录》,黄印撰,乾隆十七年修[成文出版社影印,二册(中国方

志丛书)〕

《武进阳湖县合志》,孙琬修、李兆洛等纂,光绪十二年处道光二十二年刊本排印

《武进阳湖县志》,王其淦等修、杨成烈纂,光绪五年序

《宸垣识略》,吴长元辑,乾隆五十三年刊(北京古籍出版社,1981年)

《啸亭杂录》,昭梿著,何英芳点校,中华书局,1980年

《芸风堂杂钞》,缪筌孙辑,中华书局,2010年(清代史料笔记丛刊)

《清诗纪事(八)乾隆朝卷》,钱仲联编,江苏古籍出版社,1989年

《郎潜纪闻(初笔、二笔、三笔、四笔)》,陈康祺著,中华书局,1984年、1990年,三册(清代史料笔记丛刊)

《世载堂杂忆》,刘禺生撰,中华书局,1997年二刷(清代史料笔记丛刊)

《清朝野史大观》,上海出版社,1981年,五册

《清稗类钞》,徐珂编,商务印书馆,四十八册

《清史纪事本末》,黄鸿寿著,三民书局,1963年

《清俗纪闻》,中川英寿著,孙伯醇、村松一弥编,平凡社,1966年(东洋文库)

《清嘉录——苏州年中行事记》,顾禄著,中村乔译注,平凡社,1988年(东洋文库)

343　《燕京岁时记——北京年中行事记》,敦崇著,小野胜年译,平凡社,1970年(东洋文库)

《清国行政法》全六卷,1905—1915年(1972年汲古书院复刊,七册)

《国朝耆献类征初编》四八四卷首二〇四卷,李桓辑,光绪年间刊(文海出版社影印)

《国朝诗人征略》,张维屏编,中山大学出版社,2004年

《清代毗陵名人小传稿》,张惟骧撰(鼎文书局版"毗陵三种",1978年收录)

《清史列传》八十卷,1928年刊(王钟翰点校,中华书局,1977年,二十册)

《清史稿》五三六卷,赵尔巽等撰,1928年刊(标点本,中华书局,1977年,四十八册)

《清史图典——清朝通史图录》第八册,故宫博物院编,紫禁城出版社,2002年

相关研究论著(按发行时间排序,除去注释中列举的论著)

神田信夫等:《紫禁城的荣光》,文艺春秋,1968年(后来收录于讲谈社

学术文库,2006 年)

近藤光男:《清诗选》(汉诗大系 22),集英社,1973 年

马尔萨斯著,永井义雄译:《人口论》,中公文库,1973 年初版

梁启超著,小野和子译:《清代学术概论——中国的文艺复兴》,平凡社,
1974 年(东洋文库)

Jones, Susan Mann, "Scholasticism and Politics in Late Eighteenth Century China," *Ching-shi wen-ti*, Vol. 3 No. 4(1975)

陈登原:《国史旧闻》(第三分册),中华书局,1980 年(2000 年二刷,四册一同)

张敏如:《中国人口思想简史》,中国人民大学出版社,1982 年

亚瑟·威利著,松北幸男译:《袁枚传》,汇文堂书店,1992 年

戴逸:《乾隆帝及其时代》,吉林大学出版社,1992 年

《宫崎市定全集》第十五卷,岩波书店,1993 年

孙文良、张杰、郑川水:《乾隆帝》,吉林大学出版社,1993 年

《吉川幸次郎遗稿记》第三卷,筑摩书房,1995 年

稻田清一:《清代江南的社会风貌与士气》,小野和子编《明末清初的社会与文化》(京都大学人文社会研究所,1996 年)收录

岸本美绪、宫嶋博史:《明清与李朝的时代》(世界历史 12),中央公论社,1998 年

张德泽:《清代国家机构考略(增订本)》,学苑出版社,2001 年

岸本美绪:《皇帝与官僚——从明到清》,《岩波讲座:思考天皇与王权》第二卷(岩波书店,2002 年)收录

《森正夫明清史论集》第三卷〈地域社会、研究方法〉,汲古书院,2006 年

杨旭辉:《清代经学与文学——以常州文人群体为典范的研究》,凤凰出版社,2006 年

中野美代子:《乾隆帝:政治的图像学研究》,文春新书,2007 年

铃木保洋、弓野隆之、菅野智明编:《中国书人名鉴》,二玄社,2007 年

吉泽诚一郎:《清朝与近代世界——19 世纪》(《中国近现代》第一卷),岩波新书,2010 年

岸本美绪:《风俗与时代观——明清史论集 1》,研文出版,2012 年(研文选书)

年表、辞典类

A. W. Hummel, *Eminent Chinese of the Ch'ing Period 1644-1912*, Washington, 1943-1944. 中译本《清代名人传略》,青海人民出版社,1990

年,三册

《清代职官年表》,钱实甫编,中华书局,1980年,四册

《清史满语辞典》,商鸿逵、刘景宪、季永海、徐凯编著,上海古籍出版社,1990年

《清史编年》第五卷、第六卷、第七卷,中国人民大学清史研究所编,中国人民大学出版社,2000年

《乾嘉学术编年》,陈祖武、朱彤窗著,河北人民出版社,2008年

《清代士人游幕表》,尚小明编著,中华书局,2005年

《清史稿辞典》,孙文良、董守义主编,山东教育出版社,2008年,二册

《清代典章制度辞典》,朱金甫、张书才主编,中国人民大学出版社,2011年

后　记

　　我博士毕业论文以《清朝的新疆统治——一八八四至一九一二》为题,主要参考了《新疆图志》与《清实录》,在羽田明、佐口透两位先生研究的基础上及北山康夫先生的指导下完成。在这个过程中,我注意到洪亮吉这个人物。我以吕培的《洪北江先生年谱》为线索,通过翻阅《洪北江诗文集》四册(《四部丛刊初编》)和从附属图书馆借出来的《洪北江全集》,对其生涯进行了初步的调查。真正展开对洪亮吉的研究,则要到 1975 年被聘用为东京教育大学的助手之后了。翌年,我在负责史料讲读(代讲)时,用《极言时政启》作文本。因为此前,东京教育大学停止招生,所以1976 年成了闭校的年度,在学的只有学部四年级的学生和大学院生。而我的史料讲读课的听讲者只有伊藤敏雄同学(现大阪教育大学教授)一人。还是新人助手的我前晚查到的内容,还没整理好就直接去上课了,对中国古代史专业的伊藤敏雄同学来说多少有些困惑吧。1977 年,我转职到大阪教育大学,这回是以《年谱》为文本来进行史料讲读。1984 年,我到了筑波大学,从那时开始,我以《极言时政启》《年谱》以及《意言》为材料,来讲授洪亮吉的相关内容。在这个过程中,洪亮吉的形象慢慢在我心里建立起。所幸先行研究有奥野信太郎的《北平时期的洪北江》(《桃源》第二号,一九四七年)。执笔之际,再度翻看,此文不正是以洪亮吉在京时期的诗作来描绘其情感世界、叙述其生涯的吗？于是，那时还是个门外汉的我，进入汉诗这个全新的领域，经过一番苦战恶斗，写作了《洪亮吉（初稿）》，并于1992年起在所属机关的纪要《历史人类》上分四回发表。刊载结束之后，以这份"初稿"为底本，完成了本书的初稿的写作。那时的我在兴头上，写下了这样的"后记"。

与洪亮吉的"交往"已经有二十年了。刚关注到他的时候，我觉得一个年轻人难以处理更宏大的题目，也没有把握去写作一个这样阅历丰富、劳苦功高的人物的传记。所以，选择从两三篇的诗文入手，对其部分的思想及言行进行考察，写作了一篇小论，于是有了对其生涯进行素描的《洪亮吉》。因为还有许多不足之处，所以暂定为"初稿"。现在的我即将年过半百，也算是历经了一些人生的风霜，所以有能力去描绘一个人物的等身像了吧，于是就有了这本书。

出生于乾隆十一年的洪亮吉，对出生在昭和二十一年（1946）的我来说，是一位两百年前的大前辈。嘉庆元年，在位六十年的乾隆帝将帝位禅让给儿子，洪亮吉从贵州回到北京。在书里，洪亮吉紧接着迎来了人生的重要关头，但最后也安然度过余生。而身为传记作者的我，今后又是否也会迎来苦难呢？

349

十七年前，我写下了上文的"后记"，然后继续敲击着电脑的键盘。可是，过了半年就出现了意想不到的事态，使我不得不暂停写作。再度想起这本书时，已经是2008年收到回故乡高知开始新工作的邀请了。翌年，我便抱着这沓书稿，回高知赴任。工作总算步上正轨，终于又能重启作业了。重新思考了全书的谋篇布局，参考了新出版的史料和研究论著，对洪亮吉的周遭情况进行加笔，最终的分量竟有"初稿"的二倍之多，成型的产物就是这本书了。——

洪亮吉在乾隆三十五年成书的《玉尘集》中说想记录外家的事情，这个想法持续着，终于在三十年后的嘉庆五年完成了《外家纪闻》。而我的《洪亮吉》也是一样，自有这个念头以来过了三十八年，也是相当长的一段时间了。尽管还有未能尽述的部分，但此时呈现的就是我所知的洪亮吉的形象。

本书得以刊行，要归功于研文出版社的山本实先生的厚意，由衷地向他表示感谢。另外，还要对允许我使用洪亮吉书信的澄怀堂美术馆的工作人员致以谢意。

最后，我周遭的境况自上述的"后记"以来，已经发生了不小的改变。儿子们已经自立门户了，我的妻子游龟女士还是一如既往地支持着我，给予我鼓励。谨以此书献给游龟，切谢切谢。

2013 年 9 月 6 日

片冈一忠

"海外中国研究丛书"书目

1. 中国的现代化　[美]吉尔伯特·罗兹曼 主编　国家社会科学基金"比较现代化"课题组 译　沈宗美 校
2. 寻求富强:严复与西方　[美]本杰明·史华兹 著　叶凤美 译
3. 中国现代思想中的唯科学主义(1900—1950)　[美]郭颖颐 著　雷颐 译
4. 台湾:走向工业化社会　[美]吴元黎 著
5. 中国思想传统的现代诠释　余英时 著
6. 胡适与中国的文艺复兴:中国革命中的自由主义,1917—1937　[美]格里德 著　鲁奇 译
7. 德国思想家论中国　[德]夏瑞春 编　陈爱政 等译
8. 摆脱困境:新儒学与中国政治文化的演进　[美]墨子刻 著　颜世安 高华 黄东兰 译
9. 儒家思想新论:创造性转换的自我　[美]杜维明 著　曹幼华 单丁 译　周文彰 等校
10. 洪业:清朝开国史　[美]魏斐德 著　陈苏镇 薄小莹　包伟民 陈晓燕 牛朴 谭天星 译　阎步克 等校
11. 走向21世纪:中国经济的现状、问题和前景　[美]D. H. 帕金斯 著　陈志标 编译
12. 中国:传统与变革　[美]费正清 赖肖尔 主编　陈仲丹 潘兴明 庞朝阳 译　吴世民 张子清 洪邮生 校
13. 中华帝国的法律　[美]D. 布朗 C. 莫里斯 著　朱勇 译　梁治平 校
14. 梁启超与中国思想的过渡(1890—1907)　[美]张灏 著　崔志海 葛夫平 译
15. 儒教与道教　[德]马克斯·韦伯 著　洪天富 译
16. 中国政治　[美]詹姆斯·R. 汤森 布兰特利·沃马克 著　顾速 董方 译
17. 文化、权力与国家:1900—1942年的华北农村　[美]杜赞奇 著　王福明 译
18. 义和团运动的起源　[美]周锡瑞 著　张俊义 王栋 译
19. 在传统与现代性之间:王韬与晚清革命　[美]柯文 著　雷颐 罗检秋 译
20. 最后的儒家:梁漱溟与中国现代化的两难　[美]艾恺 著　王宗昱 冀建中 译
21. 蒙元入侵前夜的中国日常生活　[法]谢和耐 著　刘东 译
22. 东亚之锋　[美]小 R. 霍夫亨兹 K. E. 柯德尔 著　黎鸣 译
23. 中国社会史　[法]谢和耐 著　黄建华 黄迅余 译
24. 从理学到朴学:中华帝国晚期思想与社会变化面面观　[美]艾尔曼 著　赵刚 译
25. 孔子哲学思微　[美]郝大维 安乐哲 著　蒋弋为 李志林 译
26. 北美中国古典文学研究名家十年文选　乐黛云 陈珏 编选
27. 东亚文明:五个阶段的对话　[美]狄百瑞 著　何兆武 何冰 译
28. 五四运动:现代中国的思想革命　[美]周策纵 著　周子平 等译
29. 近代中国与新世界:康有为变法与大同思想研究　[美]萧公权 著　汪荣祖 译
30. 功利主义儒家:陈亮对朱熹的挑战　[美]田浩 著　姜长苏 译
31. 莱布尼兹和儒学　[美]孟德卫 著　张学智 译
32. 佛教征服中国:佛教在中国中古早期的传播与适应　[荷兰]许理和 著　李四龙 裴勇 等译
33. 新政革命与日本:中国,1898—1912　[美]任达 著　李仲贤 译
34. 经学、政治和宗族:中华帝国晚期常州今文学派研究　[美]艾尔曼 著　赵刚 译
35. 中国制度史研究　[美]杨联陞 著　彭刚 程钢 译